北京高等教育精品教材

几何画板课件制作教程

(第三版)

首都师范大学数学科学学院 组编

刘胜利 编

科学出版社

北京

内 容 简 介

本书主要以范例的形式全面介绍新版几何画板软件的新功能、新特点，并结合数学课件特点系统地介绍课件设计开发的方法和技巧. 结合开发过程挖掘几何画板的潜在功能及技巧，创意出许多新的知识内容表现方式和方法，将一个二维工具推广到三维空间的应用，极大地丰富了几何画板的创作空间. 另外随书资源中收录了大量的课件素材，书中各章配有许多实例，并附有习题，供读者参考.

本书的主要使用者是从事理科教育工作的教学、科研人员及高等、中等学校的学生，它还可以作为师范院校理科各系有关课程的教材和参考书，也可以作为中小学教师继续教育的培训教材.

图书在版编目（CIP）数据

几何画板课件制作教程/刘胜利编. —3 版. —北京：科学出版社，2010

北京高等教育精品教材

ISBN 978-7-03-026723-8

Ⅰ. 几… Ⅱ. 刘… Ⅲ. 几何-计算机辅助教学-应用软件-高等学校-教材 Ⅳ. O18－39

中国版本图书馆 CIP 数据核字（2010）第 019563 号

责任编辑：姚莉丽/责任校对：张小霞

责任印制：赵　博/封面设计：陈　敬

科学出版社 出版

北京东黄城根北街 16 号

邮政编码：100717

http://www.sciencep.com

保定市中画美凯印刷有限公司印刷

科学出版社发行　各地新华书店经销

*

2001 年 4 月第 一 版　开本：720×1000 1/16

2004 年 10 月第 二 版　印张：15

2010 年 2 月第 三 版　字数：302 000

2025 年 7 月第三十六次印刷

定价：45.00 元

（如有印装质量问题，我社负责调换）

第三版说明

新版对迭代功能部分的文字进行了修订，并增加了相应的例子，使得迭代功能在使用上更加完备.

在技巧应用范例篇增加了“如何建立和使用文本模版”和“如何建立参数的增减控制按钮”两个实用技巧范例，进一步丰富几何画版课件制作技巧.

另外，新版对随书资源中的内容重新进行了编排和增补，增加了一组作者精心编制和设计的实用精品课件，并创建了专业的自动运行界面，使读者能够较轻松地掌握几何画板的各种功能和应用技巧，最终实现自己运用几何画板制作课件的目标.

本书随书资源可扫描以下二维码获得.

随书资源

第二版前言

为了适应信息社会的需要，针对教育手段、教育方法、教育形式改革而发展起来的现代教育技术，正逐步渗透到各类学校的教育改革中，现代教育技术与各学科的结合已成为当前教育改革的重要内容．培养和提高师范生、中小学教师现代教育技术能力的任务已摆在我们的面前．目前我国急需这方面的教材和参考书，特别是那些既注重理论，又注重教育技术实际应用的教材．本书正是为了满足广大读者希望了解现代教育技术，要求掌握几何画板的迫切愿望而编写的．

本书总结编者几年来使用几何画板开发课件的实践与经验，编制了大量的课件素材和范例，具有较强的启发性和实用性．全书共分 7 章：第 1 章是几何画板的概述；第 2 章为基本功能范例篇；第 3 章为特殊功能范例篇；第 4 章为技巧应用范例篇；第 5 章为典型范例与应用篇；第 6 章为制作技巧范例篇；第 7 章为函数技巧范例篇．重点介绍使用几何画板进行课件开发的方法与技巧．

计算机是一种现代化教育工具，计算机与各学科教育的整合是十分重要的．通过本教材的学习和实践，学生参与现代教育技术实践活动的兴趣和能力将得到提高，将能够熟练地使用一些开发平台．在几何画板的学习中，以“建构主义”的理论为指导，给学生一个开阔的思维空间，一个建构的过程，将计算机技术与数学思想有机地结合起来，实现计算机的可视化技术、动画技术、链接技术、按钮技术和快速的图形处理功能与数学连续思想、变换思想和极限思想的结合，实现数学从静态到动态、从抽象到形象、从微观到宏观，从定性到定量的教学．使形数转化更加自然，便于学生用联系的、整体的观念把握问题，从而培养学生不断进取、积极探索、努力创新的能力和综合应用能力，为进一步运用现代教育技术创造良好的条件．

本书通过典型课件的展示，详细地介绍几何画板 4. 04 版的新功能、新特点．充分利用几何画板的参数颜色、参数迭代、参数按钮和函数参数控制等精确数字化功能，制作色彩丰富、动态多变的课件．结合开发过程摸索和挖掘几何画板使用的各种技巧，创意出许多新的知识内容表现方式方法，将一个二维工具推广到三维空间的应用，极大地丰富了几何画板的创作空间．

作者结合精心准备的课件典型范例，明确选题目标思想，突出课件的构思和创意性的地方，重在讲清课件的制作技巧、方法及进一步的引申和推广价值，充分发挥几何画板强大灵活的功能，力争求新、实用，起到开阔思路，引发思维的作用.

另外，本书还配有光盘一张，内容包含书中所有例题和习题，以及部分物理和动画课件的范例，供用户参考和使用.

作者感谢张桂芳老师仔细地审阅了本书的全文，提出了一些重要的修改意见，感谢部分学生的积极参与和支持，感谢科学出版社为本书的出版所做的认真而仔细的工作.

由于作者水平有限，书中难免有错误之处，恳请读者批评指正.

作 者

目　录

第1章　概述 1
1.1　几何画板是什么 1
1.2　画板和脚本 3
1.3　起步 4
习题1 6
第2章　基本功能范例篇 7
2.1　绘制基本几何图形 7
2.2　选中操作对象的方法 17
2.3　文件菜单和显示菜单 20
2.4　构造几何关系 24
2.5　度量与计算 27
2.6　变换功能 31
2.7　迭代功能 39
习题2 45
第3章　特殊功能范例篇 47
3.1　动画功能学习范例 47
3.2　移动功能学习范例 51
3.3　轨迹功能学习范例 53
3.4　图表功能学习范例 59
习题3 65
第4章　技巧应用范例篇 68
4.1　图形移动变化 68
4.1.1　图形的任意性 68
4.1.2　图形的移动变化 71
4.2　立体图形的侧面展开 75
4.2.1　折叠展开 75
4.2.2　滚动展开 80
4.2.3　拉动展开 85
4.2.4　卷动展开 86
4.3　平面图形的拼图 90

4.3.1　可以任意平移的图形 …… 90
4.3.2　可以任意旋转和平移的图形 …… 92
4.4　立体图形的拼图 …… 96
4.4.1　立体图形的切割 …… 96
4.4.2　切割棱柱 …… 96
4.5　斜二侧投影 …… 98
4.6　棱的虚实转换 …… 101
4.7　参数迭代的应用 …… 103
4.8　圆锥面上的螺旋线 …… 108
4.9　主从型多重运动 …… 109
习题4 …… 116
第5章　典型范例与应用篇 …… 117
5.1　按定义构造轨迹 …… 117
5.1.1　抛物线、椭圆、双曲线 …… 117
5.1.2　各种摆线的制作 …… 119
5.1.3　拉杆实验 …… 123
5.1.4　圆锥曲线的统一定义 …… 123
5.2　参数方程的函数图像 …… 125
5.3　极坐标方程的函数图像 …… 129
5.4　分段函数的图像 …… 131
5.5　立体几何课件制作 …… 133
5.5.1　空间直线、平面课件的制作 …… 133
5.5.2　旋转体的形成 …… 138
5.5.3　最值问题课件的制作 …… 145
5.5.4　圆柱、圆锥截面曲线 …… 149
5.5.5　圆柱截面曲线的展开 …… 152
5.6　自定义坐标系的构造与应用 …… 155
5.6.1　构造自定义坐标轴的方法 …… 155
5.6.2　自定义二维坐标系下的函数图像 …… 156
5.6.3　构造任意旋转的三维坐标系 …… 157
5.6.4　三维曲线的制作 …… 159
5.6.5　三维曲面的制作 …… 160
习题5 …… 164
第6章　制作技巧范例篇 …… 165
6.1　按钮技术 …… 165

6.1.1 系列按钮的应用 …… 165
6.1.2 链接按钮的制作 …… 166
6.1.3 清除追踪轨迹按钮的制作 …… 167
6.1.4 防止误操作按钮的制作 …… 168
6.2 素材共享的应用 …… 168
6.2.1 几何画板调用其它素材 …… 168
6.2.2 在 PowerPoint 中链接几何画板文件 …… 171
6.3 如何控制全等多边形的翻转 …… 172
6.4 如何实现对象的闪烁效果 …… 173
6.5 如何构造两个控制点的轨迹 …… 174
6.6 如何实现运动中图形的变化 …… 175
6.7 如何制作动态字幕的演示 …… 176
6.8 如何实现动态颜色的变化 …… 177
6.9 分离与合并功能的应用 …… 178
6.10 如何控制立体图形的旋转 …… 179
6.11 如何实现翻书效果的显示方式 …… 180
6.12 如何制作美妙的万花筒 …… 181
6.13 如何建立和使用文本模板 …… 183
6.14 如何建立参数的增减控制按钮 …… 184
第7章 函数技巧范例篇 …… 187
7.1 如何构造动态的函数式 …… 187
7.2 如何给函数曲线（轨迹）内部填充颜色 …… 188
7.3 如何创建函数曲线（轨迹）的参数颜色 …… 188
7.4 如何求函数扇区 …… 189
7.5 如何求得两个函数曲线的交点 …… 190
7.6 如何求方程 f(x)=0的实根 …… 191
7.7 如何求函数的极值和极值点 …… 192
7.8 如何绘制函数上任意一点的切线和法线 …… 192
7.9 如何实现函数曲线的各种变换 …… 193
7.10 如何生成函数（或轨迹）的曲面图形 …… 194
7.11 如何控制函数曲线的翻转 …… 195
7.12 如何实现轨迹的移动 …… 197
7.13 如何控制函数曲线的叠加 …… 197
7.14 如何控制函数曲线的波动 …… 200
7.15 如何将函数曲线限制在一个矩形区域内 …… 201

7.16　如何使函数分情况显示图像 …… 202
7.17　如何实现函数图像的渐变 …… 203
习题7 …… 204
附录A　记录（脚本） …… 205
A.1　记录的制作 …… 205
A.2　记录的执行 …… 205
A.3　记录的“循环”功能 …… 205
A.4　使用记录的“循环”功能绘图的一般过程 …… 206
A.5　使用“生成记录”功能 …… 211
A.6　绘制三维曲面图形 …… 212
附录B　学生课件设计 …… 215
附录C　随书资源内容及使用说明 …… 227

第1章　概　　述

1.1　几何画板是什么

The Geometer's Sketchpad 是美国优秀的教育软件，由美国 Nicholas Jackiw 设计，Nicholas Jackiw 和 Scott Steketee 程序实现，Key Curriculum 出版社出版. 它的中文名是《几何画板——21 世纪的动态几何》.

几何画板是一个优秀的专业学科平台软件，代表了当代专业工具平台类教学软件的发展方向. 它是以数学为根本，以“动态几何”为特色来动态表现设计者的思想，供用户探索几何奥秘的一个新的工具. 该软件短小精悍，功能强大，开发的软件具有精确的数字化描述和动态的参数交互功能，能够动态表现相关对象的关系，适合教师根据教学需要自编微型课件.

1. 电子作图工具

几何画板可以作为一个电子作图工具，利用它的工具箱提供的工具，模拟直尺、三角板、圆规，作出点、线段、射线、直线、圆等几何图形，并可以在各几何元素旁标注字母，也可以在画板上任何地方注释文字.

由于计算机的快速精确计算和图形处理功能，使几何画板软件作图既快又精确. 但它又与一般图形软件不同，在大部分几何图形中，一些几何元素之间是有一定关系的，例如垂直、平行、相交等. 在几何画板中，可以利用“作图”菜单中提供的各种功能，由系统自动产生出交点、平行线、垂直线、圆弧、抛物线等几何图形.

2. 动态演示工具

几何画板能够准确的、动态的表现几何问题，为充分展现几何元素在运动状态下保持几何关系的不变性，提供了方便的动态演示. 使传统教学中只能在黑板上静态表现的结果变成动态的展示过程，从而使学生对一些几何性质和定理理解得更快、更深刻. 例如“任意三角形”这一概念，过去教师只能在黑板上画几个三角形，再用语言补充，但是画得再多也是有限的. 而用几何画板可以拖动三角形的任一顶点，动态地演示出“任意三角形”这一概念真实情况.

例如任意三角形三条中线交于一点，这个性质我们可以在课前制作一个课件存盘. 课堂上把这文件调出、运行即可（文件：三角形中线. gsp）. 可以手动也可以自动.

3. 显示和探求轨迹的工具

轨迹是几何中一个重要知识点，且又是一个难点. 难就难在需要用动态的观点来看几何图形. 但过去的课堂教学一般是借助于静态的图形或简单的教具进行讲解，学生只能根据对问题的分析和最终的结果去想像出轨迹生成的过程，如果学生的想像能力差一些，理解这部分的内容就更难. 而利用几何画板的动态功能，可直观地演示出轨迹的生成过程，不仅使分析、过程、结果都一目了然，而且便于整体把握数学内在规律，还可以由此发现许多新的规律.

例如斜边为定长的直角三角形直角顶点的轨迹是圆.

例如当一条线段的一个端点在圆上运动时，其垂直平分线的轨迹是什么？这是个比较难的问题. 但利用几何画板这个问题就很容易解决了，如图 1.1 所示.

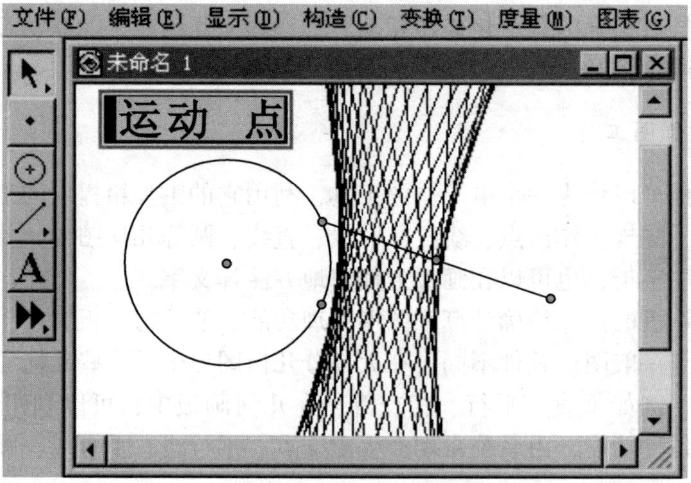

图 1.1

4. 课件开发工具

几何画板又可以作为课件的开发工具，帮助教师大大扩展几何教学的能力. 在备课时，用这个软件事先编制好要讲的内容，以文件形式存在磁盘中. 讲课时，调出该文件就可以自动进行演示.

但它与一般的 CAI 写作工具软件不同. 一般的 CAI 写作工具，需要有一定的编程能力，一些几何关系编程者自己必须在程序中定义. 而几何画板不需要教师有程序设计知识，它所需要的仅仅是一定的数学知识，特别是几何构建思想.

只要教师在“画板”上画出和定义课堂上要讲解的实际内容，系统自动记录绘制的过程和内容，然后把它们存成文件，上课时调出，系统就会自动重复教师制作的过程.

特别是，利用系统的动画功能可以制作动态的教学过程，使有些原本抽象、枯燥的内容变得具体、生动、活泼，充分展示了数学的美.

5. 良好的学具

几何画板为学生提供一个自由的、开阔的、十分理想的“做数学”的环境. 几何画板本身就是一个很好的几何情景，它可以作为学生研究几何关系，猜测、发现和验证几何方法，探索几何规律的一个电子“实验室”. 在这个“实验室”中，学生可以在画板上画出各种几何图形，系统利用它所存储的几何定理和公式，自动显示出这些图形之间的关系，学生从中就可以验证有关的几何性质，接受并理解相关的知识.

如“n 等分线段”这一命题，教科书上一般都是用比例线段作平行线的方法. 是否还有其它方法？美国两个初中学生用几何画板发现了新的方法.

1.2 画板和脚本

几何画板可以从两个相关的角度来研究几何图形. “画板”描绘具体的几何图形，强调空间的推理. “脚本”（亦称“记录”）则用语言或数学逻辑方式来描述几何图形的构造过程.

1. 画板：图形探索

在“画板”窗口，可以用对应笔、直尺、圆规的绘图工具绘制欧几里得图形. 画板中的菜单提供了很多的复杂作图和二维变换，利用它可以进行度量和计算，包括从简单的距离到复杂的公式. 总之，由于“画板”可以体现出几何图形的数学意义，所以当你用鼠标或动画工具移动图形的某一部分时，它会保持所有几何关系不变.

2. 脚本：逻辑抽象

概括地说，“脚本”是对绘图过程的描述. 在“脚本”中，可以录制作图步骤；也可以在画板中按“脚本”中的作图步骤自动生成一个新的图形. “脚本”可以成为基本工具箱的一部分，可以反复利用它们生成新的图形，甚至可以用一个一个独立的“脚本”建立更大的“脚本”，就像 2000 多年前欧几里得由一些定义和假设导出几何学那样，派生出越来越复杂的几何图形.

1.3 起 步

1. 系统配置

几何画板工作环境为中文或带有中文平台的 Windows 9.x，32MB 以上主机内存，40MB 以上硬盘和光盘驱动器.

本书是以中文 Windows 98 作为几何画板的工作环境进行讲解的.

2. 几何画板安装步骤

(1) 安装几何画板，首先双击安装文件图标，输入密码；在后面弹出的几个对话框中，单击“Next”(下一步) 按钮，安装几何画板英文版.

(2) 双击文件“update1”图标，在后面弹出的几个对话框中，单击“Next”(下一步) 按钮，安装几何画板 4.03 英文版升级版.

(3) 双击“Update To GSP _ 404.exe”文件图标，在后面弹出的几个对话框中，单击“Next”(下一步) 按钮，安装几何画板 4.04 英文版升级版，安装完毕后，在“开始”菜单的“程序”组中出现“GSP 404.exe”菜单命令.

(4) 先将文件“chs.exe”重命名为“GSP 404.exe”，再将文件“GSP 404.exe”复制到安装文件夹中，覆盖原文件. 运行 GSP 404 即可.

3. 启动几何画板

几何画板的启动与其它软件的启动类似，单击“开始”按钮，选择“程序”

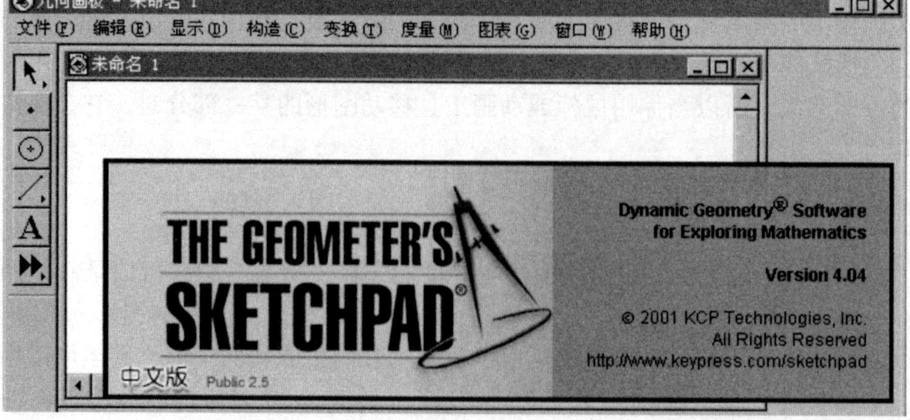

图 1.2

的“GSP 4.04”菜单命令，或者双击屏幕上的几何画板快捷图标，就可以进入几何画板的使用窗口界面，如图1.2所示.

在屏幕空白处单击鼠标，屏幕中间的版本信息消失. 如5秒内无任何输入，版本信息也自动消失.

4. 画板窗口

窗口第一行是**标题栏**，第二行是**菜单栏**，第二行下面是**工作区**，窗口左侧是**工具栏**，工作区下面是**文本工具栏和数学符号面板**. 刚进入几何画板时，计算机在工作区中自动打开一个标题为“未命名1”的画板文件，其默认扩展名是.gsp. 窗口最下面是状态行，显示当前工作状态. 如图1.3所示.

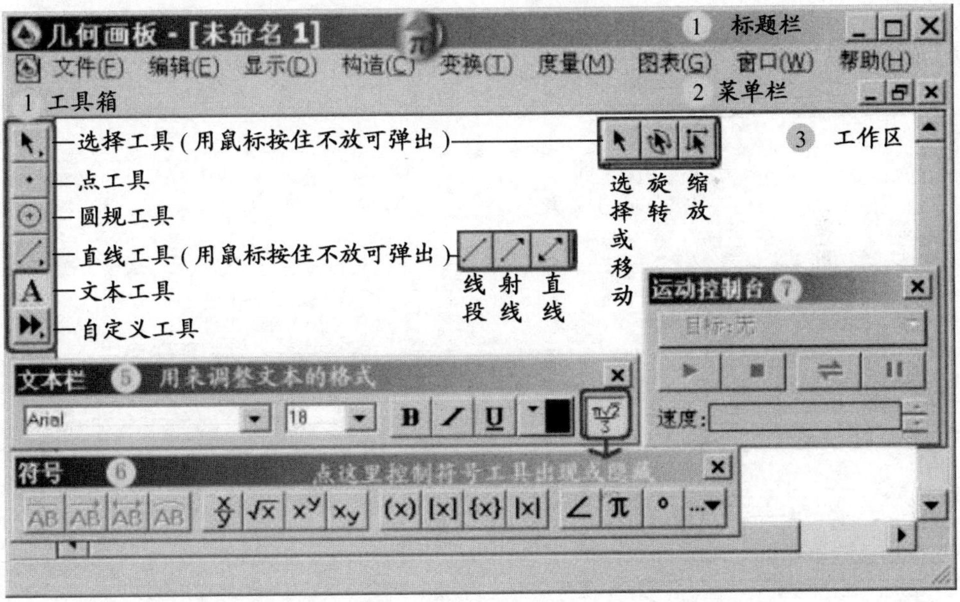

图1.3

画板窗口最左边的一列有6个小的正方形图形，是作图的工具，从上到下分别称为：选择工具、点工具、圆规工具、直线工具、文本工具和自定义工具，总称为**工具箱**.

5. 退出几何画板

退出几何画板的方法与一般 Windows 应用程序的退出方法相同. 只要双击画板窗口左上角的“控制”按钮或单击画板窗口右上角的“关闭”按钮或打开

“文件”菜单，选定“退出”选项，就可以退出几何画板.

习 题 1

1. 试着在中文 Windows 系统环境下，安装几何画板软件.
2. 打开几何画板，观察窗口的组成.
3. 练习启动和退出几何画板程序的操作.

第 2 章　基本功能范例篇

2.1　绘制基本几何图形

几何画板绘图是欧氏几何“尺规作图”的一种现代延伸．它通过直尺和圆规及它们的配合几乎可以画出所有的欧氏几何图形．这种把所有绘图建立在基本元素上的作法和数学作图思维中公理化思想是一脉相承的．利用几何画板可以绘制各种基本的几何图形，例如点、线段、射线、直线、圆、垂线、平行线等．

1．建立新画板

制作一个画板文件（也称为课件），第一步是建立一个新画板．操作步骤如下（如果是刚进入几何画板，系统已自动打开一个新画板窗口，下面步骤可以省略）：

单击“文件”菜单，屏幕出现一个下拉式子菜单（这个操作以后简称为打开“文件”菜单）；把鼠标指针移到子菜单的第一行“N 新绘图”上，单击鼠标左键（这个操作以后简称为单击）；屏幕几何画板窗口内部出现如图 1.3 的新窗口，这就是新画板．如果大小不合适，可以用窗口操作，进行放大或缩小．

2．基本几何图形的绘制

画板工具箱	名称	功能
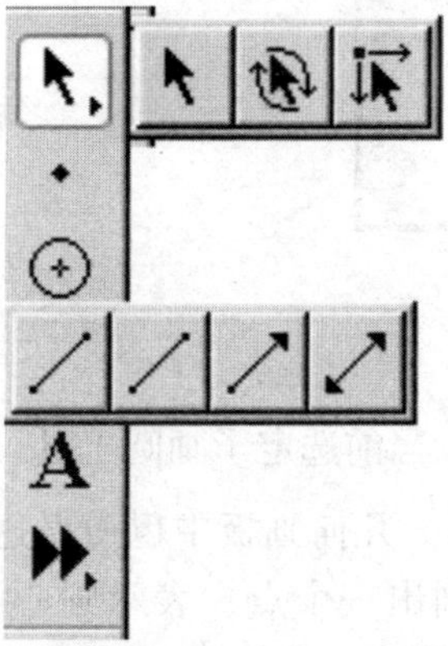	选择箭头工具	选择对象做平移或旋转或缩放操作
	画点工具	画点
	画规工具	两点画圆
	画线工具	画线段、射线、直线
	文本工具	做文本注释或给对象标注标签
	自定义工具	把自己定义的新工具作为工具在画板中使用

用鼠标单击可激活任一工具．按 Shift 键加上下箭头键可从一个工具移到另一个工具，按 Shift 键加左右箭头键可循环选不同线形或箭头，从而改变被激活的工具．某工具一旦被激活，即可在画板中作相应的操作．

使用任意的选择：如果一个作图工具是激活的，按下 Esc 键能随时地激活选择工具，光标变成一个选择箭头．用此方法可做到快捷操作．

从选择工具到文本工具的自动转变：如果选择箭头是在一个对象的标签上，它便自动地变成文本工具．用文本工具，可以方便的移动和编辑标签．

快速滚动画板窗口：在工作区任何时候按下 Alt 键，光标变成一个小手掌，按下鼠标左键，可以快速拖拽以滚动窗口．

绘制基本图形的基本步骤相同，都是先选定画图工具，然后在画板上绘制．

（1）画点工具：单击该图标，使它凹下显示，就选定了画点工具．再把鼠标指针移到画板工作区空白的地方或已有的对象（对象可以是线段、射线、圆、圆弧、轨迹、函数图像、多边形的内部等）上要画点处单击，则在该处画了一个点．

用同样方法，可以在画板上画出更多的点．如图 2.1（a）所示．

如果有的点画得不合适，要移动或删除它，只要先按一下 Esc 键，再用鼠标选中这个点，拖拽到合适的位置或按 Delete 键，删除这个点．

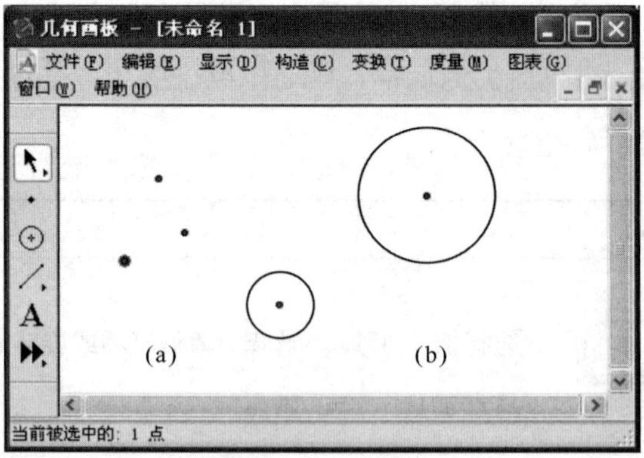

图 2.1

（2）圆规工具：单击该图标，使它凹下显示，表示当前选定了画圆工具．

在平面几何中，已知圆心位置和半径可以决定一个圆，几何画板中也遵循这个原则．把鼠标指针移到要画圆的圆心位置，单击一下画出一个点，表示圆心，然后移动鼠标，圆心周围出现一个圆，该圆会随着指针离圆心的距离不同而不同．把鼠标指针移动到合适位置后再单击左键，一个圆就出现在画板上．圆的中间有一个小圆点表示圆心，圆上也有一个小圆点，称为确定圆半径的点，它与圆心距离表示圆的半径. 只要选定画圆工具不变，可以在画板上连续作出任意多个圆，如图 2.1（b）所示.

在选择工具下，拖动圆心点或圆上点，可以改变圆的位置和大小. 选中圆心点和圆上点，再按 Delete 键，就删除了该圆.

（3）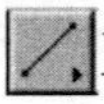直尺工具：单击该图标，使它凹下显示，表示当前选定了画线工具.

几何画板中的“线”有三种类型：线段、射线和直线. 把指针移到画线工具上，按下左键不放开，约一秒钟后右边就会显示出如图 2.2 的三个正方形图标.

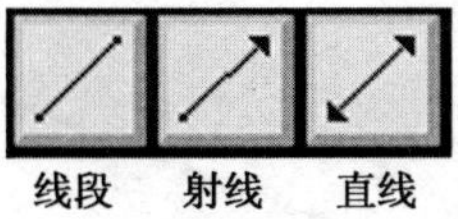

图 2.2

第一个两端有两点的斜线图标代表线段；第二个右上角有一个箭头的斜线图标表示射线；第三个两端都有箭头的斜线图标表示直线. 把指针拖动到其中一个图标上，放开左键，原工具箱中的画线图标就变成选定的图标，表示今后画出的线的类型.

我们知道平面几何中有一个公理：“两点决定一条直线”. 几何画板中作线的方法也遵循这个原则，即只要在画板上确定两个点后，线就确定了.

1）画线段

先选定画线类型为“线段”. 即把指针移到画线工具上，按下左键不放，屏幕出现如图 2.2 的三个正方形图标后，把指针拖动到第一个图标上，放开左键，原工具箱中的画线图标就变成两端有点的画线段图标. 如果原画线图标已是线段，这步可省略.

把指针移到要画线段的一个端点处，单击左键画出一个端点，移动指针到要画线的第二个端点位置后再单击左键，一条线段就出现在画板上（见图 2.3 上部的线段）.

2）画射线

先用上面所说选线型的方法，选定画线的类型为射线，把指针移到要画射线的端点处，单击左键画出端点、移动指针到要画线的第二个点位置后再单击左键，一条射线就出现在画板上（见图 2.3 中部的射线）. 射线可无限延长的一端，一直画到窗口边缘，并且当画板窗口放大和缩小时，该线也相应的延长和缩短. 这是几何画板与其它软件不同的一个特点.

3）画直线

先用与前面画射线相同的方法选定画线的类型为直线；把指针移到要画直线的一个点处，单击左键画出一个点、移动指针到要画线的第二个点位置后再单击左键，一条直线就出现在画板上（见图 2.3 下部的线），该直线两端一直画到画板窗口的边缘，并且当画板窗口的大小变化时，直线也随着伸长和缩短，始终延伸到窗口边缘. 这特性真正体现了“直线两端可无限延长”这一几何性质.

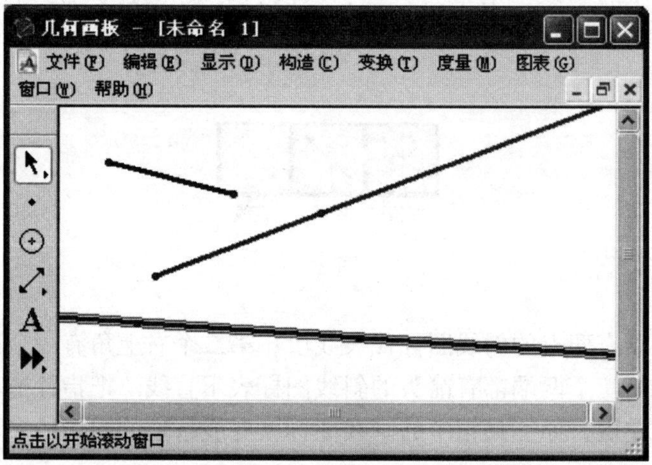

图 2.3

要删除已画好的线，只要选定该线或决定这条线的两个点，再按 Delete 键，线就被删除.

例 2.1　画一个圆，再画它的内接三角形.

绘制的步骤如下：

（1）单击“文件”菜单中的“新建画板”选项，打开一个新画板；

（2）单击工具箱中画圆工具，选定画圆功能；

（3）把鼠标指针移到新画板中心，按下左键不动，拖动鼠标到适当位置，放开左键，画出一个圆；

（4）单击画线工具；如画线图标表示的线型不是线段，则应用前面介绍的方法，把鼠标指针移到画线图标上，按下左键不放，当右边显示出三种线型图标后，拖动鼠标指针到第一个线段图标上，再放开左键；

（5）把鼠标移到圆上作为三角形的一个顶点处，按下左键不放，再拖动鼠标到圆上作为三角形的第二个顶点的位置，放开左键，屏幕显示一条端点在圆上的线段；

（6）把第一条线段的末端点，作为新的起点，再画第二条线段；

(7) 把第二条线段的末端点，作为新的起点，第一条线段的起点 作为末端点，画出第三条线段；这样一个圆内接三角形图形就画好了，如图 2.4 所示.

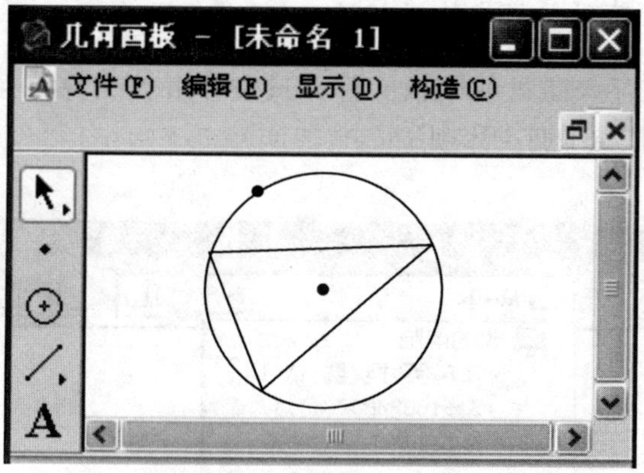

图 2.4

(8) 存盘. 如果要把做好的图形存盘，只要单击“文件”菜单中的“另存为”选项，就会弹出一个保存文件的对话框，如图 2.5 所示.

图 2.5

先在“保存在”选择框中选定盘符和子目录（例如：C 盘的“hb404”文件夹），选定的盘符和子目录显示在选择框中；然后在文件名输入框中输入你选定的文件名（例如：yuan. gsp），最后单击右下角的“保存”按钮，对话框消失，图板上的图形就保存在磁盘上了. . gsp 是几何画板默认的图形文件的扩展名，输入文件名时可以省略不写.

画好的画板如暂时不作修改，可以关闭它．方法是单击该画板窗口（注意，不是系统窗口！）右上角正方形的关闭按钮，这个画板就在窗口中消失了．

3. 打开一个已有的画板文件

要打开一个已存入磁盘的画板文件，只要单击“文件”菜单中“打开”选项，就会出现如图 2.6 的打开对话框：

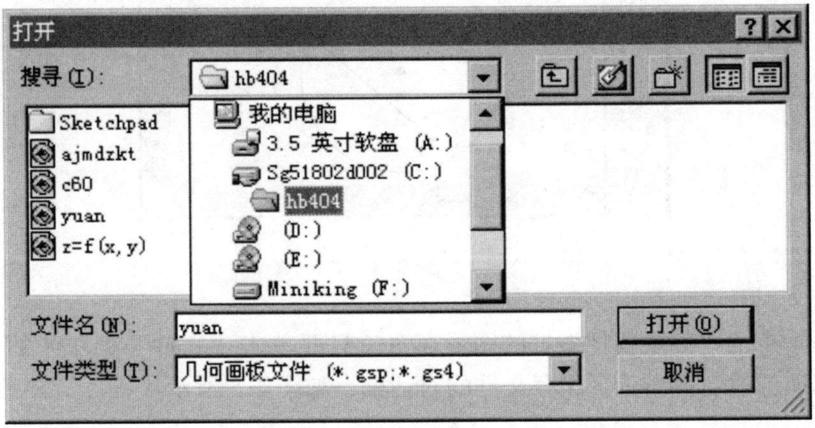

图 2.6

在“搜寻”选择框中选定盘符和文件所在的文件夹（例如 C：\ HB404），选定的磁盘目录就显示在对话框的中间；然后单击要打开的文件名（例如 yuan.gsp），选定的文件名随即显示在文件名输入框中，再单击右边的“打开”按钮，对话框消失，相应的画板就显示在工作区中．

4. 标注标签与加注解

1）标注或隐藏标签

在几何画板中的每个几何对象都对应一个“标签”（用字母或小写字母带数字表示），当您在画板上画出一个新的基本图形时，系统会自动给决定这个图形的关键点标注了标签，只是没有在屏幕上显示出来而已．要显示标注的标签，就要用到工具箱中的“文本”工具．

单击工具箱第五个画有“A”字的图标，就选中了“文本”工具，这时鼠标指针变成一只手形状，只要把这只“手”的手指尖移到要标注的对象上单击，如果该对象旁边没有标注就会把标签显示出来，如果该对象的标注已经显示就会把这个标签隐藏起来．一般在对象上单击左键奇数次时为标注标签，偶数次时为隐藏标签．

几何画板是按图形在画板中出现的顺序来标注标签的，一般情况下，点的标签是从大写字母 A 开始标注；线的标签是从小写字母 j 开始标注；圆的标签是用加前缀 c 的数字（c_1，c_2，…）标注的，弧的标签是用加前缀 a 的数字（a_1，a_2，…）标注的，扇型的标签是用加前缀 p 的数字（p_1，p_2，…）标注的．在选中文本工具的状态下，标注的标签可以移动、修改和隐藏．

2）移动标签

用鼠标对准某个对象的标签，按下左键不放拖拽鼠标，可以将标签移动到合适的位置上．

3）修改标签

用鼠标双击要修改的标签或在标签上单击右键选择“属性”选项，就会显示对象属性对话框，在“标签”卡重设标签．单击“样式”按钮，可以为标签选择颜色、字体、字型、字号等．设置完单击“确定”按钮即可．需要注意的是，如果想输入下标，可在标签输入框中将下标用方括号括起来，如输入 A[1]，则显示标签 A_1，对于上标，目前知道可以表示 A′，以数字为上标必须通过模板和合并文本来实现．

4）加注解

几何画板可以在画板中加一块一块的文字框，每一个文字框都是一个对象，可以移动、缩放和隐藏．

加注解的方法是：选中文本工具后，在画板中的适当位置，按住鼠标左键拖出一个矩形的文字框，在这个文字框中可以输入中西文的注解，用回车键来换行．

单击选择工具，选中的注解可以改变大小和位置．画板中显示的所有文字信息，都可以改变文字的字体、字型、字号和颜色等．方法是：先选中文字块，用快捷键“Alt + >”、“Alt + <”或执行〈显示菜单/文字〉选项，在子菜单上方可以选择“增加尺寸”或“减少尺寸”改变字的大小；在子菜单下方可以选择不同字体选项改变字体．执行〈显示菜单/颜色〉选项可以改变字的颜色．

另外也可以单击“显示”菜单的“显示文本工具栏”选项，打开文本编辑工具箱（如图 2.7）．通过工作区下方“文本工具栏”有关字体、字号、字型、

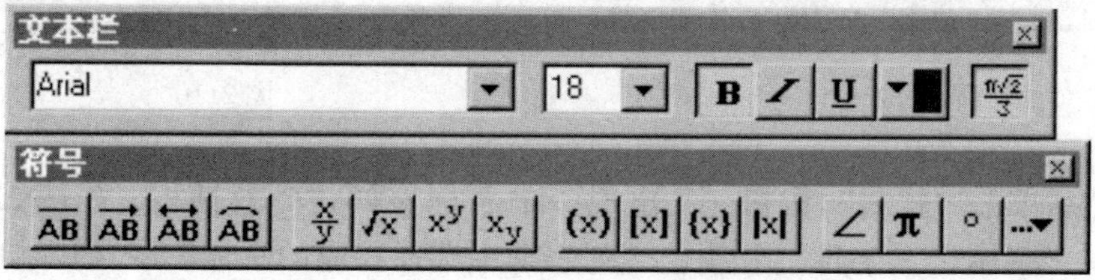

图 2.7

颜色选择框来编辑文本. 单击“数学符号面板”按钮（即名为“$\frac{\pi\sqrt{2}}{3}$”的按钮），来编辑比较复杂的数学式. 还可以设置文本框是否可以移动：在设置文本属性时，清除“可以被鼠标选择”前复选标记，则文本框不可以再移动（需要移动时还可以用右键重新设置）.

下面我们通过例子来说明具体的操作方法.

例 2.2　把例 2.1 中画好的图形（圆内接三角形）标注标签.

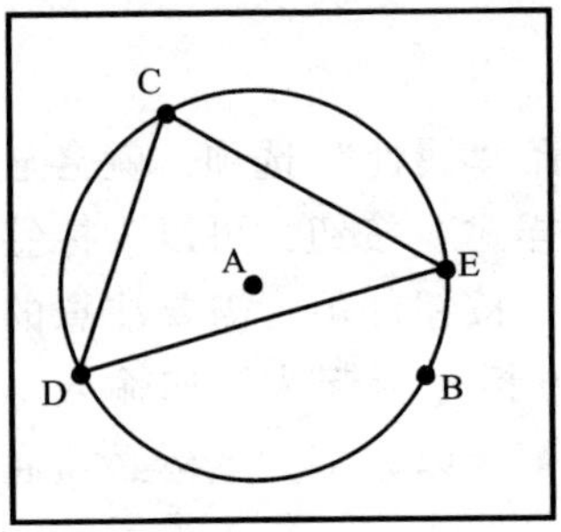

图 2.8

（1）打开文件：按前述打开一个已有画板文件的操作方法，打开文件 yuan. gsp，显示出圆内接三角形图形.

（2）在“文本”工具上单击，选定标注功能.

（3）把手形的鼠标指针的指尖移动到圆心或圆上点，并单击左键，旁边就显示出字母，如图 2.8 所示.

（4）如果圆上的 B 点不需要标注，只要在点 B 上再单击一下，标注字母就消失. 可见这个文本工具是一个“开关”工具，即击奇数次时显示标签，偶数次时隐藏标签.

（5）圆心一般用字母 O 来标注，因此需要把现在图上标注的 A 改为 O. 方法是：双击标注字母 A，屏幕出现一个如图 2.9 的“点 A 的属性”对话框，在“标签”文本框中输入字母 O.

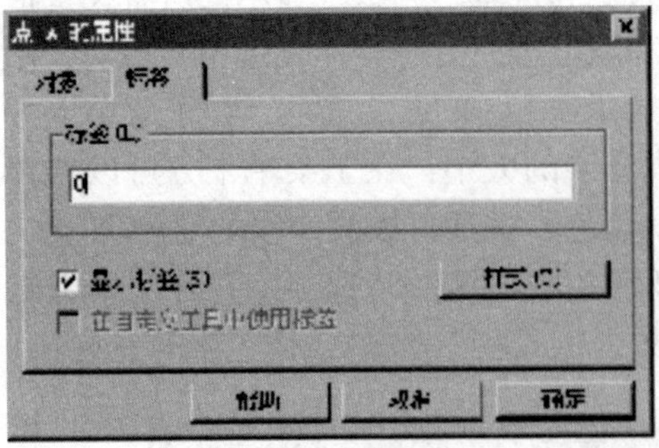

图 2.9

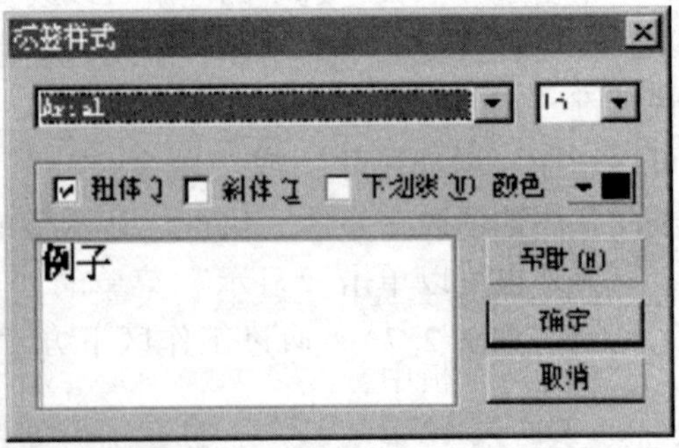

图 2.10

然后单击“样式”按钮，又出现一个“标签样式”对话框，如图 2.10 所示. 在“字体”、“字号”、“颜色”列表框中选择相应的字体、字号和颜色，在复选框选定字型，单击“确定”按钮.“样式”框消失，又返回“点 A 的属性”

框中，再单击“确定”按钮，对话框消失，一个较大的“O”显示在圆心旁边.

(6) 移动字母位置. 最初显示字母时，系统一律把字母都显示在点的右下角，这样有的字母会与图形重叠，因此必须改动字母位置. 方法如下：例如要改动字母 C 的位置，把指针移到字母 C 上，按下左键不放，拖动鼠标，字母 C 就相应地移动，但始终在点的周围，拖动到合适位置后放开左键，字母 C 就显示在新的位置. 可以用相同的方法把其它字母移到合适的位置.

注意：以上关于标注标签的操作，都必须在选定了“文本”工具或“选择”工具后进行.

5. 自定义工具

工具箱中新增“自定义工具”按钮. 几何画板只是提供了基本作图规则，没有提供一些常用几何图形功能. 但事实上，复杂的几何图形都是根据一定的数学关系构建的，使用者可以根据自己的需要，事先用自定义工具来制作某些常用几何图形，保存在自定义工具中，供随时调用.

自定义工具的过程和制作几何图形的过程是一样的，可以在新制作几何图形的基础上创建，也可以在已有几何图形的基础上创建. 只要在制作完成后全部选中几何图形，使用“自定义工具”的“创建新工具”选项，在“新建工具”对话框输入工具名称，按“确定”按钮后，即把结果创建成一个自定义工具，这时几何画板会把制作的过程记录下来.

4.x 版中已经没有记录这个概念，这一点和 3.0 版区别较大. 自定义工具是保存在一个普通的几何画板文件之中，如果想在任何时候都能使用这个工具，必须把这个文件保存在几何画板安装目录的 Tool Folder 文件夹下，如果保存在其它位置，则只有当含有该工具的文件处于打开状态，才能在其它文件中调用这个工具.

工具箱中不再有“对象信息”按钮. 要获取对象的信息，可以右击对象，在弹出的菜单中选择“属性”得知.

6. 撤消、重复和隐藏

在几何画板中，有几种修改错误的方法. 一种是使用“删除”功能，删除错误的对象，再构造正确的对象. 这种删除操作，必须十分小心，因为，如果删除一个对象，那么它的子女对象就同时被删除；另一种是使用“撤消”功能，我们提倡使用此功能. 如果发现某步出错，可以反复执行〈编辑/撤消〉选项(快捷键是 Ctrl + Z)，一步一步复原到出错之前的工作状态；“全部撤消”的快捷键是 Shift + Ctrl + Z. 如果这时又不想“撤消”了，可以使用“编辑”菜单中的“重复”功能.

如果有一个对象希望删除而又不影响其它对象，那么就应该使用“隐藏”功能．隐藏的方法是：先选中要隐藏的对象，然后执行〈显示/隐藏〉选项．

注意书写格式：执行〈主菜单名/子菜单名/功能项〉，等同于打开指定的“级联菜单”，并选中指定的“功能项”选项．例如执行〈显示/隐藏〉，等同于打开“显示”菜单，并选中“隐藏”选项．

7. 修改图形位置和大小

如果画板中的图形位置、大小等不合适，还可以修改．无论修改哪种图形元素（下简称图元），都必须是在选定“选择”工具的状态下．否则应先单击工具箱中第一个图标，使它凹下显示，再进行下面的操作．

修改点的位置．把鼠标指针移到点上，按下左键不放，这时该点外围出现一个小圆，表示被选中，拖动鼠标，该点随着鼠标也相应地移动，到达合适位置后，放开左键，选中的点就移动到新的位置．如果仍不合适，还可以重复进行上述操作，直到满意为止．

修改圆．如果要修改圆的位置，只要把鼠标指针移到圆周上，然后与移动点位置一样进行操作．如果要改变圆的半径，只要移动圆上代表圆半径的大小的那个“圆上关键点”即可．

例 2.3　修改“yuan. gsp”中圆的位置．

原画板中的圆画在窗口中间，如果我们想把它移到画板左侧，步骤如下．

（1）选定“选择”工具，即单击工具箱第一个图标．

（2）移动圆．把鼠标指针移到圆周上，按下左键不放，拖动鼠标，我们可以看到整个圆随着指针移动．

（3）移动圆心．把鼠标指针移到圆心上，按下左键不放，向左拖动鼠标，圆心也相应向左移动，移到合适位置后，放开左键；在移动过程中，我们会发现圆上关键点不动，所以圆心向左移动时，圆也逐渐增大．

（4）移动圆上的关键点位置．移动方法同圆心．

这里问读者一个问题，当移动圆心和圆上点的过程中，你注意了内接三角形是怎么变化的？如果没注意，请把上面的第 1 步和第 2 步在自己的计算机上操作一下．

你们会惊异地发现，三角形也随着移动、变化，但“**内接**”这个性质却**始终保持**！这就是几何画板不同于其它一些图形制作软件的突出优点之一．

为了得到更加深刻的印象，你可以把三角形的三个顶点也移动一下，你看到了什么？顶点能离开圆周吗？

8. 显示图形的任意性

“什么是任意三角形?”过去教师在讲这一概念时，在黑板上画出几个三角形作代表，但毕竟是有限的. 我们在画板上画出一个三角形后，单击工具箱第一个图标，选“选择”工具后，拖动三角形任意一个顶点，就可以更正确、更形象地演示任意三角形. 如图 2.11 所示.

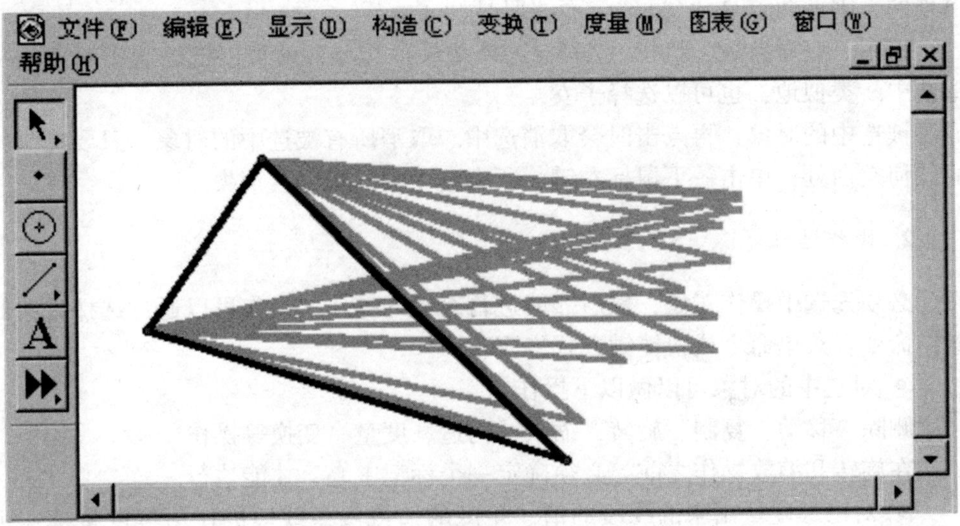

图 2.11

2.2 选中操作对象的方法

1. 选中对象

在“选择”工具状态下，选取对象前要用鼠标在工作区空白处单击一下，以释放工作区中原来选中的其它对象，避免误操作. 下面的操作需要在选中一个或几个对象后进行. 选中对象有以下几种方法：

1) 选中一个对象

移动鼠标到某一个对象上，单击鼠标左键，即可选中该对象.

2) 选中两个以上离散的对象

只需用鼠标依次单击各对象，可以同时选中若干个离散的对象.

3) 选中一个矩形区域内所有的对象

在适当位置，按下鼠标左键不动，向右下方（或左上方）拖拽，形成一个虚框的矩形区域，当所要选的对象都在区域内时，松开左键，即被选中. 按下 Shift 键不动，可以同时选中若干个离散的区域.

4）选中画板的所有对象

执行〈编辑/选择所有〉选项，即可选中画板中所有的信息．如果当前工具是画点工具或画线工具或画圆工具，这一项就变成“选择所有的点”或“选择所有的线”或“选择所有的圆”．

5）选择对象的父母或子女

所谓“父母”和“子女”，是指对象之间的派生关系．如线段是由两点派生出来的，因此两点是“父母”，而线段是“子女”．

选中一些对象后，执行〈编辑/选择父母〉选项，就可以把已选中对象的父母选中．类似地，也可以选择子女．

被选中的对象，再点击时会取消选中．取消所有被选中的对象，只要在画板的任何空白处，单击一下鼠标左键，所有选中的标记都会消失．

2. 操作过程

必须先选中操作对象，然后才能进行有关的操作．操作可以通过选择有关的操作命令：菜单命令或快捷键方式来实现．

- 对选中的对象可以做以下操作：

删除、移动、复制、旋转、缩放、构造、度量、变换等操作．

在旋转和缩放操作之前，必须确定一个标记中心，才能执行．

- 对已经度量出来的线段的值、角度的值或两条线段的比值等度量值，可以利用变换菜单中的功能将其标记成距离值（作平移用）、标记角度值（作旋转用）、标记比值（作缩放用），对选择的两点标记为向量（作平移用）．

下面，我们先介绍删除和移动操作．

1）删除操作

删除就是把选中的对象（图形或文字信息）从画板上清除出去．两种方法：

- 先选中要删除的对象，然后执行〈编辑/清除〉选项即可．
- 或按键盘上的“Delete”键，删除所有被选中的对象．

注意，删除时，与该对象有关的所有对象和标注均会被清除．

2）移动操作

在“选择”工具状态下（即在移动的光标下），选中要移动的对象，按下鼠标左键，拖动已选的对象可以在画板中移动．当你拖动画板中的图形时，与该图形有关的所有对象也会跟着移动．这就是几何画板的精髓——在运动中保持几何关系不变性．

有时需要对选中对象的位置做细微的调整，使用鼠标拖动很难办到．若该用方向键↑、↓、←、→操作，每次将选中对象仅仅上、下、左、右移动一个像素，便于微调．这是相对于 3. x 版的一个重要改进．

例 2.4 拖动线段的操作.

选择画线段工具，画一条线段 AB，并在该线段上任取一点 C.

(1) 选中点 A 或点 B，作拖动操作，线段和点 C（子女）受点 A 或点 B（父母）的控制，也会随着运动. 而点 A 和点 B 之间是不受控制的，拖动点 A 时，点 B 是不动的，反之也一样.

(2) 选中点 C，作拖动操作，由于点 C 是线段的子女，受线段的控制，所以点 C 只能在线段上运动.

(3) 选中两端点 A 和 B 或只选线段（不含端点）或全部选中，作拖动操作，由于父母点 A 和 B 必须保持相应关系，所以线段的方向和长短不变，作平行移动.

例 2.5 拖动两条互相垂直线段的操作.

方法 1：用画线段工具作图. 画一条线段 AB，再画一条线段 CD，使它与线段 AB 垂直（如图 2.12（a）中左图所示，此种方法是不正确的，表面上垂直，实质没有发生几何关系）.

方法 2：用构造方法作图. 画一条线段 AB，并在该线段上任取一点 C，同时选中线段 AB 和点 C，执行〈作图菜单/垂线〉选项，画出一条过点 C 并垂直于 AB 的直线 m. 如图 2.12（a）中右图所示.

当拖动方法 1 绘制的图形的任一对象时，线段 AB 和 CD 这种垂直关系马上被破坏；当拖动方法 2 绘制的图形的任一对象时，线段 AB 和直线 m 这种垂直关系永远保持. 如图 2.12（b）所示.

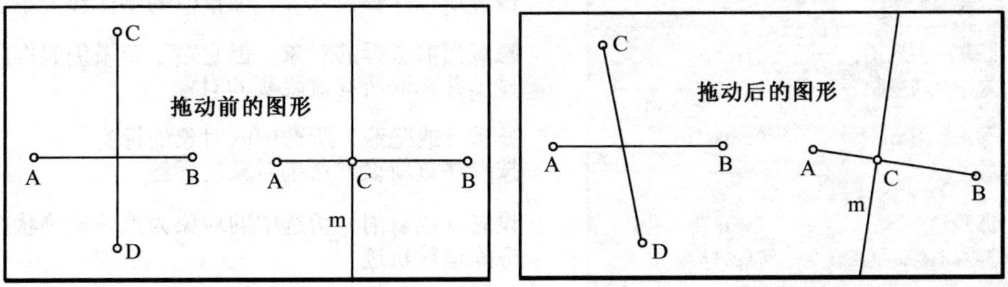

(a) (b)

图 2.12

几何画板的核心是几何关系，在运动和变化中将保持所给定的几何关系.

2.3　文件菜单和显示菜单

1. 文件菜单

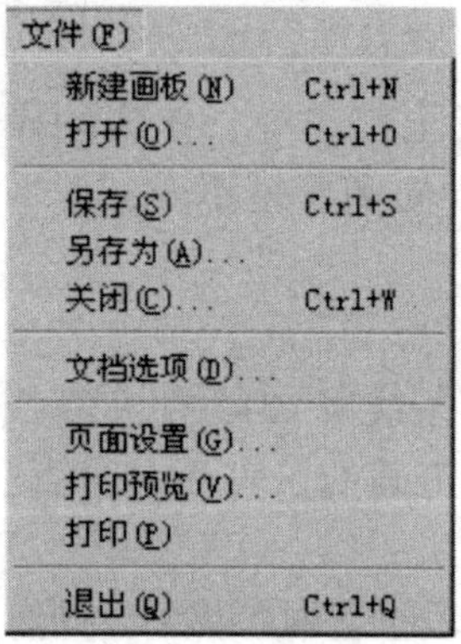

功能描述

打开一个新的画板文档
打开一个已经存在的画板文件
保存当前画板文档
将当前画板文档保存为另一个名字
关闭当前窗口，并予以适当提示
打开“文档选项”对话框，对页面或工具作相应操作
打开“页面设置”对话框，设置打印参数
当前窗口打印预览
打印当前窗口画板文档
退出几何画板系统，并予以适当提示

2. 显示菜单

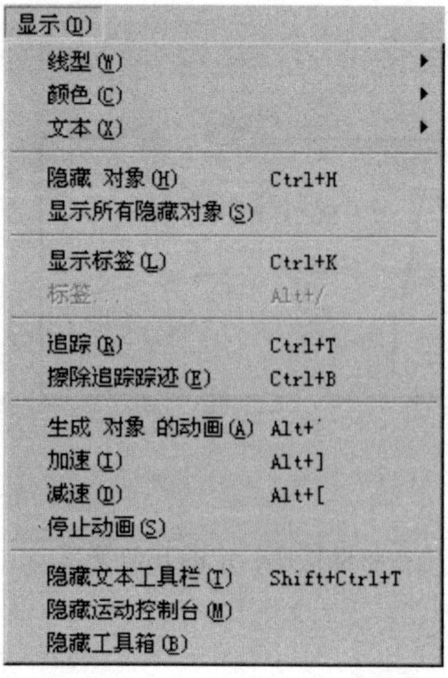

功能描述

设置所选对象的线型为粗线、细线或虚线
设置所选或所创建的对象的颜色
设置所选注释、标签、度量值的字体和大小
隐藏当前选择的对象，但它对于结果仍起作用
显示并选取所有被隐藏的对象
显示（或隐藏）所选中的对象的标签
按顺序重新设置所选对象的标签
设置（或取消）所选中的对象为追踪轨迹状态
擦除追踪轨迹
根据选中的对象进行动画运动
使动画对象加速运动
使动画对象减速运动
使动画对象停止运动
显示或隐藏文本工具栏
显示或隐藏运动控制台
显示或隐藏工具箱

3. 关于页面控制和链接

1）页面控制

在3.0版中，要把不同的部分做成不同的“页”，并且一旦分好页后如果有需要更改的地方，不得不重新分页，而在4.x版中，分页则只不过是点几下鼠标的事情. 4.x版的新建文件只有一页，但我们可以用以下几种方法增加页：增加一个空白页、从当前文档中复制页、从其它文档中复制页，下面分别介绍.

（1）增加空白页.

A）单击〈文件/文档选项〉选项，弹出“文档选项”对话框，这个对话框可以用来控制“页面”和“工具”，这里选“页面”.

B）修改页的名称：单击“增加页”按钮的“空白页面”后，可以在“页名称”框中修改页的名称，这样就可以搭建一个课件的基本结构（当然，也可以边做边增加页）.

C）改变页的顺序：将鼠标移到显示所有页面的框中，在某一项上按下左键，当鼠标变成向上和向下的箭头时，上下拖动可以改变页的顺序.

D）删除页：选中某一页后单击文档选项对话框中的“移除页”按钮，可以删除该页.

E）页面之间的切换：最直接的方法是用屏幕左下角状态栏上方的“页切换”按钮，也可以用“链接”的方法控制页面间的跳转.

（2）复制页. 在“文档选项”对话框中，单击“增加页”按钮的“复制”后，可以从当前文档或其它已经打开的文档中复制页，同时复制了该页上的所有内容. 这种方法比较适用于两页的内容有较多相同，复制已制作好的页，或者把在多个文件中的不同页面整合到一个文件中，以便使用.

2）链接技巧

（1）页与页之间的链接. 页与页之间的链接一般是做好各个模块后用来控制各部分的跳转，用以给使用者提供一个友好的界面.

A）单击〈编辑/操作类按钮/链接〉选项，可以弹出“操作类按钮链接的属性”对话框设置；

B）在“页面”选项中可以选择链接的目标页，如果想跳到某一页的同时让该页上的某一按钮按下，可以选择下方的“页面上的按钮”来设置；

C）单击“标签”，在标签框中修改按钮的名称，一般改为有明显意义的，确定即可完成按钮的设置；

D）如果完成了页面链接的控制，可以把“显示页切换”前面的对钩去掉，让使用者只能通过按钮去控制，从而减少操作的失误（实现这一操作的更快方法是：把页切换按钮右方的小方块向左拖，直到看不到页切换按钮）.

（2）链接到互联网. 单击〈编辑/操作类按钮/链接〉选项，在弹出“操作类按钮链接的属性”对话的“链接/超级”输入框中键入网址，就可以链接到互联网的某一特定网页，如果已经在网上建好了一个资源库，那么就可以直接调用网上资源，这样一来，几何画板也可以作为一种简单的整合工具来使用，比老版本的插入对象灵活了很多.

（3）链接到本机上的程序或文件.

A）使用绝对地址：方法基本同链接到互联网. 例如要链接 F 盘 BH04 文件夹中画板文件“椭圆 . gsp”，在链接框中键入绝对地址“F：\ HB04 \ 椭圆 . Gsp”，一定要注意加上扩展名，不然会出现链接失败.

B）使用相对地址：把要链接的文件和几何画板文件放在同一文件夹中，在地址框上键入“文件名 . 扩展名”（不包括引号）即可，如果文件放在几何画板所在文件夹的下一级文件夹中，在链接框中键入“子文件夹名\ …… \ 文件名. 扩展名”，这种方法比使用绝对地址方便，因为课件放在不同的机中，绝对地址是不同的，相对地址方便使一个完整的课件共享.

这里需要说明：假如在第一页做好一个链接到第三页的按钮，当复制这个按钮到第二页，它却不能实现链接到第三页的功能，而会发生链接目标丢失，必须重新设置链接的目标，但链接到互联网和本地机的文件（或程序），按钮是可以任意复制的，目标仍然指向原来的位置.

4. 关于颜色及参数控制

在 4. x 版几何画板中，颜色功能得到了很大的增强，利用新的颜色功能可以做出令人眼花缭乱的作品. 利用新的颜色功能可以改变对象的颜色和页的底色.

1）改变对象的颜色

选中某一对象后（不包括其它软件中作为图片粘贴过来的对象），单击菜单〈显示/颜色〉选项，在弹出的颜色面板中可以选颜色，这一点和 3. x 版类似，但 4. x 适用的对象更广；而且还可以自定义颜色，选中某一对象后，单击菜单〈显示/颜色/其它选项〉，在弹出的“颜色选择器”面板中，可以通过颜色菜单或调色板选取颜色；以前在 3. x 版中需要一定技巧的制作（如闪烁对象），现在可以用更方便的方法实现. 更大的改进是：可以用一个甚至多个参数动态地改变颜色，使得色彩更加丰富，演示效果更加动感. 请看一个演示例子，具体作法是：

（1）如图 2. 13 所示，画一条线段，线上取点 A，度量点 A 到该线段一个端点的距离，改标签为 A，再作点 A 的“动画”按钮，改标签为“改变参数 A”；

（2）画一个圆，圆上取点 B，度量点 B 到线段另一个端点的距离，改标签为 B，再作点 B 的“动画”按钮，改标签为“改变参数 B”；

（3）画一个三角形，并取内部，在三角形内部取点 C，度量点 C 到三角形任一顶点的距离，改标签为 C，再作点 C 的“动画”按钮，改标签为“改变参数 C”；

（4）同时选中三角形内部和三个参数 A，B，C 的值，单击菜单〈显示/颜色/参数〉选项. 如图 2.13 所示.

单击一个按钮或两个按钮或三个按钮，观察参数动态地改变颜色的情况.

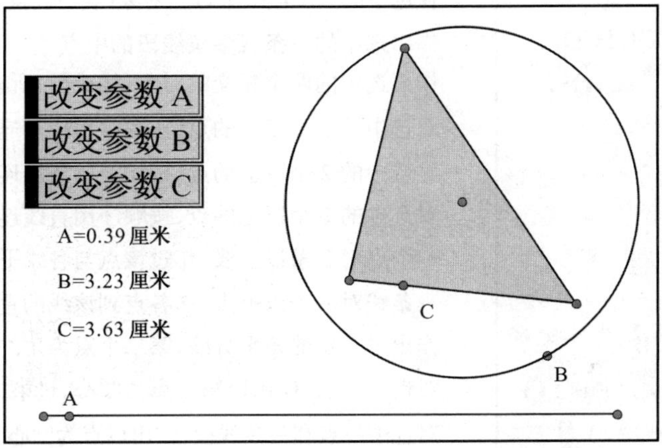

图 2.13

2）改变页的底色

单击菜单〈编辑/参数〉选项，在弹出的“参数选项”对话框中，单击“背景”旁边的颜色框，在弹出的面板中可以自定义页的背景颜色.

3）多参数控制颜色变化实例中的注意事项

首先，参数点应是自由点；其次，在度量三段距离后，要同时选取三个度量值和三角形的内部，单击菜单〈显示/颜色/参数〉选项，在弹出的“颜色参数”对话框中作相应的设置；最后，将参数点合并至相应图形以便生成动画.

另外需要说明的是：虽然新的颜色功能可以增强演示效果，但在体现数学关系及其本质方面的作用并不大；而且过多的颜色效果容易使学生（尤其是低年级学生）分心，反而不利于正常的课堂教学，所以要恰当使用颜色效果.

2.4　构造几何关系

1. 构造菜单（C）

	功能描述
对象上的点（P）	在选中的一个或一个以上对象(线、圆、轨迹)上随机取一点
中点(M)　Ctrl+M	作出选中的一条或多条线段的中点
交点（I）　Ctrl+I	作出选中的两个相交的对象(线或圆)所有交点
线段（S）	对选中的 2 个以上的点,按顺序用线段连接
射段（Y）	对选中的 2 个以上的点,按顺序用射线连接
直段（L）	对选中的 2 个以上的点,按顺序用直线连接
平行线（E）	一个点对 2 条以上线,作过该点与各线平行的平行线
垂线　（D）	一条线对一个以上点,作各点到该线的垂线
角平分线（B）	作出过三点的角平分线,第二个点为角的顶点
以圆心和圆周上点画圆(T)	对选中 2 点,作出以第一点为圆心,过第二点的圆
以圆心和半径画圆　(R)	对选中一点和一条线段,作出以点为圆心,线段为半径的圆
圆上的弧（A）	对选中的圆和圆上 2 点,按逆时针方向作弧
过三点的弧（3）	按所选中三点的顺序作出一段弧
内部（P）	对选中的 3 个以上点,按顺序作出以这些点为顶点的“多边形内部”;对选中的一个圆作出“圆的内部”;对选中的一段弧,作出过弧的“扇形内部”或“弧弦内部”
轨迹（U）	对选中的自变量动点和与它对应的轨迹(函数)上的一个动点,作出相应的运动轨迹

2. 构造几何关系

平面几何中的图形之间很多是有一定的关系的，这些关系在几何画板中必须用“构造”功能来实现.

1）平行线

过一点作已知直线的平行线：先选定一点和一直线（或线段或射线），或选定几点和一直线，或选定一点和几条直线，然后单击〈构造/平行线〉选项，就能画出过已知点且平行已知直线的平行线.

（1）选画直线工具，在画板上画出一条直线；选文本工具，标注直线上点 AB.

（2）选画点工具，在画板的直线 AB 外画出一个点 C.

（3）同时选中直线 AB 和 C 点为当前选中对象. 方法是在单击“选择”工具后，用鼠标单击直线 AB 和点 C，使它成为当前对象.

附注：还可以用另一个方法来同时选中几个对象. 先确认当前是“选择”工具状态，把鼠标指针移到画板左上角，按下左键不放，然后把鼠标往右下方拖动，屏幕出现一个虚线的矩形框，继续往右下方拖动鼠标，直至虚线框包含了 A，B，C 三个点，放开左键，可看到直线 AB 和点 C 上都出现了选中的标记.

（4）画平行线. 单击〈构造/平行线〉选项，就能画出过已知点 C 且平行已知直线 AB 的平行线.

（5）选中“文本”工具，在新画的直线上单击，该直线出现标注字母 j.

新直线 j 是由计算机自动计算生成的，因此它要比我们手工绘制准确. 更重要的是当我们选中 B 点，并在屏幕上拖动它时，不但直线 AB 随之变动，新产生的直线 j 也随着变动，并且始终保持与直线 AB 平行. 如图 2.14 所示.

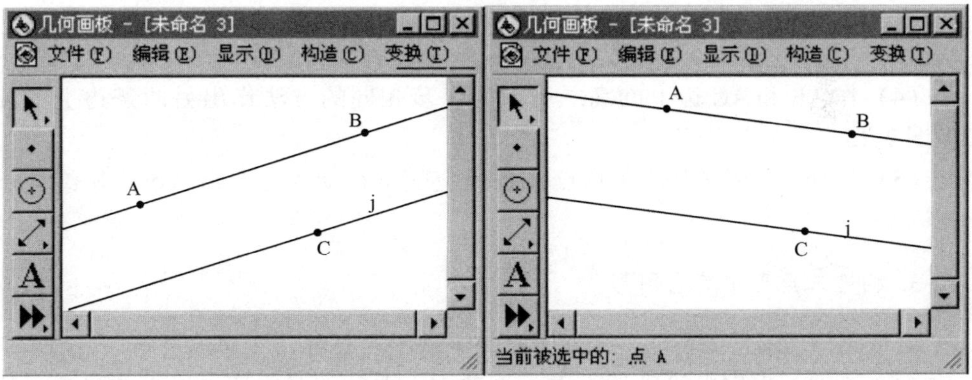

图 2.14

2）垂线

过一点作已知直线的垂线：先选定一点和一直线（或线段或射线），或选定几点和一直线，或选定一点和几条直线，然后单击〈构造/垂线〉选项，就能画出过已知点且垂直已知直线的垂线.

例 2.6 绘制演示三角形三条高交于一点的图形.

操作步骤如下：

（1）打开一个新画板. 按 Ctrl + N 键.

（2）画三角形 ABC. 选中“画线段”工具，画出三角形，并用“标签工具”标注顶点字母 A，B，C；然后拖动字母使它们位于合适位置（见图 2.15（a））.

(3) 作 BC 边上的高. 选中 “选择” 工具, 选定点 A 和线段 BC, 单击〈构造/垂线〉选项, 就画出了过 A 点且垂直 BC 的直线; 单击垂线和线段 BC 的交点处, 得垂足点 D. 隐藏垂直线, 用线段连接 AD (见图 2.15 (b)).

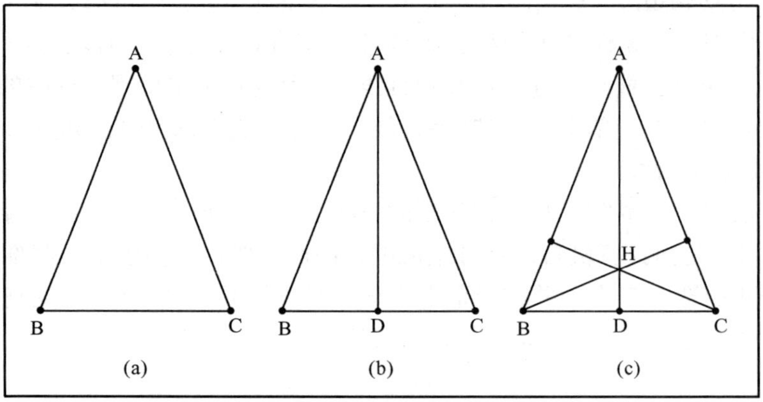

图 2.15

(4) 作 AB 和 AC 边上的高. 用与第 3 步相同的方法作出另两条边上的高 (见图 2.15 (c)).

(5) 拖动三角形的任一个顶点在画板上随意移动, 可看到三条高始终交于一点.

3. 构造三角形中其它图形

以下操作如不特殊声明, 均在工具箱中选中 “选择” 工具后进行.

(1) 中线. 先作出线段的中点, 再选定中点和其对应顶点为当前对象, 然后单击〈构造/线段〉选项, 相应的中线立即出现在画板上.

(2) 角平分线. 要作∠ABC 的角平分线, 先按书写顺序, 选中 A, B, C 为当前对象, 单击〈构造/角平分线〉选项, 相应的角平分线立即出现在画板上.

(3) 线段的垂直平分线. 先作出线段的中点, 再选中线段和中点为当前对象, 然后单击〈构造/垂线〉选项, 相应的垂直平分线立即出现在画板上.

练习: 试着构造三角形的中位线和三角形的内切圆.

例 2.7　连接四边形各边的中点.

操作步骤如下.

(1) 画出四边形. 在工具箱中选画点工具, 在画板适当位置, 画四个顶点 A, B, C, D; 然后顺序选中点 A, B, C, D, 单击〈构造/线段〉选项或按 Ctrl + L 键, 即画出并选中四条边.

(2) 构造中点. 单击〈构造/中点〉选项或按 Ctrl + M 键，即画出并选中四个中点.

(3) 构造四边形. 单击〈构造/线段〉选项或按 Ctrl + L 键，即画出连接各边中点的连线.

(4) 拖动四边形的任一个顶点在画板上随意移动，可看到四条边的中点连线始终组成一个平行四边形 EFGH. 如图 2.16 所示.

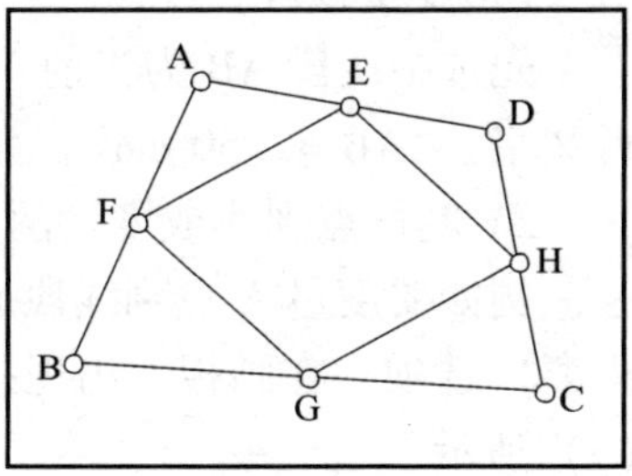

图 2.16

2.5 度量与计算

1. 度量菜单

度量(M)	功能描述
长度(L)	度量选中一条或多条线段的长度
距离(D)	度量选中两点之间的距离，度量选中点到选中线的距离
周长(P)	度量选中的多边形内部、扇形、弓形的周长
圆周长(C)	度量选中的一个或多个圆周的长度
角度(A)	度量选中的三个点，以第二个点为顶点的角度值
面积(E)	度量选中的多边形内部、圆和圆内部或弧内部的面积
弧度角(G)	度量选中的一个或多个弧、扇形、弓形所对应的弧度角
弧长(L)	度量选中的一个或多个弧线的长度
半径(R)	度量选中的弧、圆、圆内部、扇形、弓形所对应圆的半径
比(O)	度量选中的两条线段比值或一条线上三点的比值
计算(U)... Alt+=	在弹出的新建计算器中，输入计算公式
坐标(T)	度量选中的一个或多个点的坐标值
横坐标(X)	度量选中的一个或多个点的横坐标值
纵坐标(Y)	度量选中的一个或多个点的纵坐标值
坐标距离(I)	度量选中的两个点之间的距离
斜率(S)	度量选中的一条或多条直线、线段、射线的斜率
方程(E)	度量选中的一个或多个圆、直线的方程

2. 长度、距离、角度、面积的度量

下面的操作在画板上已画有三角形 ABC 的基础上进行.

1）度量线段长度

先选中线段 AB 为当前对象，再单击〈度量/长度〉选项，在画板上出现一行文字："$\overline{AB}$ = 2. 50 cm"，如图 2. 17（a）所示.

2）度量点到线或度量两点距离

例如要度量 A 点到线段 BC 的距离，先选中点 A 和线段 BC，再单击〈度量/距离〉选项，在画板上出现一行文字："距离（A 到 $\overline{BC}$） = 1. 93 cm"，如图 2. 17（a）所示.

3）度量角度

例如要度量∠ABC 度数，先依次选中 A，B，C 为当前对象. 注意顺序不能错，中间的点必须是角的顶点. 再单击〈度量/角度〉选项，菜单消失，在画板上部出现一行文字："∠ABC = 51°"，如图 2. 17（b）所示.

请读者仿照上面的方法，度量∠BCA 和∠CAB 的度数.

4）度量面积

度量面积操作要比上面度量方法复杂一些. 例如要度量△ABC 的面积. 先选中点 A，B，C 为当前对象（顺序无关紧要）；单击〈构造/多边形内部〉选项，△ABC 内部被阴影填充；再单击〈度量/面积〉选项，菜单消失，画板上部显示一行文字："面积 ABC = 2. 23cm^2"，如图 2. 17（c）所示.

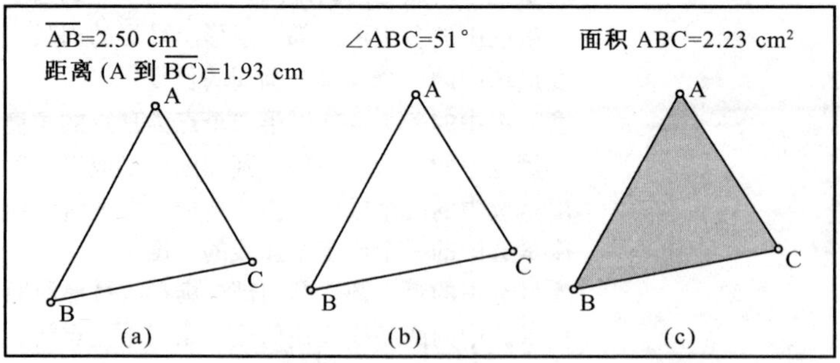

图 2. 17

5）度量点的坐标

例如要度量点 A 的坐标或横坐标或纵坐标，先选中点 A，单击〈度量〉选项，就会在下拉菜单中看到〈坐标〉、〈横坐标〉和〈纵坐标〉，单击相应的选项，画板上即显示出点 A 的坐标或横坐标或纵坐标.

3. 公式计算

构造计算公式的方法有两种.

方法一：先用选择工具同时选中公式中需要的所有度量值（如点、线段、角等的度量值)，然后单击〈度量/计算…〉选项，弹出“计算器”对话框，如图2.18所示，此时被选中的所有度量值都存入计算器的“数值”列表框中. 输入计算公式时，公式的各项均在计算器的“数值”、“函数”和“单位”三个列表框及键盘符号中选取，最后单击“确定”按钮，就可以在画板上得到计算公式的度量值.

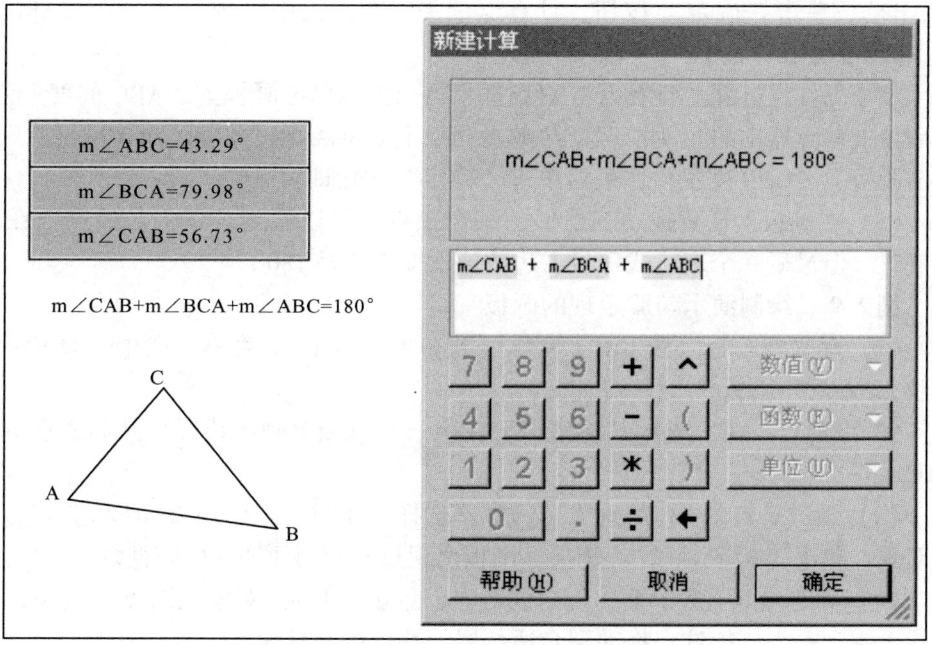

图2.18

方法二：事先不选中所需的度量值，直接打开计算器对话框，此时计算器的“数值”列表框中没有存入任何的度量值. 输入计算公式时，如果遇到度量值，可以直接单击画板上相应的度量值，公式的其它项均在计算器中选取（同方法一)，最后单击“确定”按钮，就可以在画板上得到计算公式的度量值.

例2.8 绘制演示三角形内角和为180°的画板文件.

绘制步骤如下：

(1) 先画出三角形ABC. 选中“画线段”工具，画出第一条边，然后以第一条边终点为起点画出第二条边，再以第二条边终点为起点，第一条边起点为终点画出第三条边，再选中“文本”工具，标出三个顶点字母A，B，C.

(2) 度量∠ABC度数. 先选中“选择”工具，按顺序选中A，B，C为当前对象，单击〈度量/角度〉选项，画板上部显示文字“∠ABC=???°”.

(3) 度量∠BCA 和∠CAB 度数. 方法同 2).

(4) 计算表达式∠ABC + ∠BAC + ∠CAB 值. 方法如下.

方法一: 先选中三个角度的度量值, 然后单击〈度量/计算…〉选项, 弹出"计算器"对话框 (见图 2.18). 这时输入计算三角形三内角和公式, 在计算器的"数值"列表框中选中"角 (ABC)"项, 单击"+"号, 再在"数值"列表框中选中"角 (BCA)", 单击"+"号, 再在"数值"列表框中选中"角 (CAB)", 单击"确定"按钮, 计算器消失, 在画板中出现等式: "∠ABC + ∠BCA + ∠CAB = 180°". 如图 2.18 所示.

方法二: 先打开"计算器"对话框, 再用鼠标单击画板上∠ABC 的度量值, 然后单击计算器中的"+"号, 再单击画板上∠BCA 的度量值, 单击"+"号, 单击画板上∠CAB 度量值, 最后单击"确定"按钮即可.

(5) 在画板上任意拖动三角形的一个顶点, 可以看到, 三个角的度数在不断变化, 但最后一个表达式等号右边的值不变, 总是 180°.

例 2.9　绘制演示勾股定理的画板.

(1) 建立新画板. 按 Ctrl + N 键 (或打开"文件"菜单, 选中"新绘图"选项), 新建一画板.

(2) 画线段 AC. 选中"画线段"工具, 在画板上画出线段, 并标注字母 A 和 C.

(3) 画过 C 点的 AC 的垂线. 选中"选择"工具, 选中线段 AC 和点 C 为当前对象, 单击〈构造/垂线〉选项, 画板出现过 C 点且垂直 AC 的直线.

(4) 确定点 B. 选中垂线为当前对象, 单击〈构造/对象上的点〉选项, 在垂线上出现一点, 把这点拖动到合适位置, 并标注字母为 B.

(5) 画线段 AB. 选中"画线段"工具, 画线段 AB.

(6) 度量线段 AC 长度. 选中"选择"工具, 选中点 A 和点 C 为当前对象, 单击〈度量/距离〉选项, 画板出现算式"AC = ?? cm".

(7) 用与第 6 步相同的方法度量 BC 和 AB 的长度.

(8) 计算 $AC^2 + BC^2 - AB^2$. 选中画板上三行文字为当前对象, 单击〈度量/计算…〉选项, 弹出计算器; 在计算器"数值"列表框选中"距离 (A 到 C)", 单击"^"号, 再单击"2"; 再单击"+"号, "数值"列表框选中"距离 (B 到 C)", 单击"^"号, 再单击"2"; 再用同样方法输入"$-AB^2$"; 最后单击计算器上的"确定"按钮, 计算器消失, 画板出现算式:

$$AC^2 + BC^2 - AB^2 = 0.000CM^2$$

(9) 任意拖动 A 点或 B, C 点, 可看到三条边长度在变化, 但最后一个表达式值总是 0.

例 2.10　在屏幕上画一条直线, 度量这条直线的方程, 并观察由于直线位置的变化而引起的相应直线方程中参数的变化情况.

（1）打开一个新画板.

（2）单击〈图表/A 建立坐标轴〉选项，画板上出现一个直角坐标系.

（3）选择工具箱中“画直线”工具，在画板上画出一条直线 AB.

（4）选择“选取”工具，选中直线 AB 为当前对象.

（5）单击〈度量/方程〉选项，在画板上立即出现相应的直线方程.

（6）用鼠标拖动 A 点在 X 轴上移动，可以看到方程常数项相应的变化，注意到，当 A 在原点时常数项为 0.

（7）用鼠标拖动 B 点在平面上移动，可以看到直线斜率相应的变化：直线 AB 与 X 轴交角为锐角时，斜率为正；直线 AB 与 X 轴交角为钝角时，斜率为负；直线 AB 与 X 轴平行时，斜率为 0.

2.6 变换功能

1. 变换菜单

变换(T)	功能描述
标记中心(C)	对选中的一个点，可以标记中心，旋转或缩放变换用
标记镜面(M)	对选中的一条线，可以标记镜面，反射变换用
标记角度(A)	对选中的三个点或角的度量值，可以标记角度，旋转用
标记线段比(O)	对选中的两条线段，可以标记线段比，缩放变换用
标记向量(V)	对选中的两个点，可以标记向量，平移变换用
标记距离(S)	对选中的线段度量值，可以标记距离，平移变换用
平移(T)...	对选中的对象，可以按标记的向量、距离或输入的偏移量平移
旋转(R)...	对选中的对象，可以按标记的角度或输入的偏移量绕标记中心旋转
缩放(D)...	对选中的对象，可以按标记的比或输入的缩放比以标记中心缩放
反射(F)	对选中的对象，可以按标记的镜面反射
迭代(I)...	对选中的原像一个点或多个点实现迭代变换

变换就是对几何图形进行平移、反射、旋转、缩放等操作. 几何画板可以有两种方法来进行变换.

一种方法是用“变换”菜单中的命令生成原对象的变换图像.

另一种方法是利用不同的“选择工具”，拖动指定对象进行变换.

常用变换的五种方式：选中一点标记中心，旋转缩放用；选中两点标记向量，用向量控制平移；选中三点标记角度，用角度控制旋转；选中一条线段标记镜面，反射用；选中两条线段标记比值，用比值控制缩放.

对选中的对象，按输入偏移量进行变换，会得到固定的像；对选中的对象，按事先标记好的量进行变换，会得到可变的像．具体操作如下表：

变换	条件（对选中的对象）		结果（像）
平移	固定	单击〈变换/平移〉选项，输入偏移量	按偏移量平移
	可变	先标记向量或距离或角度，再单击〈变换/平移〉选项	按标记量平移
旋转	固定	先标记中心，单击〈变换/旋转〉选项，输入旋转角度值（负值顺时针旋转，正值逆时针旋转）	绕中心，按输入角度值旋转
	可变	先标记中心和标记角度，再单击〈变换/旋转〉选项	绕中心，按标记角度旋转
缩放	固定	先标记中心，单击〈变换/缩放〉选项，输入缩放比值	以中心，按输入比值缩放
	可变	先标记中心和标记比值，再单击〈变换/缩放〉选项	以中心，按标记比值缩放

1）平移变换

平移是一种既保距又保角变换．应用“变换”菜单中的“平移”选项，可以将一个或一个以上图形对象平移到指定方向上的指定位置．几何画板中，平移可以按三大类九种方法来进行，其中的有些方法事先要标记角、标记距离或标记

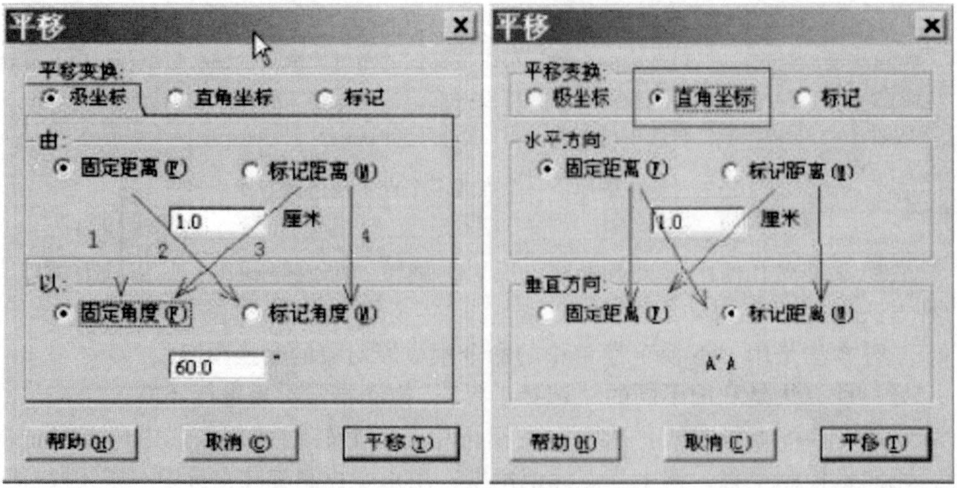

图 2.19

向量. 如图 2.19 所示.

- 按"极坐标"平移变换:

① 在对话框输入固定距离和固定角度的值;

② 按事先标记的角度和输入固定距离的值;

③ 按事先标记的距离和输入固定角度的值;

④ 按事先标记的距离和标记的角度.

- 按"直角坐标"平移变换:

⑤ 对话框输入水平方向固定距离和垂直方向固定距离的值;

⑥ 按事先标记的距离(垂直方向用)和输入水平方向固定距离的值;

⑦ 按事先标记的距离(水平方向用)和输入垂直方向固定距离的值;

⑧ 按事先标记的距离(水平、垂直方向用).

- 按"标记"平移变换:

⑨ 按事先标记好的标记向量作平移.

单击"平移"按钮后,画板上在距原来选中的对象(保持不动)的指定方向上的指定位置出现平移后的像. 按标记得到的像,可以随标记量的变化而同步的移动,实现用标记控制像的任意移动.

例 2.11 用平移绘制全等三角形.

(1) 打开一个新画板,画一个三角形 ABC;

(2) 画两个点 D 和 E,并同时选中,单击〈变换/标记向量〉选项;

(3) 选中三角形 ABC,单击〈变换/平移〉选项,在对话框选择"标记",单击"平移"后,得一个与原三角形全等的三角形 A′B′C′;

(4) 拖动 E 点,可以看到两个三角形位置变化情况,当点 E 和点 D 重合时两三角形也重合.

2) 旋转变换

应用"变换"菜单中的"旋转"选项,可以将一个或一个以上图形对象,以某一点为旋转中心,旋转到指定角度的位置. 对于选中的对象,单击〈变换/旋转〉选项,在"旋转"对话框,选择旋转参数其中之一.

- 按"固定角度"旋转变换:直接输入固定角度值(正值为逆时针旋转,负值为顺时针旋转).

- 按"标记角度"旋转变换:按事先标记好的旋转中心和标记角度作旋转.

其中标记角度的方法有:

(1) 依次选中一个角的三个顶点,单击〈变换/标记角度〉选项,可以标记一个角度.

(2) 选中某角的度量值或选中一个新建参数值(单位为度或弧度),单击〈变换/标记角度〉选项,可以标记一个角度.

单击“旋转”按钮后，画板上在距原来选中的对象（保持不动）的指定角度位置出现旋转后的像. 按标记角度得到的像，可以随标记角度的改变而同步的旋转，实现用标记角度控制像的任意旋转.

例 2. 12　画一个正方形.

(1) 打开一个新画板，画一条线段 AB.

(2) 双击点 A 标记为中心，同时选中线段和点 B.

(3) 单击〈变换/旋转〉选项，在旋转对话框输入旋转 90；单击“旋转”，出现 B′A 边.

(4) 双击点 B′标记为中心，同时选中线段 AB′和点 A.

(5) 单击〈变换/旋转〉选项，在旋转对话框输入旋转 90，单击“旋转”，出现 B′A′边.

(6) 用线段连接点 B 和点 A′，得正方形 AB A′B′，如图 2. 20 所示.

(7) 拖动点 B，可以看到正方形的大小位置可变，而形状不变.

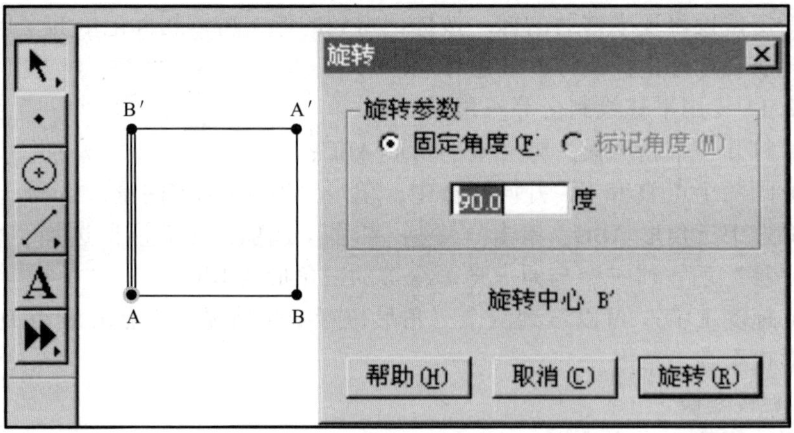

图 2. 20

例 2. 13　把一个角 N 等分.

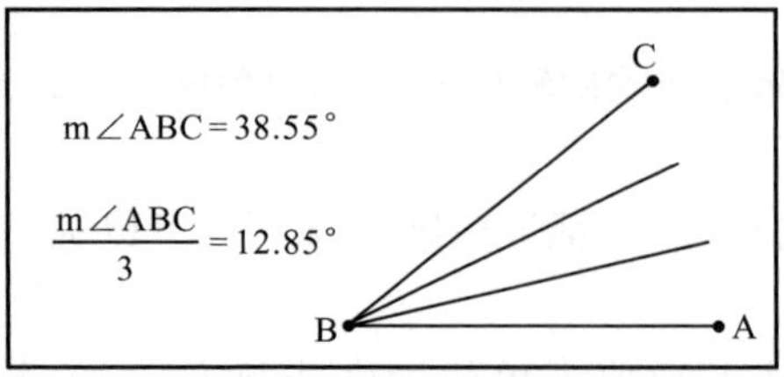

图 2. 21

先计算已知角的 N 分之一是多少度，并标记这个计算值，然后让已知角的一条边，以该角的顶点为中心，按标记角反复旋转 N - 1 次即可. 下面以 N 等于 3 为例，具体作法是：

(1) 如图 2. 21 所示，打开一个新画板，画一个大角 ∠ABC，并度量其角度值；

(2) 单击〈度量/计算〉选项，输入计算公式“∠ABC/3”，选中该计算值，标记角度；

(3) 选中点 B 标记中心，让线段 AB 绕中心反复旋转 2 次（即让第一次旋转的像，再旋转 1 次），得到∠ABC 的三等分线.

3) 反射变换

反射是指将选中的对象按标记的镜面（即对称轴，可以是直线、射线或线段）构造轴对称关系. 先双击某一直线标记镜面，再选中一个或多个对象应用“变换”菜单中的“反射”选项，将图形作镜面反射，亦称轴对称变换.

例 2.14 用反射变换制作菱形.

(1) 如图 2.22 所示，在画板上画出一圆，标注圆心为 A，圆上定点为 B；

(2) 在圆上画一点，并标注为 D；

(3) 单击选择工具，选中点 B 和 D，单击〈作图/线段〉选项，画出线段 BD；

(4) 选中线段 BD，单击〈变换/标记镜面〉选项，BD 闪动；

(5) 选中 A 点，单击〈变换/反射〉选项，产生新点，改标签为 C；

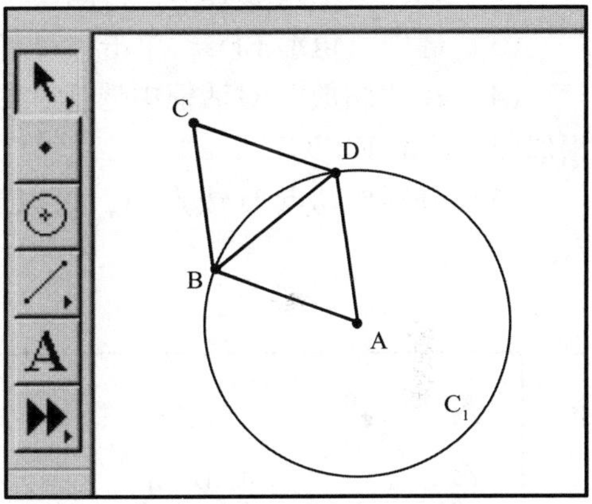

图 2.22

(6) 顺次选中点 A、B、C、D，单击〈作图/线段〉选项，画出菱形；

(7) 选中圆，单击〈显示/隐藏圆〉选项，圆被隐藏.

4) 缩放变换

应用“变换”菜单中的“缩放”选项，可以将一个或多个图形对象，以某一点为缩放中心，按比例作中心缩放. 对于选中的对象，单击〈变换/缩放〉选项，在“缩放”对话框，选择缩放参数其中之一.

- 按“固定比”缩放变换：直接输入像与原像缩放的比值，分子是像值，分母是原像值.
- 按“标记比”缩放变换：按事先标记好的缩放中心和标记比作中心缩放. 缩放的过程是一个相似变换过程.

其中标记比的方法有：

(1) 选中两条线段，单击〈变换/标记线段比〉选项，标记以第一条线段长为分子，第二条线段长为分母的一个比.

(2) 选中度量得的比或选中一个参数（无单位），单击〈变换/标记比值〉

选项，可以标记一个比.

（3）选中同一直线上的三点，单击〈变换/标记比〉选项，可以标记以一、三点距离为分子，一、二点距离为分母的一个比. 这种方法控制比最为方便，根据方向的变化，比值可以是正、零、负等.

单击“缩放”按钮后，画板上出现与原像（保持不动）按相似比缩放后的像. 按标记比得到的像，可以随标记比的改变而同步的缩放，实现用标记比控制像的任意缩放.

例 2.15　用变比例缩放制作相似三角形.

（1）作两条线段 AB 和 CD，并同时选中，单击〈变换/标记线段比〉选项.

（2）画一个三角形 EFG，再画一个点 H，让点 H 标记为中心.

（3）选中三角形 EFG，单击〈变换/缩放〉选项.

（4）在“缩放”对话框中选择“标记比”后，画板上显示一个与原三角形相似的三角形 E′F′G′.

（5）分别拖动点 D 或点 H，可以看到两三角形的变化情况. 如图 2.23 所示.

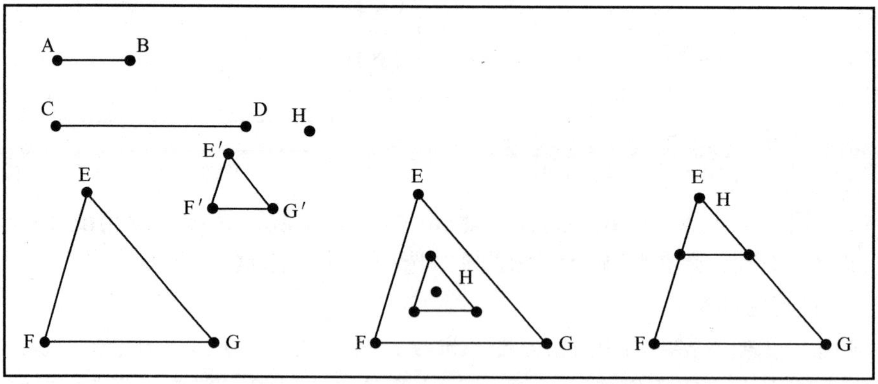

图 2.23

例 2.16　把一条线段 N 等分.

一般作图是用平行切割的方法，把一条线段 N 等分. 下面以 N 等于 5 为例，介绍用画板的“缩放”功能，实现线段的 N 等分. 具体作法是：

（1）打开一个新画板，画一条线段 AB；

（2）选中点 A 标记中心，让点 B 以点 A 为中心，分别按缩放比 1/5、2/5、3/5、4/5 缩放，得到线段 AB 的 5 等分点.

用同样的方法，可以将一条线段任意 N 等分.

2. 用“选择”工具进行变换

按下“选择”工具不抬起，约半秒钟后右边显示出3个不同的图标，如图2.24所示．它们分别用于平移、旋转和缩放操作．

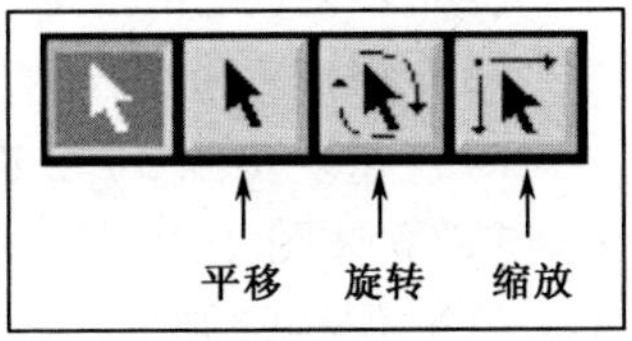

图2.24

例2.17 用选择工具进行三角形的旋转和缩放．

(1) 首先画两个具有公共顶点的三角形ABE和三角形ECD (如图2.25所示)．

(2) 进行旋转和缩放必须要标定一个旋转中心和缩放中心．单击〈变换/标记中心〉，被选中的点将会闪动，以显示它是变换的中心．

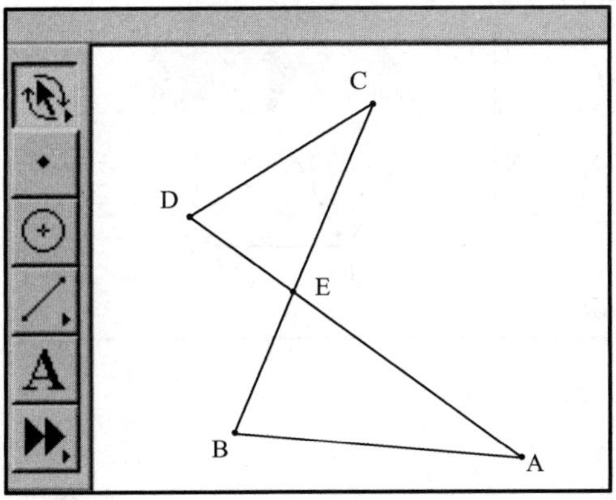

图2.25

(3) 首先作旋转：将鼠标指针移到选择工具图标上，按下左键，向右拖动鼠标至第二个图标“旋转”工具上，然后松开鼠标左键．

(4) 将三角形某一顶点A标记为中心，然后同时选中两三角形，旋转拖动两三角形的任意一条边或一个顶点，两个三角形将绕这个中心A旋转 (若将公共点E标记为中心，情况又如何)．

(5) “缩放”也像“旋转”那样，先选中选择工具中的“缩放”工具 (指针移到选择图标上，拖动指针到第三个图标上放开)．

(6) 将三角形某一顶点A标记为中心，然后同时选中两三角形，平移拖动两三角形的任意一条边或一个顶点，两个三角形将绕这个中心A缩放 (若将公共点E标记为中心，情况又如何)．

3. 综合应用

1) 六角形

(1) 画线段AB，以点A为旋转中心，把点B旋转60度．

(2) 以点B为旋转中心，把点A旋转－120度；连接四点成菱形．

(3) 以点A为旋转中心，把菱形旋转60度．

(4) 重复步骤3) 5次，得到六角形．如图2.26 (a) 所示．

2）四瓣花

（1）作线段 DE，作其中点 F；以点 F 为中心把点 E 旋转 90 度得点 E′.

（2）以点 E，E′，D 三点画弧.

（3）以点 E′为中心，全部图形旋转 90 度.

（4）重复步骤 3）2 次．如图 2. 26（b）所示.

3）立体图

（1）作线段 FG，以点 F 为中心，把点 G 旋转 60 度得点 G′.

（2）以点 G′为中心，把点 G 旋转 60 度，连接四点成菱形.

（3）以点 G′为中心，选中全部图形，把该菱形旋转 120 度 2 次后再涂不同色．如图 2. 26（c）所示.

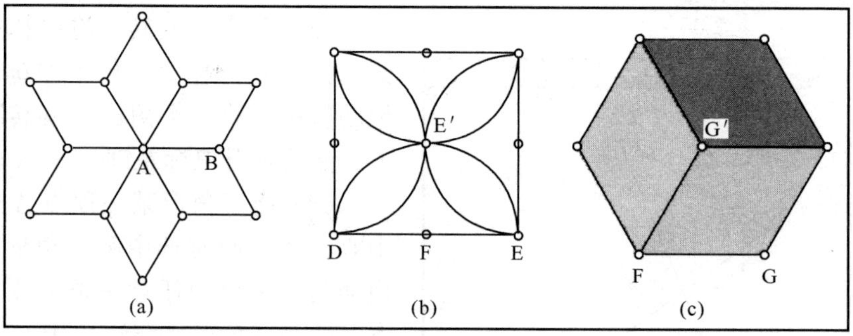

图 2. 26

4）彩色气泡

（1）如图 2. 27 所示，画一条线段 AB，在 AB 上任取点 C，D，E，F，G，同时选中点 C，D，E，F，G 作方向“向前”，自定义速度为 3 的“动画”按钮，并改标签为“彩色气泡”.

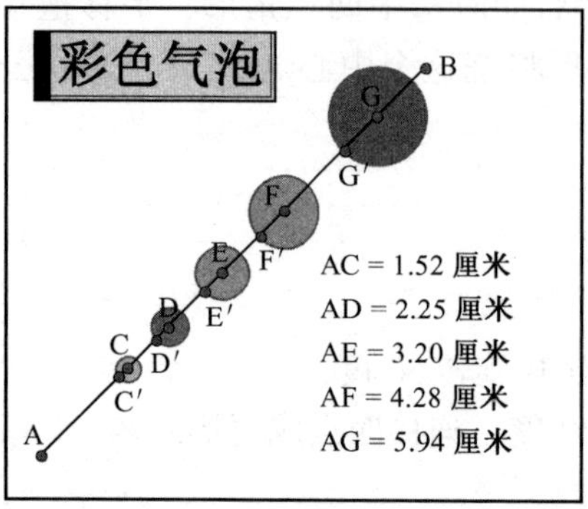

图 2. 27

（2）分别以点 C，D，E，F，G 为缩放中心，让点 A 缩放 1/10 倍，得到点 C′，D′，E′，F′，G′.

（3）分别过点 C 和 C′，D 和 D′，E 和 E′，F 和 F′，G 和 G′作圆，并取各圆的内部.

（4）分别度量点 A 和 C，A 和 D，A 和 E，A 和 F，A 和 G 两点间的距离.

（5）选中 AC 度量值和圆 C 内部作参数颜色；选中 AD 度量值和圆 D 内部作参数颜

色；选中 AE 度量值和圆 E 内部作参数颜色；选中 AF 度量值和圆 F 内部作参数颜色；选中 AG 度量值和圆 G 内部作参数颜色.

(6) 除了圆的内部外隐藏其它所有对象.

2.7 迭代功能

迭代的两种方式：先绘制出一个“循环节”的图形（亦称原像）.

(1) 简单迭代：先选中原像一个点或多个点，然后执行〈变换/迭代〉选项，在“迭代”对话框中选取与原像点相对应的一组（初像点）或多组映射点和迭代次数，最后按“迭代”按钮. 即可得到固定迭代的像.

(2) 带参数的迭代：新建一个参数 n（取正整数），先选中原像一个点或多个点和参数 n，并按住 Shift 键，然后执行〈变换/带参数的迭代〉选项，在“迭代”对话框中选取与原像点相对应的一组（初像点）或多组映射点，最后按“迭代”按钮. 即可得到动态迭代的像. 选中参数 n，按“+”号键，增加迭代，按“-”号键，减少迭代.

原像点的确定：第一次迭代的出发点为原像点（为非变换点），取决于绘制基本图形的起始条件，例如：若用圆绘制正多边形，则取圆上第一个顶点为原像点；若用线段绘制正多边形，取第一条边的两个端点为原像点（方向从左至右取）.

初像点的确定：第二次迭代的出发点为初像点（为变换点），它是和原像点个数相同且相对应（选取方向相同）的一组点，例如：若用圆绘制正多边形，则取圆上第二个顶点为初像点；若用线段绘制正多边形，取第二条边的两个端点为初像点（方向也从左至右取）.

注意：凡是和原像点或初像点相关联的对象（点、线、弧、内部等），也作为原像点组成部分进行迭代. 例如：原像点与初像点的连线，以及以该连线为边向内或向外作正三角形并取内部等.

例 2.18 用迭代功能绘制正十二边形.

方法一：用圆绘制正多边形.

(1) 绘制出一个“循环节”的图形. 如图 2.28 (a) 所示，画一条线段 r，以点 O 为圆心 r 为半径画圆，在圆上取一点 D，让点 D 以圆心 O 为中心旋转 30 度，得到点 D′，连接 DD′绘出正十二边形的一条边.

(2) 执行迭代功能. 选中原像点 D，单击〈变换/迭代〉选项，在“迭代”对话框中选取初像点 D′和迭代次数 11，最后按“迭代”按钮. 即可得到迭代的正十二边形.

方法二：用线段绘制正多边形.

(1) 绘制出一个“循环节”的图形. 如图 2.28 (b) 所示，画一条线段 AB

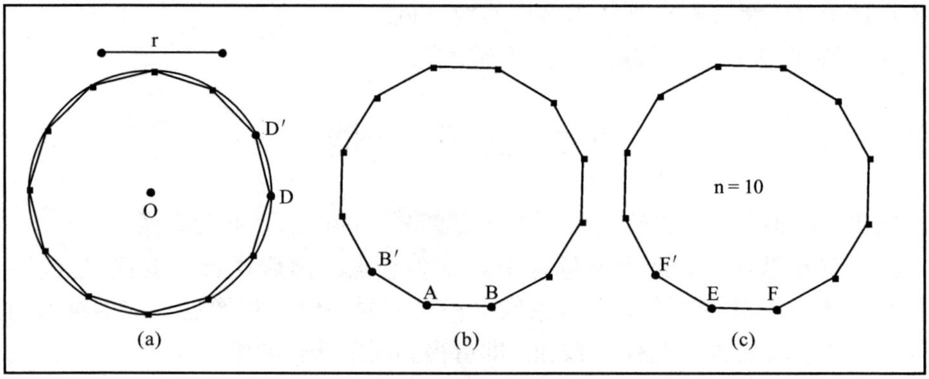

图 2.28

选中点 A 标记中心，让点 B 绕中心 A 旋转 150 度，得到点 B′.

（2）执行迭代功能. 选中原像点 A 和点 B，单击〈变换/迭代〉选项，在“迭代”对话框中选取初像点 B′和点 A，迭代次数 10，最后按“迭代”按钮. 即可得到迭代的正十二边形.

方法三：用深度迭代绘制正多边形.

（1）新建一个参数 n. 单击〈图表/新建参数〉选项，建立参数，改名称为 n. 选中参数 n，单击右键，在快捷菜单中选“属性”项，在弹出的“参数 n 的属性”对话框中，精度选“单位”，参数范围定在 1 至 10 之间.

（2）绘制出一个“循环节”的图形. 如图 2.28（c）所示，画一条线段 EF 选中点 E 标记中心，让点 F 绕中心 E 旋转 150 度，得到点 F′.

（3）执行深度迭代功能. 同时选中原像点 E，F 和参数 n，并按住 Shift 键，然后单击〈变换/深度迭代〉选项，在“迭代”对话框中选取初像点 F′和点 E，最后按“迭代”按钮.

选中参数 n，按“+”号键，增加迭代，按“-”号键，减少迭代.

例 2.19　用迭代绘制正五边形螺旋.

（1）以线段 AB 为边，并以 B 为中心旋转，用粗线绘制正五边形 ABCDE（反复旋转 $-108°$）.

（2）画一小线段 r，以 r 为半径，分别以点 A、B 为圆心作小圆，交 AB 于点 M，交 BC 于点 N，连接 MN，并隐藏两个小圆.

（3）度量 AB 的长度，选中正五边形的五条边（不含顶点）和 AB 度量值，设置参数颜色.

（4）新建参数 n，取整数，范围定在 1 至 20 之间，并建参数 n 的动画按钮.

（5）同时选中原像点 A，B 和参数 n，并按住 Shift 键，然后单击〈变换/深度迭代〉选项，在“迭代”对话框中选取与原像点相对应的初像点M，N，工作区的图形同时发生变化，最后按“迭代”按钮. 如图2.29，可得到动态迭代的像.

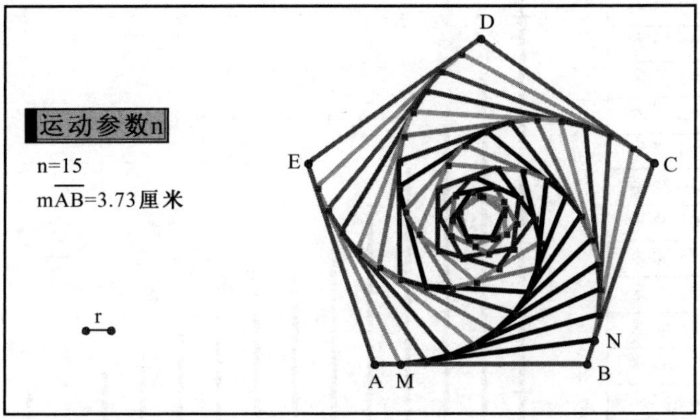

图2.29

(6) 选中参数n，按“+”号键，增加迭代，按“-”号键，减少迭代. 或单击“运动参数n”按钮，增加或减少迭代. 拖动线段r的端点观看图形的变化.

例2.20 等比数列前n项的图像表示.

已知等比数列的首项a_0、公比q、用通项$a_n=a_0q^n$计算第二项a_1，利用画板的参数迭代功能，可方便迭代出等比数列的前n项. 具体作法如下：

(1) 如图2.30所示，作X轴的垂线段，并度量上端点q的纵坐标的值，改标签为q，作为等比级数的比值，拖动点q，使q的值小于1.

(2) 新建参数n，精度取单位，范围取1~50，作为控制等比数列的项数n.

(3) 在Y轴上方取一点a_0，度量点a_0的纵坐标的值，改标签为a_0，作为等比数列的首项值.

(4) 将a_0向右移动0.2cm，得点a′，过该点作X轴的垂线，垂足为点C.

(5) 计算a_0*q*1厘米的值，并标记距离，让点C按标记距离向上移动得点a_1，隐藏垂线，用线段连接ca_1，作为等比级数的第二项.

(6) 选中原像点a_0和参数n，并按住Shift键，单击〈变换/深度迭代〉选项，在对话框初像点击a_1点，单击“迭代”按钮. 画板上显示迭代生成的等比数列的前n项图像和迭代数据表. 最后用线段连接Oa_0.

(7) 改变参数n，q和a_0的值，观察数列变化情况. 当$q>1$时，数列是发散的，当$q<1$时，数列是收敛的.

n	a_0	$a_0 \cdot q \cdot 1$ 厘米
0	5.94	5.19 厘米
1	5.19	4.53 厘米
2	4.53	3.96 厘米
3	3.96	3.45 厘米
4	3.45	3.02 厘米
5	3.02	2.63 厘米
6	2.63	2.30 厘米
7	2.30	2.01 厘米
8	2.01	1.75 厘米
9	1.75	1.53 厘米
10	1.53	1.34 厘米
11	1.34	1.17 厘米
12	1.17	1.02 厘米
13	1.02	0.89 厘米
14	0.89	0.78 厘米
15	0.78	0.68 厘米
16	0.68	0.59 厘米

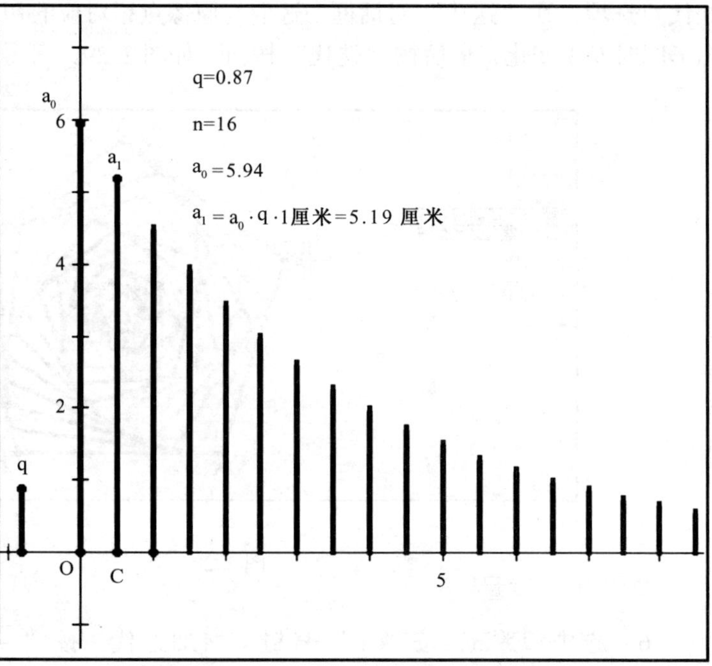

图 2.30

例 2.21　利用参数迭代功能构造数列的数据表.

(1) 已知等差数列的第一项 $a_1=3$，公差 $d=5$，计算等差数列的前 n 项的数据表.

① 如图 2.31 (a) 所示，单击〈图表/新建参数〉选项，分别建立参数 $a_1=3$，$d=5$ 和 $n=5$，选中参数 n，建立“动画”按钮，并改标签为“项数 n”.

② 单击〈度量/计算〉选项，在计数器中计算 $a_{10}+d$ 的值.

③ 依次选中参数 a_1，n 的值，在按住 Shift 键的同时，单击〈变换/带参数的迭代〉选项，在弹出对话框“初像”白框内点击 a_1+d 的值，单击“迭代”按钮. 画板上显示迭代生成的等差数列的前 n 项数据表.

④ 选中数据列表，单击〈图表/绘制表中记录〉选项，画板上立即绘出这个数列的图像.

单击“项数 n”动画按钮，或选中参数 n，按“+”号键，增加列表项数，按“-”号键，减少列表项数. 或单击动画按钮，增加或减少迭代. 双击参数 a_1，d，可以改变各参数的值，相应的列表值也随之改变.

(2) 已知等比数列的第一项 $a_1=5$、公比 $q=0.7$，计算等比数列的前 n 项的数据表.

① 如图 2.31 (b) 所示，单击〈图表/新建参数〉选项，分别建立参数 $a_1=5$，$q=0.7$ 和 $n=5$，选中参数 n，建立“动画”按钮，并改标签为“项数 n”.

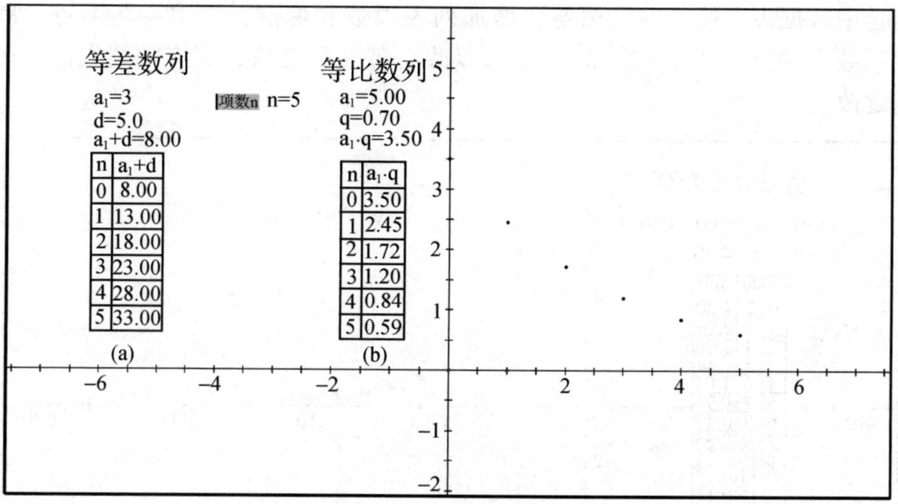

图 2.31

② 单击〈度量/计算〉选项，在计数器中计算 $a_1 * q$ 的值.

③ 依次选中参数 a_1，n 的值，在按住 Shift 键的同时，单击〈变换/带参数的迭代〉选项，在弹出对话框“初像”白框内点击 $a_1 * q$ 的值，单击“迭代”按钮. 画板上显示迭代生成的等比数列的前 n 项数据表.

④ 选中数据列表，单击〈图表/绘制表中记录〉选项，画板上立即绘出这个数列的图像.

单击“项数 n”动画按钮，或选中参数 n，按“+”号键，增加列表项数，按“-”号键，减少列表项数. 或单击动画按钮，增加或减少迭代. 双击参数 a_1，q，可以改变各参数的值，相应的列表值也随之改变，而图像是不变的.

(3) 已知等比数列的第一项 $a_1 = 6$，公比 $q = 0.7$，建立等比数列动态的数据表和相应的图像.

① 如图 2.32 所示，单击〈图表/新建参数〉选项，分别建立参数 $N_1 = 1$，$a_1 = 6$，和 $q = 0.7$.

② 单击〈度量/计算〉选项，在计数器中计算 $N_0 + 1$ 的值，并改标签为 N. 计算 $a_0 * q$ 的值，并改标签为 a_N.

③ 依次选中参数 N_1，a_1 的值，单击〈图表/绘制点（p)〉选项，画板上绘出数列的第一个对应点，另画一小线段，以该点为圆心，以小线段为半径作小圆并着色.

④ 依次选中参数 N_1，a_1 的值，单击〈变换/迭代〉选项，在弹出对话框“初像”白框内点击 N，a_N 的值，单击“迭代”按钮. 画板上显示迭代生成的等比数列的数据表及相应的图像.

选中数据表，按“+”号键，增加列表项数和像点，按“-”号键，减少列表项数和像点. 双击参数 a_1，q，可以改变各参数的值，相应的列表值及图像也随之改变.

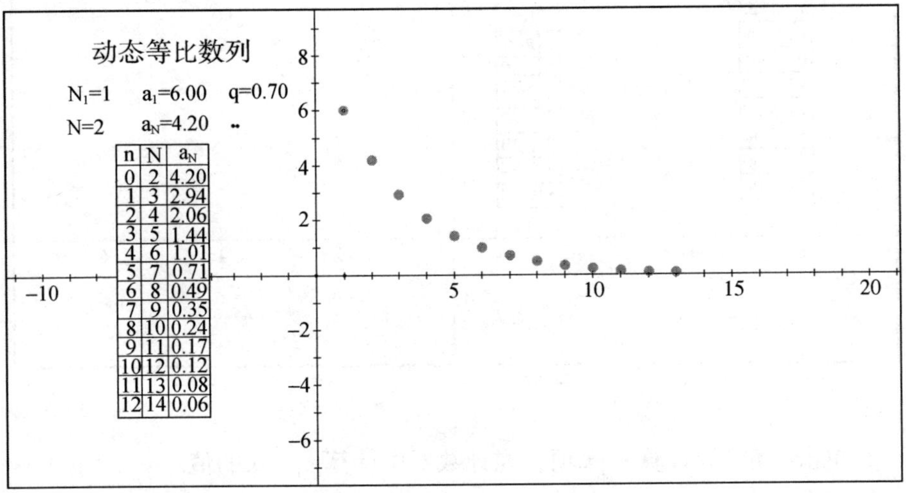

图 2. 32

注意：先绘点后迭代，才能建立动态的数据表和相应的图像.

例 2. 22　利用迭代功能构造函数的数据表及图像.

已知指数函数 $y=a^x$，构造函数的数据表及图像.

(1) 如图 2. 33 所示，单击〈图表/新建参数〉选项，分别建立参数 $h=0.3$，$a=2$ 和 $x_1=1$.

(2) 单击〈度量/计算〉选项，在计数器中分别计算 a_1^{x1} 的值，计算 x_1+h 的值，改标签为 x，计算 a^x 的值.

(3) 依次选中参数 x_{11}，a^{x1} 的值，单击〈图表/绘制点（p)〉选项，画板上绘出函数的第一个对应点，另画一小线段，以该点为圆心，以小线段为半径作小圆并着色，隐藏 a^{x1} 的值.

(4) 选中参数 x_1 的值，单击〈变换/迭代〉选项，在弹出对话框“初像”白框内点击 x 的值，单击“迭代”按钮. 画板上显示迭代生成的函数的数据表及相应的图像.

选中数据表，按“+”号键，增加函数表项数和像点，按“-”号键，减少函数表项数和像点. 双击参数 a_1，q，可以改变各参数的值，相应的函数表值及图像也随之改变.

注意：要想不显示函数表中某列的数据，须在迭代前隐藏相关连的参数值，如第 (3) 步中隐藏 a^{x1} 的值.

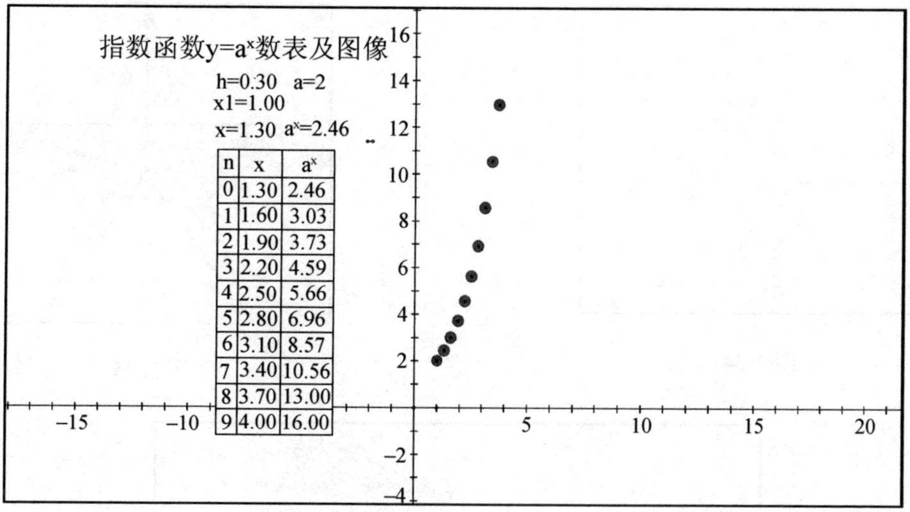

图 2. 33

习 题 2

1. 在新画板上，画一个圆内接五边形的图形.

2. 画三个过同一点的圆，并把它保存成“三个圆 . gsp”. 拖动其中任意一个圆，观察是否保持几何关系.

3. 在新画板上制作圆上任意点的切线图形.

4. 根据力的平行四边形定则. 绘制互成角度的两个点的合力.

5. 在画板上制作三角形三条高交于一点和三条垂直平分线交于一点的图形，然后存盘.

6. 在画板上制作三角形内心和内切圆图形.

7. 构造“任意等分线段”的方法.

8. 构造“任意角三等分”的方法.

9. 在画板上绘制两圆公切线的图形.

10. 在画板上绘制一个三棱台，构造它的中截面，并分别度量棱台的上下底面和中截面的面积.

11. 在画板上制作斜面上的静止物体受力（重力 G、支持力 N、静摩擦 f）的示意图. 改变斜面的倾角，观察受力的变化情况（见图 2. 34）.

12. 在画板上绘制一个五角星，并涂上不同的颜色（见图 2. 35）.

13. 如图 2. 36 所示，用度量面积的方法来验证勾股定理的正确性.

14. 验证九点圆问题：三角形 ABC 三边的中点，从三个顶点向三边所作垂线所得的垂足，三个顶点与垂心连线的中点，这九个点在同一圆上. 此圆称九点圆.

15. 验证费尔巴哈定理：△ABC 的内切圆及外接圆与三角形的九点圆相切.

16. 验证西摩松线：从△ABC 的外接圆上一点 P 作 BC，AB，AC 的垂线，设垂足分别为 D，E，F，则这三点在一直线上，此直线称西摩松线.

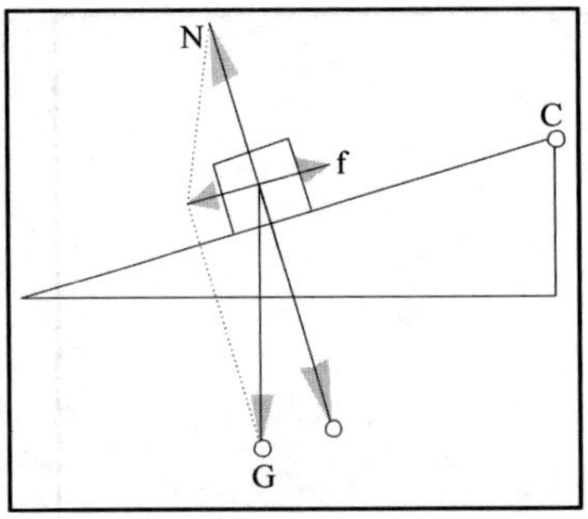

图 2. 34

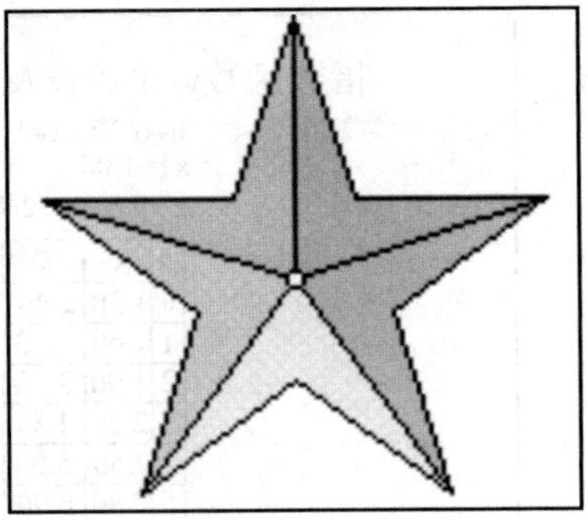

图 2. 35

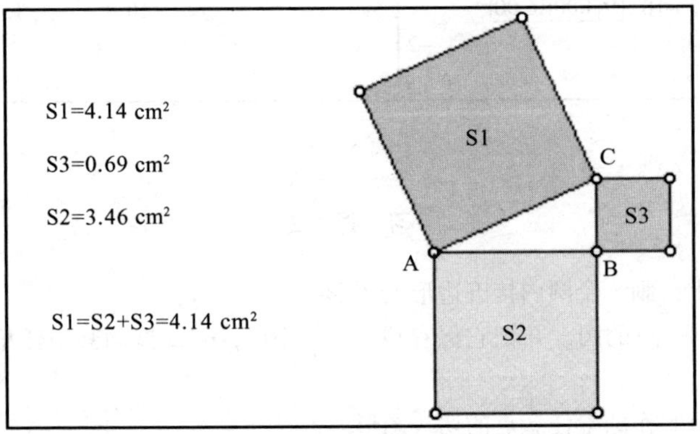

图 2. 36

17. 如图 2. 37 所示，在三角形 ABC 中引三等分线（把每个角三等分的线）离 BC 边最近的∠B 和∠C 的三等分线交于点 A_1；类似地存在着点 B_1 和 C_1. 验证三角形 $A_1B_1C_1$是等边三角形.

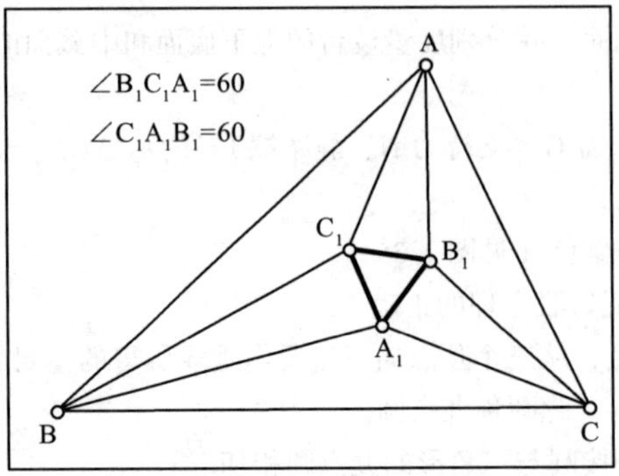

图 2. 37

18. 求作三角形的格点，并进行验证.（格点的定义：如果三角形的三个角的度数都是 10 的整倍数，三角形内一点与三个顶点分别连接后得到的所有的角也都具有这个性质，我们称这样的点为三角形的格点.）

提示：将三角形的三个角按 10 度进行等分，凡是三条等分线的交汇处所得的点，即为格点.

19. 创意构造一个关于参数颜色和参数迭代的变换图形.

第 3 章　特殊功能范例篇

3.1　动画功能学习范例

几何画板还设置了自动的动画演示功能，可以使一个点沿某条轨迹运动，使静态变成动态，也可以绘制美观、生动有趣的动态图形. 画面的动态演示，由系统自动完成，使我们在教学中能集中对学生进行指导，实现动态的教学.

1. 动画制作规则

(1) 动画. 动点在某一条路径（例如：圆周、圆弧、直线、线段、轨迹、平面或多边形内部）上的运动.

(2) 动点的选择. 路径上的任意点（父母点是以平面为路径的自由点）. 建立动画按钮只跟动点有关，路径由系统自动匹配.

(3) 建立动画按钮. 选中一个或多个动点，单击〈编辑/操作类按钮/动画〉选项，在弹出的“操作类按钮动画对象属性”对话框中，确定各动点的运动方向、运动速度和播放次数，最后单击“确定”按钮，就建立了一个关于运动对象的“动画”按钮.

单击“动画”按钮，动点就会沿着它所在的路径运动，再单击“动画”按钮，就会停止动画.

2. 动画的实现举例

例 3.1　画一个点在圆上运动的演示图形.

绘制步骤如下.

(1) 打开一个新画板.

(2) 画圆：选中画圆工具，在画板上画一个圆.

(3) 圆上画一点：选中画点工具，在圆上单击，在圆上画出一点，并选中标注工具，标注出该点字母 C.

(4) 选中点 C：如图 3.1 所示，单击〈编辑/操作类按钮/动画〉选项，画板上弹出“操作类按钮运动点的属性”对话框，在方向和速度下拉列表框选择点 C 按逆时针方向绕圆以中速反复运动，最后单击“确定”按钮，就建立了一个名为“运动点”的动画按钮. 如图 3.2 所示.

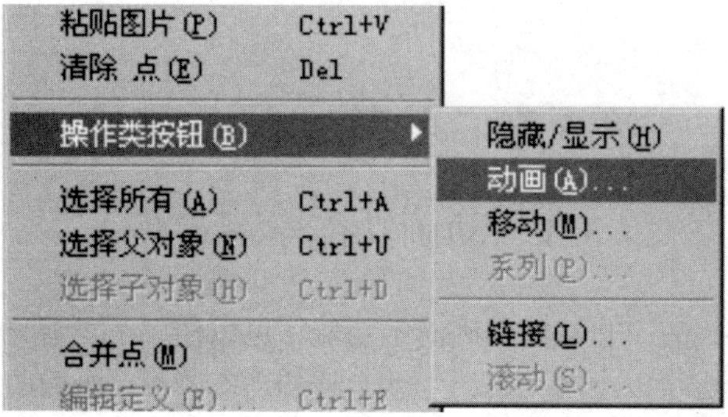

图 3.1

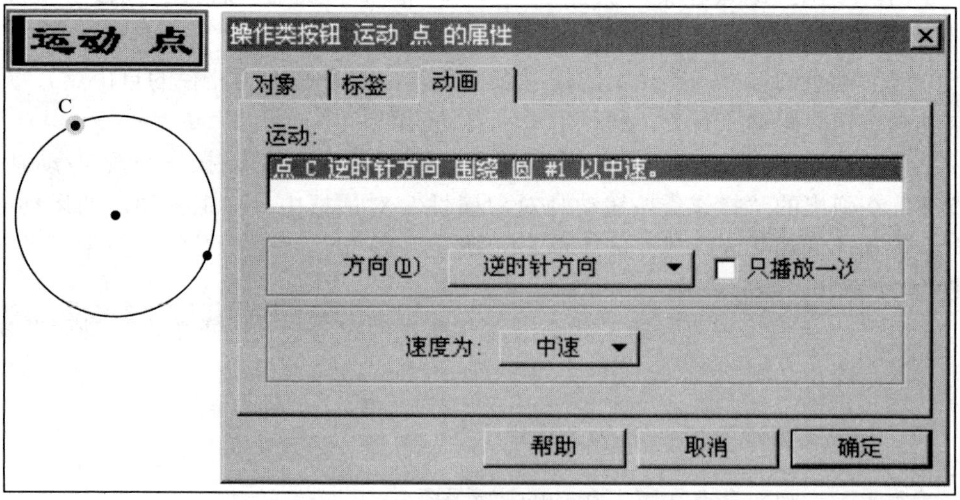

图 3.2

（5）为了演示更醒目，我们让动点 C 变成小球．方法是先用线段工具画一条小半径 r，同时选中小半径 r 和点 C，单击〈构造/以圆心和半径画圆〉选项，画出小圆并取内部，得到一个有颜色的小球．如图 3.3 所示．

（6）单击“运动点”按钮，小球 C 就沿着圆运动起来．

随时都可以再单击“运动点”按钮，小球 C 就会停止运动．这个动画按钮可以反复操作．

用鼠标右键单击“运动点”按钮，在弹出的快捷菜单中选择“属性”选项，可以重新设置点 C 的运动方向和速度以及按钮的标签．

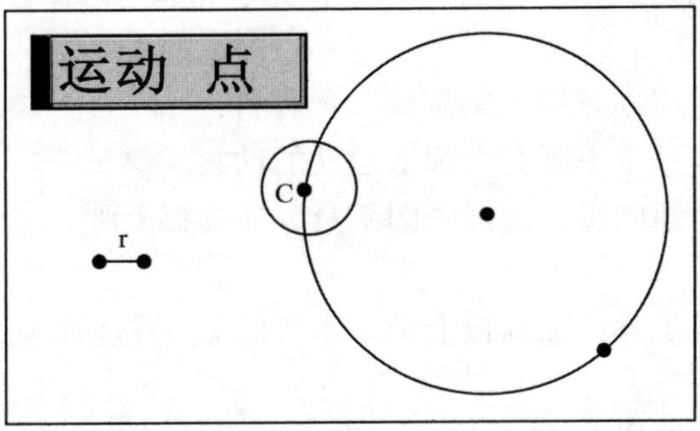

图 3.3

例 3.2 绘制“同弧上的圆周角相等”的动态演示图形.

绘制步骤如下：

(1) 打开一个新画板.

(2) 画圆. 选中“画圆”工具，在画板中画出以点 A 为圆心，过点 B 的圆，改点 A 标签为 O.

(3) 画点. 选中“画点”工具，在圆上画出两个点 C，D.

(4) 依次选中点 B，C，D 作弧，并构造弧上的点 E，用线段连接 BE，ED，如图 3.4 所示.

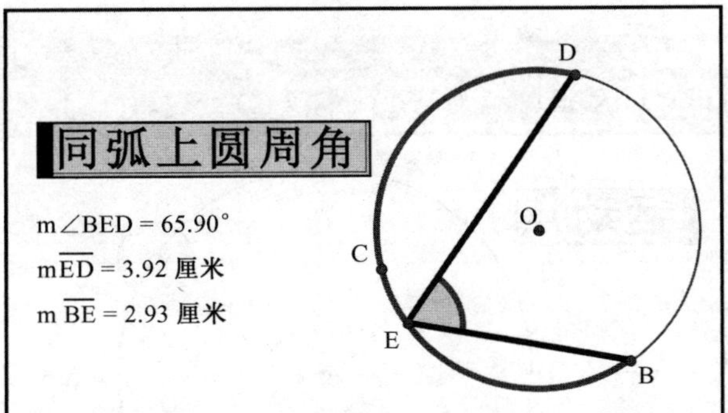

图 3.4

(5) 度量角∠BED 的度数、线段 BE、ED 的长度. 作点 E 的动画按钮，改标签为“同弧上的圆周角”.

单击“同弧上的圆周角”按钮，点 E 就在弧 BCD 上运动起来，同时三个度量值在不断变化，但角∠BED 的度数不变，表明同弧 BD 上的圆周角相等.

请读者仿照例 3.2 方法，绘制一个图形，能演示圆内接四边形两对角和为 180 度.

例 3.3　显示“地球绕太阳旋转”的课件.

实际上是制作一个小圆在大圆上运动的动画.

(1) 打开一个新画板，选择画圆工具，在画板上画一个大圆作为地球运动的轨迹.

(2) 选择画线工具，在画板上画一小线段 k，再选择画点工具，在大圆上画一点.

(3) 同时选中线段 k 和大圆上的点，单击〈作图/以圆心和半径画圆〉选项，画出小圆作为地球.

(4) 选中新画的小圆，单击〈作图/圆内部〉选项，小圆着上颜色，再单击右键，在弹出的对话框中选颜色，在颜色框中选中蓝色.

(5) 选中小圆的圆心为当前对象，单击〈编辑/操作类按钮/动画〉选项，在对话框中方向选“顺时针”，速度选“中等”，再单击“确定”按钮，在画板中出现一个“运动点”的动画按钮.

(6) 选择画圆工具，画一个同心圆作为“太阳”；选中新画的圆，单击〈作图/圆内部〉选项，再单击右键，在弹出的对话框中选颜色，在颜色框中选中红色.

(7) 单击“运动点”按钮，观察“地球”围绕“太阳”旋转运动的情况，再单击按钮，停止动画. 如图 3.5 所示.

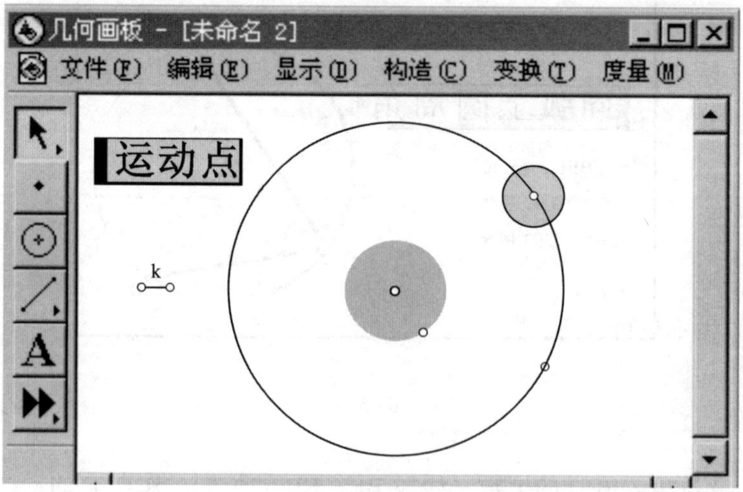

图 3.5

注意：小圆（地球）不能用画圆工具画出，否则，决定小圆半径的点（父母点）在动画时，将固定不动.

3. 如何实现多点动画？

用同样的方法，也可以实现两个以上点在各自不同的相互独立的路径上的同时运动.

例 3.4 画一个大圆，在大圆上选一个动点；再画一条直线，在该直线上选另一个动点；选中大圆上的动点和直线上的动点为当前对象，然后单击〈编辑/操作类按钮/动画〉选项，在对话框中确定各动点的运动方向、速度和播放次数，再单击“确定”按钮，在画板中出现一个“运动对象”的动画按钮.

单击“运动对象”按钮，可以看到两动点分别在大圆和直线上运动.

4. 如何修改动画？

在定义动画按钮以后，有时会觉得这个动画还不太理想，想修改一下. 比如我们希望修改一下动画的速度，让它再慢一点或希望它作单向运动等.

用鼠标右键单击“动画”按钮，在弹出的快捷菜单中选择“属性”选项，在“运动点的属性”对话框中可以重新设置动点的运动方向、速度、播放次数以及按钮的标签.

5. 如何实现点在任意多边形上的动画？

可以通过取多边形内部上的对象点为动点，多边形内部为路径作动画来实现.

具体的作法是：任意画一个多边形，并选择其内部；单击〈作图/选取对象的点〉，此时在多边形内部的边缘上选取了一个动点；选中该动点作动画按钮即可.

3.2 移动功能学习范例

几何画板不仅可以让一个点沿着一条路径运动，也可以定义“点到点”的运动. 前者叫做“动画”，后者就叫做“移动”.

定义“移动”的方法是：同时选中两个点作为当前对象，单击〈编辑菜单/操作类按钮/移动〉选项，并指定移动的速度后，按“确定”按钮，在画板上就会出现“移动”按钮.

单击“移动”按钮，就可以实现从第一个点向第二个点的运动，再单击就会停止移动，这种运动一般是沿直线的移动. 若是用圆弧上两点所作的移动，就可以实现沿弧线的移动.

例 3.5　小圆的移动.

(1) 打开一个新画板.

(2) 在画板上画一条线段 AB，在线段 AB 上取一点 C.

(3) 再在画板上画一小线段 k，同时选中线段 k 和点 C，单击〈作图/以圆心和半径画圆〉选项，画出小圆.

(4) 选中新画的小圆，单击〈作图/圆内部〉选项；单击右键，在弹出的对话框中选颜色，在颜色框中选中蓝色.

(5) 作移动按钮. 同时选中点 C 和点 B，单击〈编辑菜单/操作类按钮/移动〉选项，并指定移动的速度为慢速后，按"确定"按钮，在画板上就会出现一个"从 C→B 移动"按钮. 同时选中点 C 和点 A，单击〈编辑菜单/操作类按钮/移动〉选项，并指定移动的速度为中速后，按"确定"按钮，在画板上就会出现另一个"从 C→A 移动"按钮.

(6) 交替单击两个"移动"按钮，观察小圆的运动情况. 如图 3.6 所示.

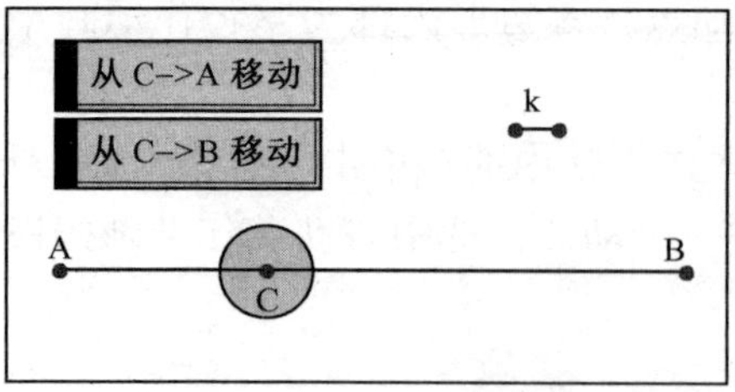

图 3.6

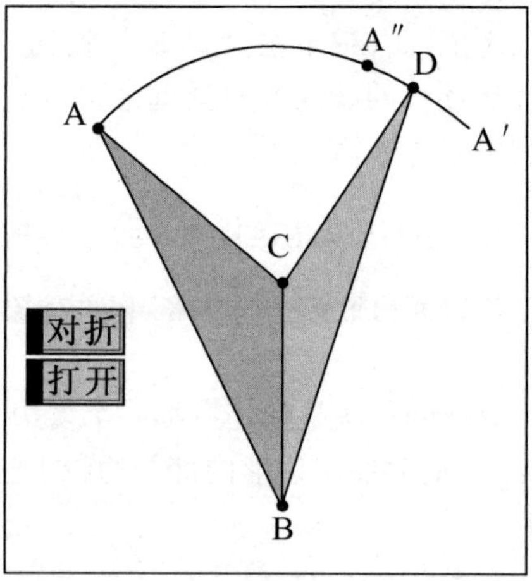

图 3.7

例 3.6　三角形的对折.

关键要找出三个点：起点、终点和动点，然后让动点沿着弧线分别作动点到起点和终点的移动即可.

(1) 如图 3.7 所示，画一个三角形 ABC.

(2) 作起点 A 关于线段 BC 的镜面反射，得终点 A′.

(3) 以点 C 为中心，让点 A′旋转 30 度，得到点 A″，依次选取点 A′，A″，A 作弧，在弧上取一动点 D.

(4) 连接 DC 和 DB. 作点 D 到点 A 的“移动”按钮，改标签为“对折”. 作点 D 到点 A′的“移动”按钮，改标签为“打开”.

(5) 最后隐藏弧线和点 A′, A″, 并把三角形 ABC 和 DBC 涂上不同的颜色.

拖动点 A 或点 B 可以改变三角形的形状和大小，交替点击按钮可以动态演示三角形打开和对折的过程.

3.3 轨迹功能学习范例

作轨迹的两种方式：

(1) 用〈显示/追踪〉功能，追踪轨迹上的动点（线），在动画中留下的轨迹（不能保留），可以动态演示轨迹形成的过程. 适用于制作动态演示课件.

(2) 用〈构造/轨迹〉功能，对选中的自变量动点和轨迹上的动点（线），生成轨迹（可保留）. 可以整体把握轨迹变化、揭示和发现新规律. 适用于制作研究性学习的课件.

1. 轨迹追踪

几何画板可以对点、线、圆或弧等基本对象进行轨迹追踪，其方法是：首先选中要进行追踪的对象，然后单击〈显示菜单/追踪〉选项. 此时，移动图形时，该对象就会留下相应的轨迹.

如果想取消轨迹追踪，可以先选中要取消的追踪对象，然后再执行一次〈显示菜单/追踪〉选项即可.

轨迹追踪功能非常重要，尤其是在画函数图像、研究解析几何的轨迹问题、多动点轨迹问题和绘制空间曲面时十分有用.

例 3.7 作同心圆系.

任作一个圆，并对圆周进行追踪，改变圆的半径就可以得到许多同心圆.

(1) 打开一个新画板，画射线 AB，在该射线上画线段 AC，并在射线外画一个点 D，同时选中线段 AC 和点 D 作圆.

(2) 选中圆周，单击〈显示菜单/追踪圆〉选项，并隐藏射线 AB.

(3) 随意拖动线段的端点 C，即可看到许多同心圆的轨迹. 如图 3.8 所示.

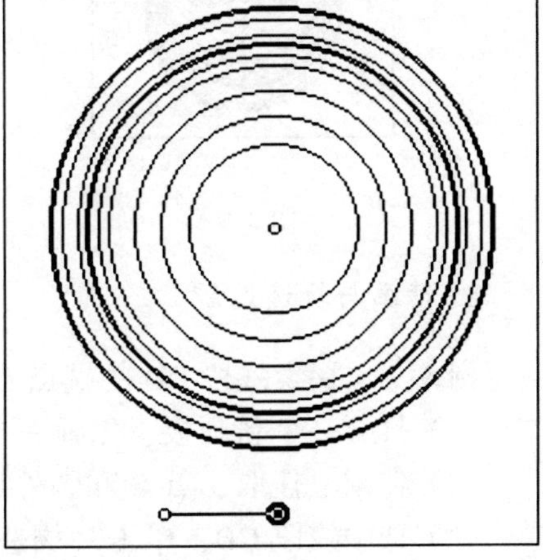

图 3.8

注 这样追踪出来的轨迹按“Esc”

键或“Ctrl + B”键就会消失，如果使用〈构造菜单/轨迹〉功能，就可以把轨迹保留下来.

作法是：同时选中被拖动点“C”（即自变量的动点）和想要观察轨迹的对象“圆周”（即轨迹上的动点或点集合），再单击〈构造菜单/轨迹〉选项即可.

例 3.8　作过两点的圆系.

过已知两点 A，B 的圆的圆心在这两点连线的垂直平分线上，以垂直平分线上任一点 D 为圆心、线段 DA 为半径作圆，对圆周进行追踪，拖动圆心就可以得到过两点的圆系.

（1）打开一个新画板，先画一条线段 AB，单击〈构造菜单/中点〉选项，得中点 C；

（2）同时选中点 C 和线段 AB，单击〈构造菜单/垂线〉选项；

（3）在垂线上任取一点 D，同时选中点 D 和点 A，单击〈构造菜单/以圆心和圆上一点画圆〉选项；

（4）选中圆周，单击〈显示菜单/追踪圆〉选项；

（5）拖动点 D，可以看到过两点的圆系，如图 3.9 所示.

注意：要把轨迹保留下来，须同时选中拖动点 D 和要观察轨迹的对象圆周，再单击〈构造/轨迹〉选项.

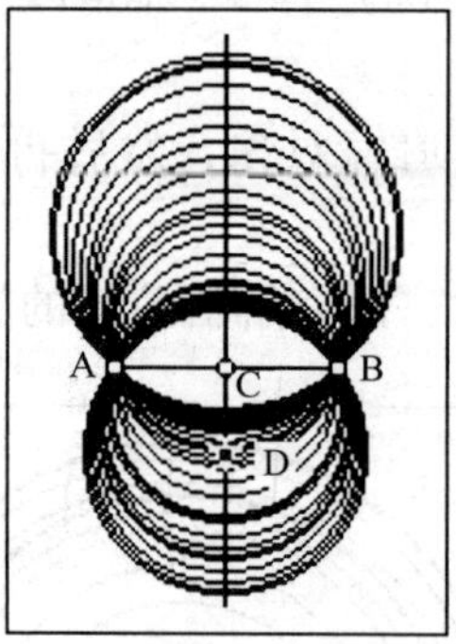

图 3.9

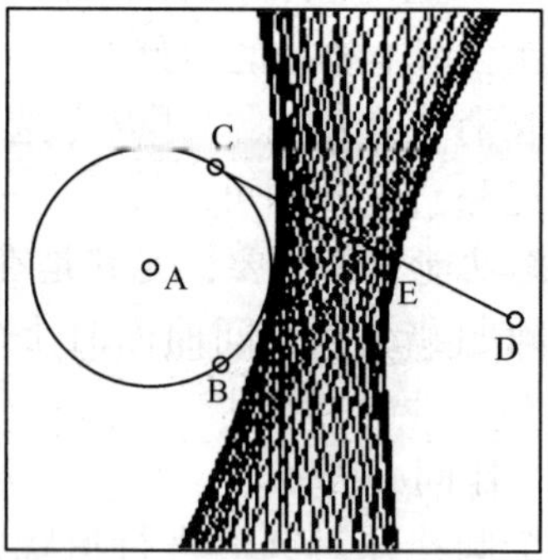

图 3.10

2. 动画与轨迹追踪

例 3.9　探索线段 CD 的端点 C 在圆上运动时，其垂直平分线的轨迹.

（1）打开一个新画板，先画一个圆，圆心是点 A，过点 B；

（2）在圆上任取一点 C 和圆外任取一点 D，作线段 CD；

（3）选中线段 CD，单击〈构造菜单/中点〉选项，同时选中线段 CD 和中点 E，单击〈构造菜单/垂线〉选项，得中垂线；

(4) 选中中垂线，单击〈显示菜单/追踪垂线〉选项；

(5) 选中点 C，单击〈编辑/操作类按钮/动画〉选项，在画板中出现“动画”按钮；

(6) 单击“动画”按钮，就会逐渐显现垂直平分线的轨迹，实现动态演示轨迹形成的过程，如图 3.10 所示.

另法，也可以同时选中自变量“动点 C”和轨迹上的动点集合“中垂线”，再单击〈构造菜单/轨迹〉选项，得到垂直平分线的轨迹.

对于构造得到的轨迹，当我们拖动点 D 从圆外逐渐向圆心 A 移动时，可以清楚地看到：点 D 在圆外时，轨迹为双曲线的包络线；点 D 接近圆周时，轨迹变为抛物线的包络线；点 D 到圆内时，轨迹变为椭圆的包络线；点 D 和点 A 重合时，轨迹变为圆的包络线. 便于整体把握轨迹特征，揭示和发现轨迹变化的规律.

Ⅰ 由定义构造轨迹

例 3.10 椭圆的定义.

到两个定点 F 和 F′距离等于定长的点的轨迹.

(1) 打开一个新画板，画一条线段 r，并度量长度，作为定长；

(2) 在线段外画一点 F，以点 F 为圆心，定长 r 为半径画圆；

(3) 构造圆上一点 C，在点 F 右侧的圆内画点 F′；

(4) 构造直线 CF 和线段 CF′；

(5) 构造 CF′中点 E，过点 E 作线段 CF′的垂线，与直线 CF 交于点 D；

(6) 连接线段 F′D，并追踪点 D；

(7) 选中点 C，单击〈编辑/操作类按钮/动画〉选项，建立“动画”按钮，改标签为“椭圆轨迹的形成”；

(8) 度量：选中 FD 和 F′D，单击〈度量/长度〉选项；

(9) 求和：选中 FD 和 F′D 的度量式子，单击〈度量/计算〉选项，依次输入“mFD”，“+”，“mF′D”，单击“确定”；

(10) 隐藏无关的线段，如图 3.11 所示，起名“椭圆轨迹.gsp”存盘.

注意：如果想把轨迹保留下来，须同时选中自变量的动点“点 C”和轨迹上的动点“点 D”，再单击〈构造菜单/轨迹〉选项.

拖动点 F′从圆内逐渐向圆外移动时，观察轨迹有什么变化.

Ⅱ 由两个动点产生的轨迹

在实际问题中，经常会遇到由两个自变量动点确定的轨迹问题. 这种轨迹用〈构造/轨迹〉功能就失效了，只能用〈显示/追踪〉功能来实现.

例 3.11 构造正弦波.

方法一：构造正弦波采用两个动点方法，当一个动点沿圆弧作逆时针运动的

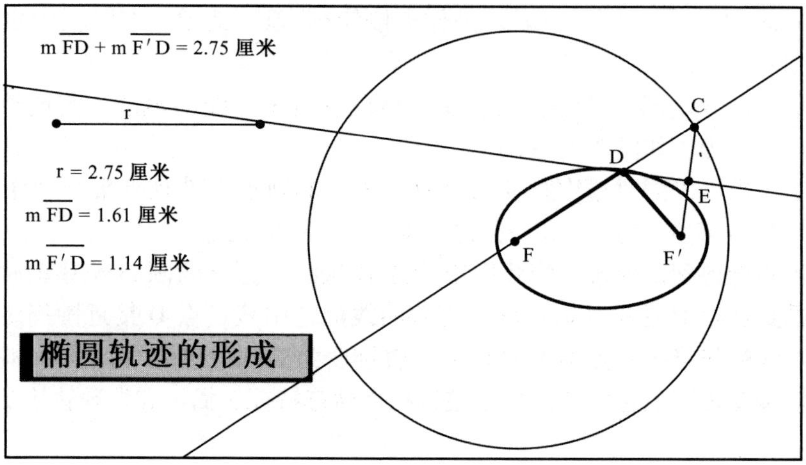

图 3. 11

同时，另一个动点沿水平方向用相同速度作直线运动，最后追踪过两个动点水平直线与垂直直线交点的轨迹. 如图 3. 12 所示.

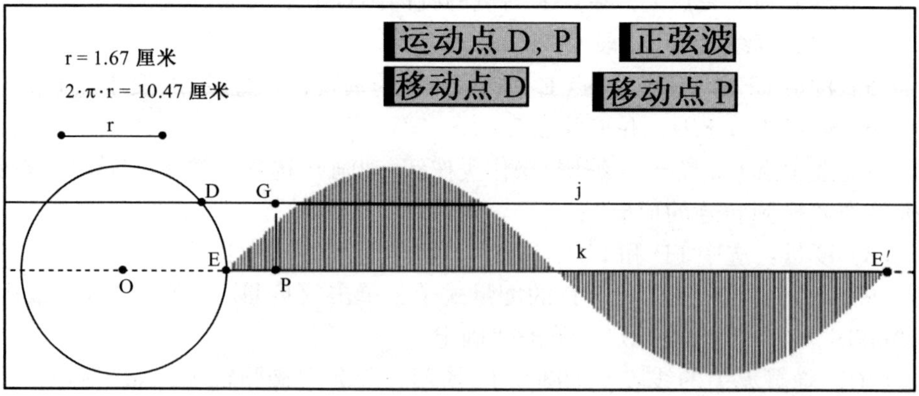

图 3. 12

(1) 打开一个新画板，画一条线段 r，并度量长度.

(2) 另画一点 O，以点 O 为圆心，线段 r 为半径画圆.

(3) 构造圆上一动点 D，过点 D 和点 O，作线段 r 的平行线 j 和 k，平行线 k 交圆 O 于点 E.

(4) 用计数器计算 2 * π * r 的值，并标记距离.

(5) 点 E 按标记距离，以 0 度角平移，得到点 E′，用线段连接 EE′，并在 EE′上取一动点 P.

(6) 过点 P 作直线 j 的垂线，交于点 G. 隐藏垂线，用线段连接 GP，选中点 G 和线段 GP，并追踪它们.

(7) 同时选中点 D 和点 E，单击〈编辑/操作类按钮/移动〉选项，速度选“高速”，建立“移动”按钮，改标签为“移动点 D”；同样建立点 P 到点 E 的高速“移动点 P”按钮.

(8) 同时选中点 P 和点 D，单击〈编辑/操作类按钮/动画〉选项，在运动点属性对话框中，点 P 运动方向选“向后”，点 D 的运动方向选“逆时针方向”，速度均选“中速”，播放次数均选“只播放一次”，建立“动画”按钮，改标签为“运动点 D，P”.

(9) 依次选中“移动点 D”、“移动点 P”和“运动点 D，P”按钮，单击〈编辑/操作类按钮/系列〉选项，在系列属性对话框中，执行参数选“同时”，开始前参数选“清除所有轨迹”，建立“系列”按钮，改标签为“正弦波”.

单击“正弦波”按钮，将动态演示正弦波的形成过程. 同样的方法，可以制作余弦波.

方法二：构造正弦波采用一个动点方法，当一个动点沿圆弧作逆时针运动的同时，用它走过的弧长，作为动点水平右移的距离，得到点的轨迹. 如图 3.13 所示.

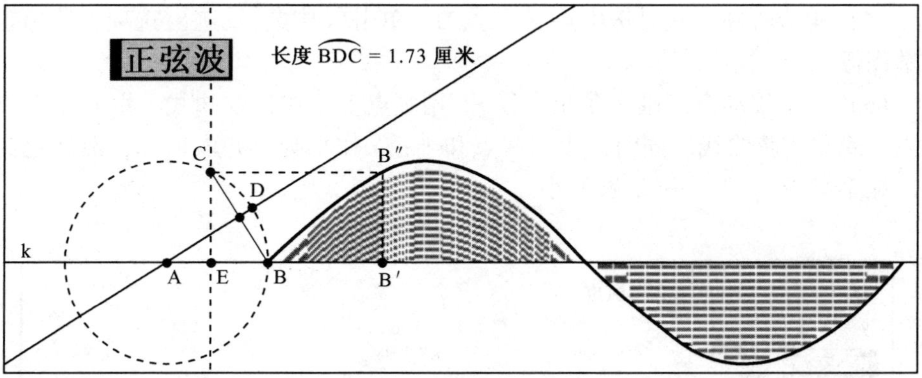

图 3.13

(1) 打开一个新画板，画一条水平直线 k，在直线上取点 A，B 作圆.

(2) 在圆上画一动点 C，用线段连接 BC，并作 BC 的中垂线，交圆于点 D. 依次选中点 B，D，C 作弧，并度量其长度.

(3) 选中弧的度量值，单击〈变换/标记距离〉选项，让点 B，按标记距离 0 度角平移，得到点 B′.

(4) 过点 C 作直线 k 的垂线，交直线 k 于点 E，同时选中点 E，C 标记向量，让点 B′，按标记向量平移，得到点 B″，用线段连接 B′B″.

(5) 同时选中点 C，B″作轨迹，得到一个周期的正弦曲线.

(6) 作点 C 的"动画"按钮，改标签为"正弦波"，并追踪 B′B″. 最后隐藏不必要的点、线等.

方法三：制作可以波动的正弦波. 关键在于引入一个参数来控制正弦函数的相位，当参数变化时，相位也随之改变，使正弦曲线上的点波动起来.

(1) 如图 3.14 所示，打开一个新画板，单击〈编辑/参数选项〉命令，在弹出的"参数选项"对话框中选角度单位为弧度制.

(2) 新建相位参数 Q 并建立动画按钮. 单击〈图表/新建参数〉选项，改名称为 Q，选单位为弧度. 选中参数 Q，单击〈编辑/操作类按钮/动画〉选项，在弹出的"属性"对话框中方向选"渐增"、时间"0.2"秒，范围"0 到 2π"，改标签为"正弦波"，建立"动画"按钮.

(3) 构造自变量点 X. 任画一点 A，让点 A 水平移动 13 厘米，得到点 A′，用线段连接 AA′，在 AA′上取一点 X，并度量其横坐标，改标签为 x.

(4) 构造正弦曲线上点 D. 单击〈度量/计算〉选项，在弹出的计算器中输入公式"sin (x + Q)"，改标签为 y. 依次选中 x 和 y 的值，单击〈图表/绘制 (x，y)〉选项，绘出正弦曲线上一点 D.

(5) 构造轨迹. 同时选中点 X 和点 D，单击〈构造/轨迹〉选项，绘出正弦函数图像.

(6) 构造波动点. 画一条小半径 r. 用画点工具在正弦曲线上取若干个离散的点，隐藏正弦曲线. 同时选中这些点和半径 r 作小圆，并取内部，改颜色为蓝色. 缩小半径 r，使小圆足够的小.

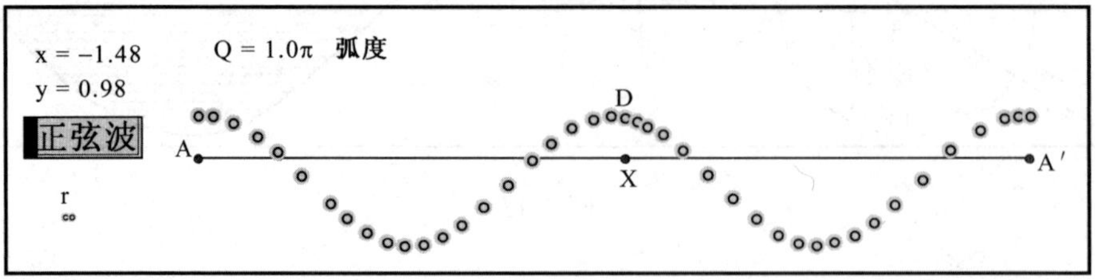

图 3.14

单击"正弦波"按钮，这些小圆就波动起来. 拖动点 A，波跟着移动.

3.4 图表功能学习范例

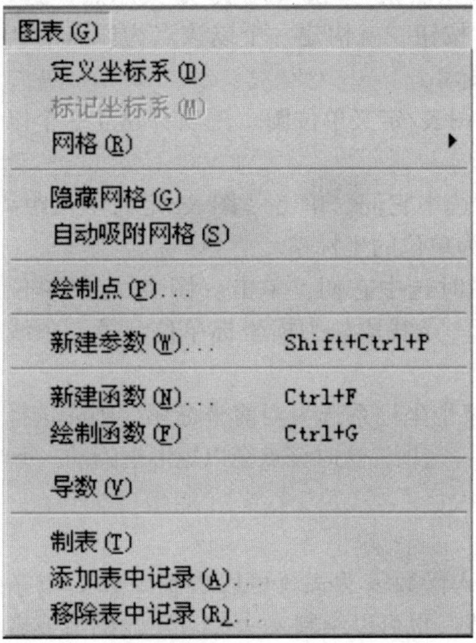

功能描述

定义一个新坐标系
设置坐标系
选极坐标网格定义为极坐标系；选方形
网格定义为直角坐标系
隐藏坐标系中网格
给出给定坐标或选定坐标的点
建立一个新的动态参数
输入一个新函数，不绘图像
输入一个新函数，并立即绘制图像
对选中的函数式，生成相应的导函数式
对选中的度量值或函数式，建立数表
对选中的数表，可添加数据
对选中的数表，可删除数据

1. 坐标系

要建立函数图像，一般来说要先建立坐标系．几何画板提供的坐标网格有极坐标网格、方形网格和矩形网格三种．极坐标网格对应极坐标系，方形网格和矩形网格对应直角坐标系．要想建立什么样的坐标系，只要单击〈图表/网格〉命令，从中选择相应的网格即可．

(1) 一个坐标系中横、纵坐标的单位长度可以不一致．

(2) 一页可以有自己的坐标系，而不是一个文件只有一个坐标系．

(3) 在同一页上定义几个坐标系．同一个点可以有几个不同的坐标．当拖动这个点的位置变化时，点的坐标都随之变动．

(4) 对于已建的坐标系，可以在按住 Shift 键的同时，单击〈图表/隐藏坐标系〉选项将其隐藏；也可以再按住 Shift 键的同时，单击〈图表/显示坐标系〉选项，将隐藏的坐标系再次显示．

2. 在同一页上定义不同坐标系的方法

在同一页上定义不同坐标系的方法，有以下 4 种：

（1）先选中一个点（作为新坐标系原点），单击〈图表/定义原点〉选项，在“新建坐标系”对话框，按“是 Y”按钮，就构建一个以该点为原点的新坐标系．用同样方法可以建立多个不同坐标系．

（2）画一个圆．选中圆周，单击〈图表/定义单位圆〉选项，建立一个以该圆为单位圆的坐标系．

（3）画一个点和一条线段，并同时选中它们，单击〈图表/定义单位距离〉选项，建立一个以该点为原点，线段长为单位的坐标系．

（4）画一个点和画两条线段，并同时选中它们，单击〈图表/定义单位距离〉选项，建立一个以该点为原点，第一条线段长为横坐标单位，第二条线段长为纵坐标单位的坐标系．

当同一页上有多个坐标系时，要把某个坐标系选为当前坐标系，则先选择该坐标系的原点，单击〈图表/标记坐标系〉选项，这时该点会以矩形框闪动一下．

3. 绘制函数曲线

在 4. x 版几何画板中，可以直接输入函数表达式就可以绘制函数 $y=f(x)$ 的图像或者极坐标方程 $\rho=f(\theta)$ 的曲线．也可以绘制 $x=f(y)$ 的图像或者极坐标方程 $\theta=f(\rho)$ 的曲线．

可以重新编辑函数式，并立即画出它的图像，原图像不再保留．可以直接画出导函数的图像．下面给出绘制函数图形的一般步骤：

1）设置函数作图的支持环境

（1）直角坐标系下的图形．

单击〈图表/网格/方形（或矩形）网格〉选项；

单击〈编辑/参数选项/单位/弧度制〉选项．

（2）极坐标系下的图形．

单击〈图表/网格/极坐标网格〉选项；

单击〈编辑/参数选项/单位/弧度制〉选项．

建立相应的坐标系：选中〈图表/定义坐标系〉，改原点为 O，单位点为 1．

2）建参数、定范围

在 4. x 版几何画板中，可以动态控制某个参数（或数量）是“连续”地变化还是“不连续”地变化，以便控制函数作相应的变化．在实际应用中，根据函数式中的系数参数，建立参数值．单击〈图表/新建参数〉选项，在“新建参数”对话框中，输入参数名称和选中单位（无或度或厘米之一），这样就新建了一个参数值. 然后在参数值上单击右键, 在快捷菜单上单击“属性”选项, 在弹出的“参数的属性”对话框中, 确定参数的精度和初值以及参数的变化方式（连续或不连续）、速度（步长和时间）和取值范围.

3）输入函数、绘制图形

单击〈图表/绘制新函数〉选项, 在“新建函数”对话框中, 输入函数式, 其中的 x 或 θ 分别为直角坐标系、极坐标系的自变量. 输入完毕, 单击“确定”按钮, 画板自动绘制出函数的图形.

适当改变图形的线型及颜色, 作简要明晰的文本说明和标注, 调整显示的位置, 隐藏多余的信息等.

4）控制系数参数的变化

控制系数参数变化的方式如下.

(1) 用键盘控制: 对选中的参数值, 单击“ - ”号递减, 单击“ + ”号递增来改变参数值.

(2) 用控制台控制: 单击〈显示/显示运动控制台〉选项, 对选中的参数值, 单击控制台的运动按钮即可. 在控制台可以随时调整运动的速度.

(3) 用按钮控制: 对选中的一个或多个参数值 , 单击〈编辑/操作类按钮/动画〉选项, 在对话框中确定改变数值的方向、方式和范围, 设置标签的名称, 单击“确定”按钮, 即建立参数的控制按钮. 单击参数“按钮”, 就可以实现对参数值变化的控制.

(4) 用线段控制: 可以通过度量水平直线上某点的横坐标值或某两点的横坐标值之差来表示, 也可以通过度量竖直直线上某点的纵坐标值或某两点的纵坐标值之差来表示, 用此方法得到的参数取代第 2 步的新建参数. 当拖动控制点时, 就可以灵活快捷改变参数值.

根据教学目标, 选择不同的控制方式来改变各参数的值, 观察图形的变化情况, 以实现参数的交互功能, 达到函数图形的动态演示效果.

说明: 函数可以复合、可以嵌套.

例如已绘制新函数: $f(x)=1+x+x^2+x^3+x^4+x^5$ 的图像; 如果用 cos（x）替代变量 x, 可以直接求作函数 $f(\cos(x))$ 来实现; 又如在 $f(x)$ 函数后添加两项: 可以输入 $g(x)=f(x)+x^6+x^7$.

如果已知两个函数 $f(x)$ 和 $g(x)$, 可以求作如函数 $h(x)=f(g(x))$ 或 $h(x)=f(x)+g(x)$ 以及它们之间的多次组合后所得函数的图像.

例 3.12　在同一坐标系下绘制 $y1=a\sin(bx+\theta)+c$ 和 $y2=ax^2+bx+c$ 的图像.

1）设置函数作图的支持环境

建立直角坐标系:

单击〈图表/网格/方形（或矩形）网格〉选项；

单击〈编辑/参数选项/单位/弧度制〉选项.

2）建参数、定范围

单击〈图表/新建参数〉选项，在“新建参数”对话框，输入参数名称和选中单位，分别建参数 a，b，c，单位选“无”，再建参数 Q，单位选“弧度”. 然后在参数值上单击右键、在快捷菜单上单击“属性”选项，参数的精度选“十分之一”，取值范围选“ -10 到 10”.

3）建立控制按钮

利用〈编辑/操作类按钮/动画〉功能，分别建立各参数的“动画”按钮，改标签为“运动参数 a”、“运动参数 b”…….

4）输入函数、绘制图形

单击〈图表/绘制新函数〉选项，在“新建函数”对话框中，输入函数式“a * sin（b * x + θ） + c”,并改标签为“y1”；同样方法输入函数式“$a * x^2 + b * x + c$”，并改标签为“y2”. 在该坐标系中同时绘出三角函数和二次函数图像.

5）版面设计

选中正弦曲线轨迹和函数式，改为红色和粗线，并建立“显示/隐藏”按钮，改标签为“正弦曲线图像”. 同样改变二次曲线轨迹和函数式为蓝色和粗线，并建立“显示/隐藏”按钮，改标签为“二次曲线图像”. 如图 3. 15 所示.

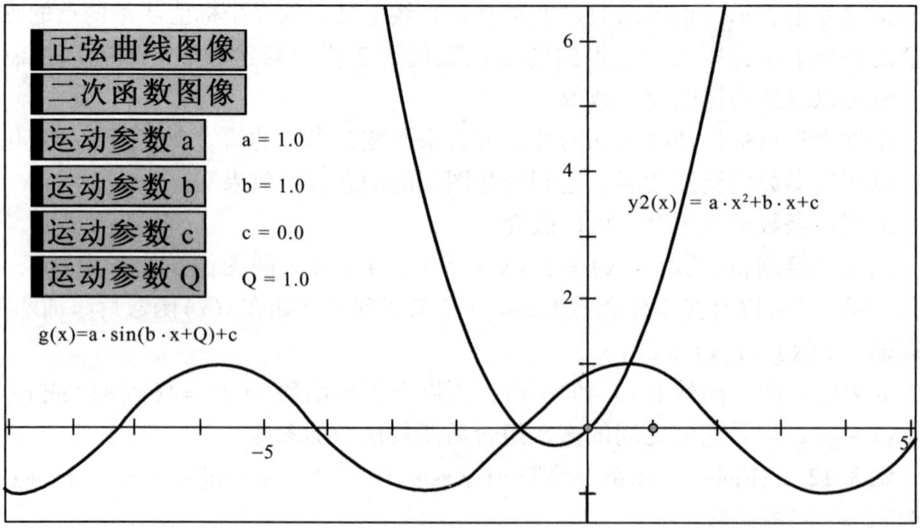

图 3. 15

单击参数按钮，改变系数 a，b，c 的值，观察轨迹的变化情况. 特别是双击各参数值，给参数 a，b，c 输入一组特定值时，可以看到特定方程的曲线图形.

例 3.13 在极坐标系下绘制心脏线 $\rho = a\ (1 - \cos\theta)$ 的图像.

1）设置作图的支持环境

建立极坐标系：

单击〈图表/网格/极坐标网格〉选项；

单击〈编辑/参数选项/单位/弧度制〉选项；

改原点为 O，单位点为 1.

2）用线段控制参数的值

过极轴左端一点 F 作 X 轴的垂线段 FA，度量点 A 的纵坐标的值，并改标签为"a".

3）输入函数、绘制图形

单击〈图表/绘制新函数〉选项，在"新建函数"对话框中，输入函数式"a *（1 - cos（θ））",并改标签为"p".

4）选中轨迹，建立"显示/隐藏按钮"

5）作动画

在轨迹上任取一点 D，单击〈编辑/操作类按钮/动画〉选项，画板中显示"动画"按钮，改标签为"心脏线的形成"，并追踪点 D. 如图 3.16 所示.

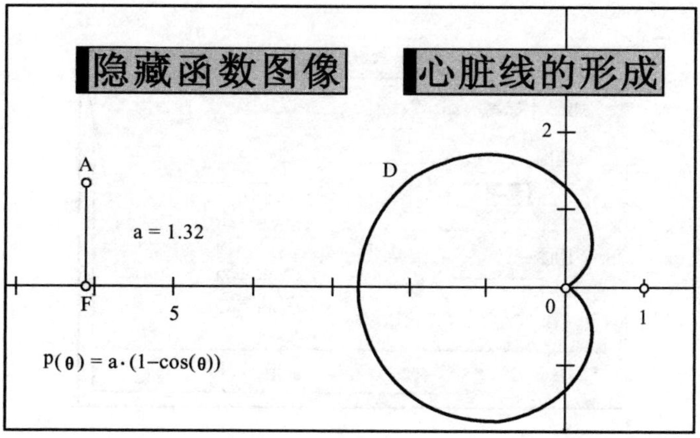

图 3.16

用鼠标拖动点 A，改变 a 的值，观察心脏线的变化情况.

先按"隐藏函数图像"按钮，再单击"心脏线的形成"按钮，可以动态演示轨迹的形成过程.

例 3.14 绘制波动 $y1 = a\sin\ (bx + \theta)\ + c$ 图像.

1）设置函数作图的支持环境

建立直角坐标系：

单击〈图表/网格/方形（或矩形）网格〉选项；

单击〈编辑/参数选项/单位/弧度制〉选项.

2）建参数、定范围

单击〈图表/新建参数〉选项，在“新建参数”对话框，输入参数名称和选中单位，分别建参数 a，b，c，单位选“无”，再建参数 Q，单位选“弧度”. 然后在参数值上单击右键、在快捷菜单上单击“属性”选项，参数的精度选“十分之一”，取值范围选“－10 到 10”.

3）建立控制按钮

利用〈编辑/操作类按钮/动画〉功能，分别建立各参数的“动画”按钮，改标签为“运动参数 a”、“运动参数 b”…….

4）输入函数、绘制图形

单击〈图表/绘制新函数〉选项，在“新建函数”对话框中，输入函数式“a＊sin（b＊x＋θ）＋c”，在该坐标系中绘出三角函数图像.

5）使函数图像离散化

选中函数曲线单击右键，在弹出的“函数图像的属性”对话框的图像卡中，选定范围（－6≤x≤6），图像取 80 个样点，选“离散”的显示，如图 3.17 所示.

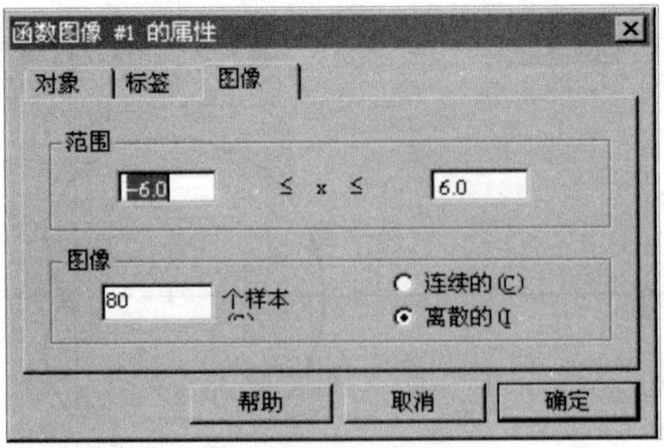

图 3.17

单击参数按钮，改变系数 a，b，c 的值，观察轨迹的变化情况. 特别是单击“运动对象 Q”按钮，会使正弦曲线波动起来，如图 3.18 所示.

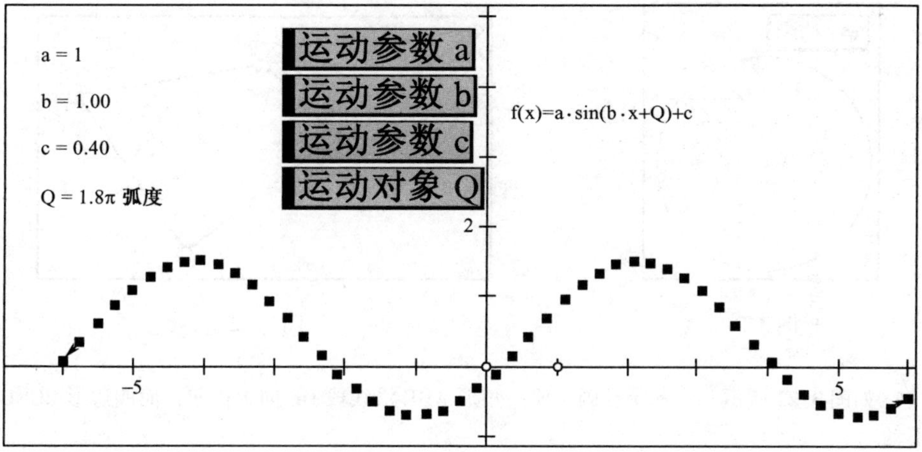

图 3.18

习 题 3

1. 制作“地球”围绕“太阳”旋转的课件，并存盘.

2. 线段 AB 是圆 O 的切线,A 是切点. 观察当 A 点在圆上运动时,AB 的垂直平分线的轨迹.

3. 如图 3.19 所示，A 点在圆周上运动，B 是圆外任一点，C 点是线段 AB 中点，那么 C 点的轨迹是什么（把圆 O 换成线段如何）?

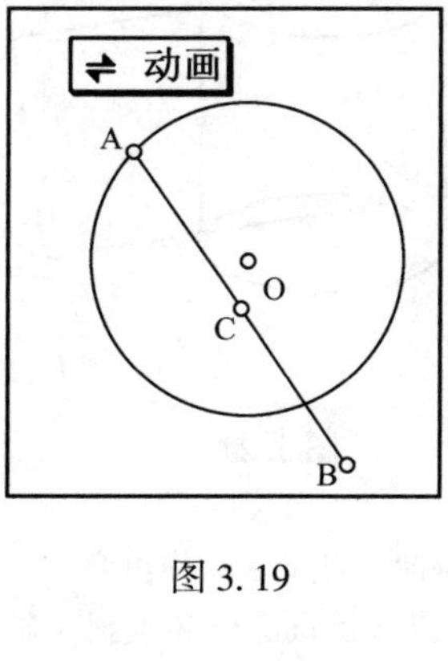

图 3.19

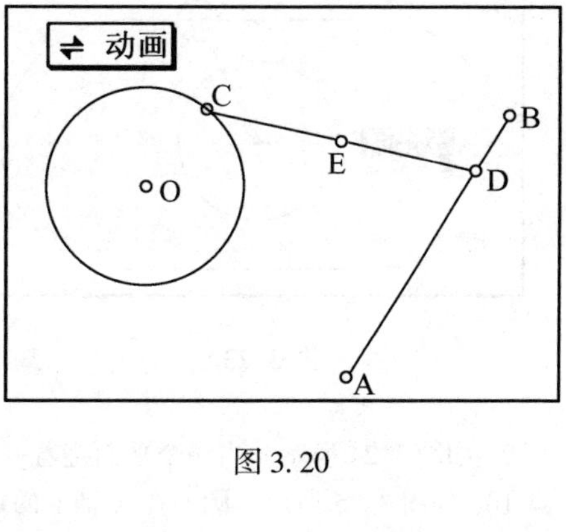

图 3.20

4. 如图 3.20 所示，C 点和 D 点分别为圆 O 和线段 AB 上的点，E 点是线段 CD 的中点，当 C 点和 D 点同时在圆 O 和线段 AB 上运动时，那么点 E 的轨迹是什么（把圆 O 换成线段或把线段 AB 换成圆如何）?

5. 如图 3.21 所示，作一个三角形（或多边形）在圆周上的动画.

提示：利用小圆在大圆周上的动画.

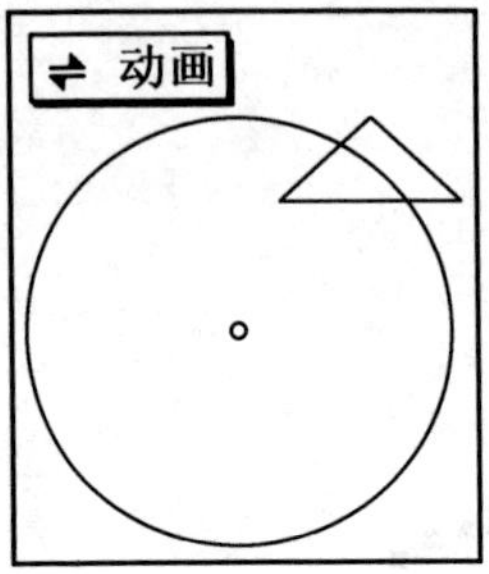

图 3. 21

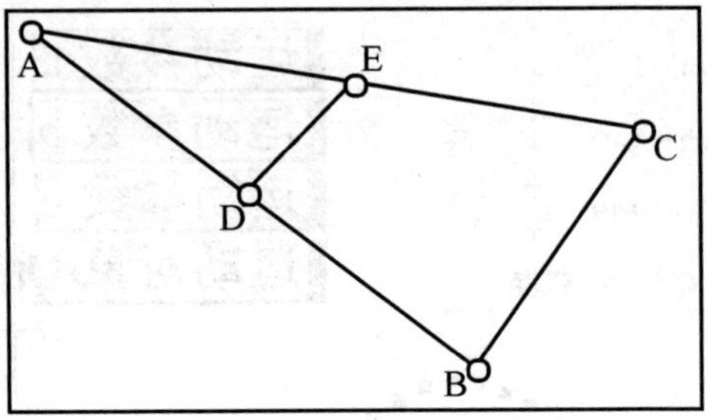

图 3. 22

6. 如图 3. 22 所示，作一个动画，使三角形 ADE 沿线段 DE 向上折起，而四边形 BCED 原位不动.

7. 当三角形的一个顶点在某些图形上运动的时候，它的垂心的轨迹是什么呢（比如在一条直线上或在某圆周上运动）？

8. 我们可以直接定义点在圆上的动画，但不能直接定义点在弧形四边形上的动画，那么，如何使点在弧形四边形上运动（将点换成小圆效果如何）？见图 3. 23.

提示：利用点在圆周上的动画，找到半径的延长线与四边形各边的交点. 当点在圆周上运动时，交点便沿着弧形四边形运动.

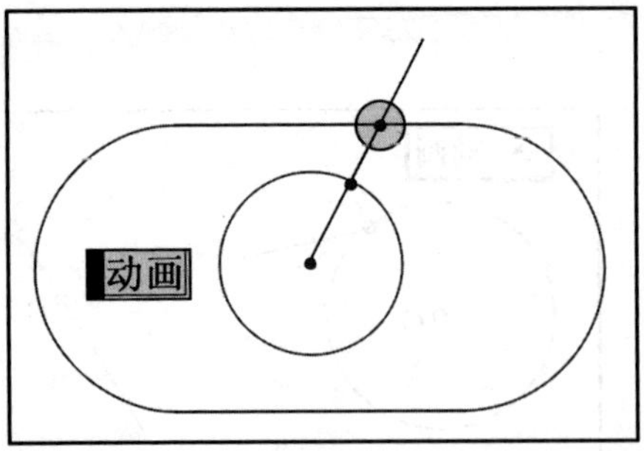

图 3. 23

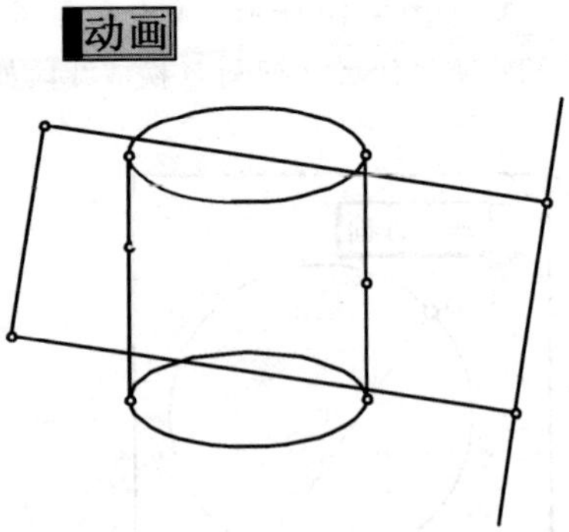

图 3. 24

9. 如图 3. 24 所示，当一个平面绕着一固定轴转动与圆柱相截时，截面如何作出？

10. 如图 3. 25 所示，圆心在 X 轴上的定圆 O 上有一动点 A，以 A 为圆心以 A 点到 X 轴的距离 AB 为半径作圆，两圆相交的割线 CD 与线段 AB 的交点 E 的轨迹是什么？

11. 在新画板上先绘制一个彩色的五角星，然后运用“工作”菜单的“生成记录（制作脚本）”功能，生成脚本记录并存盘.

12. 匀速圆周运动的水平或竖直的投影是简谐运动. 利用匀速圆周运动来构造二维的简谐运动的合成. 见图 3. 26.

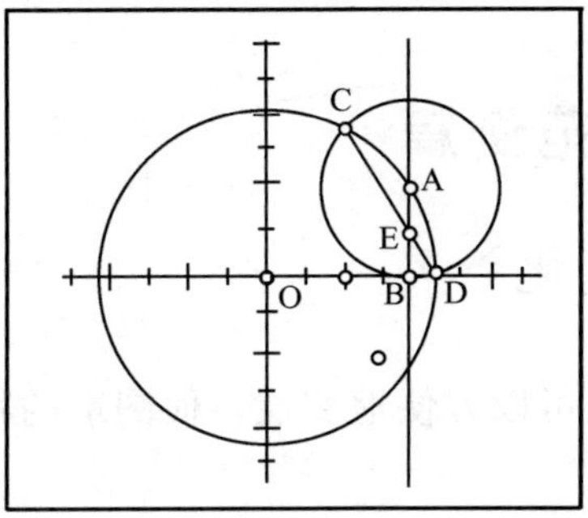

图 3. 25

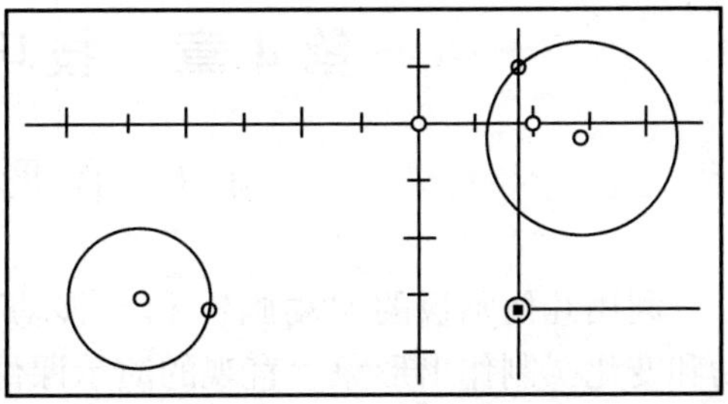

图 3. 26

13. 如图 3. 27 所示，点 P 在正方形的边上运动，同时点 Q 在圆上运动，求作线段 PQ 的中点 M 的轨迹.

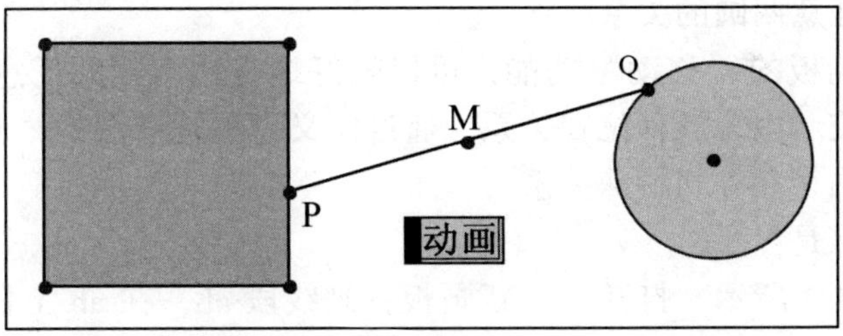

图 3. 27

14. 使用记录的“循环”功能，绘制余弦波.

15. 求作到两个定点距离之比等于定长的点的轨迹.

第 4 章　技巧应用范例篇

4.1　图形移动变化

利用几何画板的“动画”和“移动”功能，可以方便地实现几何图形的移动和变化，制作出形象、直观的演示课件.

4.1.1　图形的任意性

图形的任意性是很难用有限的列举表达出来的. 利用几何画板进行教学，就能十分逼真的、形象的表达几何图形的任意性，从而为我们讲述任意三角形、任意四边形的性质，以及两个任意几何图形之间的关系带来方便.

例 4.1　任意两圆的关系.

利用几何画板的“移动”功能，可以较好地表达两圆的任意性，即它们之间的相离、相交和内含三种位置关系. 通过定义一些特殊点的“移动”，来表现两圆的重合、内切和外切特殊关系.

具体的步骤是：

(1) 如图 4.1 所示，打开一个新画板，画线段 ab，在 ab 上任取两点 c，d；分别作点 c 到点 d，点 c 到点 b 的“移动”按钮.

(2) 在线段外任意画两点 E，F，分别以点 E 为圆心、ac 为半径，点 F 为圆心、ab 为半径画圆.

(3) 另画一点 A，过点 A 作线段 ab 平行线 j，让点 A 按标记向量 ac 平移，得到点 C，让点 C 按标记向量 cb 平移，得到点 B.

(4) 让点 C 以点 A 为中心旋转 180°，得到点 C′，让点 A 以点 B 为中心旋转 −180°，得到点 A′. 构造 CB 的中点 D.

(5) 同时选中点 E 和 F，作快速的“动画”按钮，改标签为“任意两圆”.

(6) 同时选中点 E 和 C，F 和 B，作快速“移动”按钮，改标签为“两圆内切”.

同时选中点 E 和 C′，F 和 B，作快速“移动”按钮，改标签为“两圆外切”.

同时选中点 E 和 D，F 和 C′，作快速“移动”按钮，改标签为“两圆相交”.

同时选中点 E 和 D，F 和 C，作快速“移动”按钮，改标签为“两圆内含”.

同时选中点 E 和 C′，F 和 A′，作快速“移动”按钮，改标签为“两圆相离”.

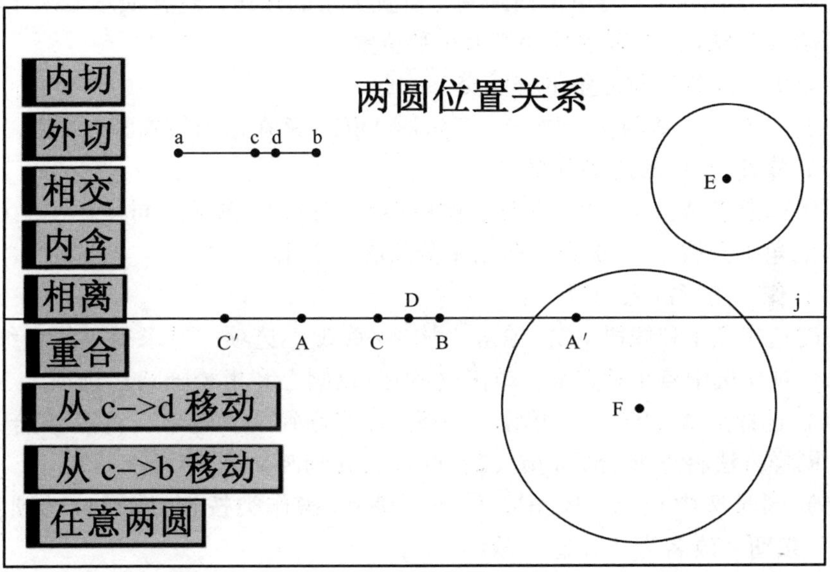

图 4.1

同时选中“点 c→b 移动”按钮和“两圆内切”按钮作“系列”按钮，改标签为“两圆重合”.

(7) 隐藏直线 j 及线上所有的点，隐藏“点 c→b 移动”按钮，并调节各按钮的位置，如图 4.2 所示.

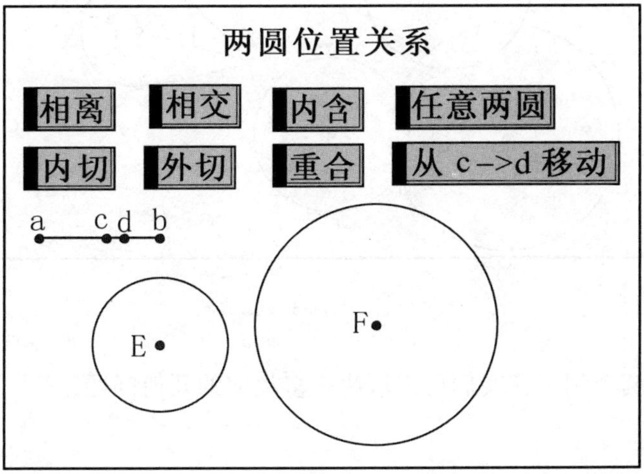

图 4.2

注意：演示完“两圆重合”位置关系后，最好单击“点 c→d 移动”按钮，使两个圆大小不同时，再单击两圆其它位置关系的按钮，这样演示效果比较好.

拖动点 b 或 c，可以改变圆的大小和位置.

例 4.2　任意三角形角平分线交于一点.

（1）打开一个新画板，画一个三角形 ABC，并在适当位置画三个圆.

（2）作角 ABC 的角平分线.

顺序选中点 A，B，C，单击〈构造/角平分线〉选项. 同样作出∠CAB 和∠ACB 的角平分线 . 并求得两条角平分线的交点 J.

（3）作三角形的内切圆.

同时选中点 J 和线段 BC，单击〈构造/垂线〉选项. 并求得垂线和线段 BC 交点 K. 顺序选中点 J 和点 K，单击〈构造/以圆心和半径画圆〉选项.

（4）选择点 A 和圆 c1，单击〈编辑/合并点到圆〉选项，将点 A 合并到圆 c1. 用同样方法将点 B 合并到圆 c2、点 C 合并到圆 c3.

（5）同时选中点 A，B，C，单击〈编辑/操作类按钮/动画〉选项，建立“动画”按钮，改名为“任意三角形”.

（6）将圆 c1，c2，c3 和垂线隐藏起来. 如图 4. 3 所示.

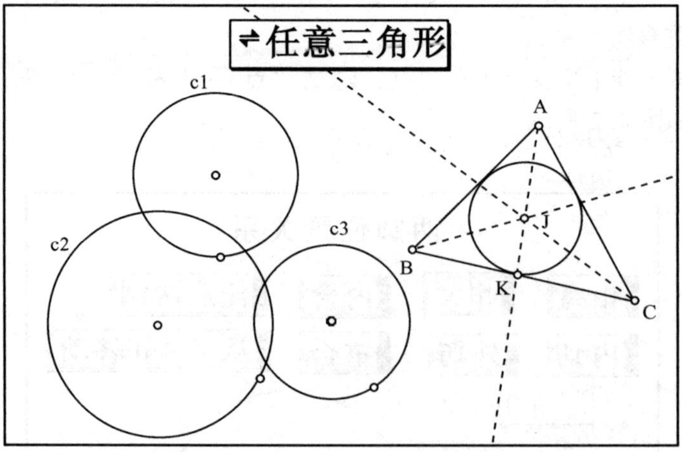

图 4. 3

仿照上面两个例子，我们可以解决很多类似的几何问题.

4.1.2 图形的移动变化

1. 移动的一般形式

一个图形从一个位置（形状）移动到另一个位置（形状），从几何画板的角度看，需要定义三类图形：

移动图形：一个由 N 个动点组成的任意多边形，动点之间要连线.

源图形：表示“移动图形”移动前的位置，由 N 个定点组成，定点之间不连线.

目标图形：表示“移动图形”移动后的位置，由多组定点（每组 N 个定点对应不同的图形）组成，定点之间不连线.

移动规则：

（1）将“移动图形”的各点和“源图形”各点配对选中，定义一个“移动”按钮，用于“移动图形”复原.

（2）再分别将“移动图形”各动点和每组“目标图形”相对应定点配对选中，定义多组“移动”按钮. 用于实现变化不同图形.

注意：动点个数与定点个数要相同，在配对选点作移动时一定是动点在前，定点在后.

例 4.3 任意五边形变成正五边形或五角星.

“移动图形”为一个任意五边形 ABCDE；

“源图形”由五个定点 A′，B′，C′，D′，E′组成（形似五边形）.

“目标图形”为两组：一组由五个定点 A_1，B_1，C_1，D_1，E_1 组成（形似正五边形），变正五边形用. 另一组由五个定点 A_2，B_2，C_2，D_2，E_2 组成（形似正五边形），变五角星用. 具体作法如下：

（1）作“移动图形”. 画一个任意五边形 ABCDE.

（2）作“源图形”. 在任意五边形 ABCDE 对应顶点附近画五个定点 A′，B′，C′，D′，E′.

（3）作“目标图形”. 在不同位置画两组定点 A_1，B_1，C_1，D_1，E_1 和 A_2，B_2，C_2，D_2，E_2（形似正五边形，也可以在圆上取得），如图 4.4 所示.

（4）定义五边形的移动

配对选中点 A 和 A′，B 和 B′，C 和 C′，D 和 D′，E 和 E′，单击〈编辑/操作类按钮/移动〉选项，并将标签改名为“五边形”.

（5）定义正五边形的移动

配对选中点 A 和 A_1，B 和 B_1，C 和 C_1，D 和 D_1，E 和 E_1，单击〈编辑/操作类按钮/移动〉选项，并将标签改名为“正五边形”.

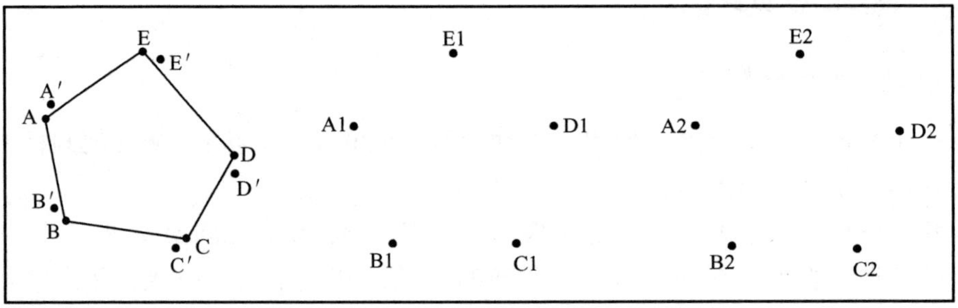

图 4. 4

(6) 定义五角星的移动

配对选中点 A 和 A_2，B 和 C_2，C 和 E_2，D 和 B_2，E 和 D_2，单击〈编辑/操作类按钮/移动〉选项，并将标签改名为“五角星”. 如图 4. 5 所示.

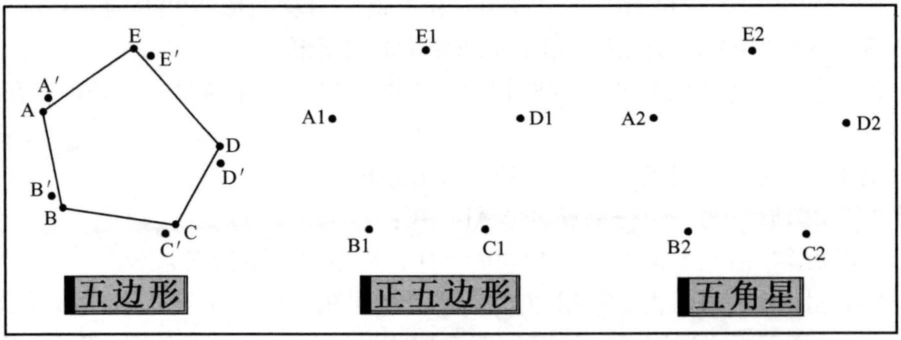

图 4. 5

如果想由五边形变成四边形或三边形，只要使部分点重叠在一起即可. 当调整好位置后，隐藏所有的定点. 单击各按钮，可以实现不同图形之间的变化.

2. M 个点图形到 N 个点图形的移动

移动前的源图形为 M 个点，移动后的目标图形为 N 个点. 因为定义一个移动要求对应点的数量必须相等，所以当 M > N 时，除了将“源图形”的各点和“目标图形”各点对应顺序选择外，不足者还须用“过渡点”（两图形以外的任意点）补充，方可定义一个移动.

然后再定义一个“系列移动”，分别让“过渡点”移动到“目标图形”的第一个点上.

执行时，先执行“系列移动”，再执行“M 点图形到 N 点图形的移动”即可.

例 4.4 将一个点逐渐变成一个六边形.

(1) 如图 4.6 所示，画一个任意六边形 ABCDEF 作为源图形.

画圆：圆心点 G，过点 H；

圆外另画 5 个过渡点 H12，H13，H14，H15，H16.

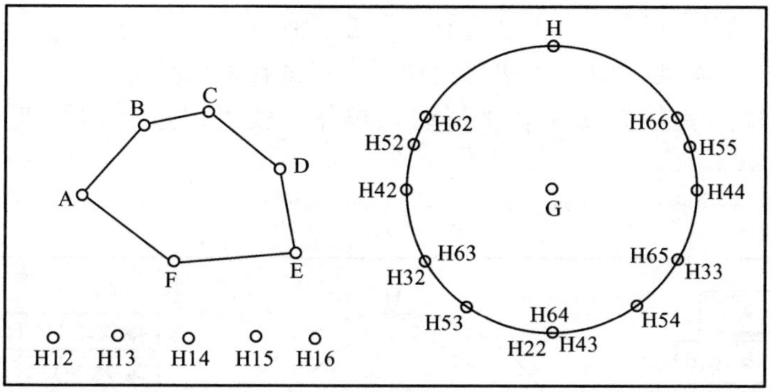

图 4.6

(2) 在圆 G 上作出目标图形各点.

双击点 G，标识为中心；

选择点 H，旋转 180°，得到点 H22；

选择点 H，不断旋转 120°，得到点 H32，H33；

选择点 H，不断旋转 90°，得到点 H42，H43，H44；

选择点 H，不断旋转 72°，得到点 H52，H53，H54，H55；

选择点 H，不断旋转 60°，得到点 H62，H63，H64，H65，H66.

(3) 定义各种移动.

定义到单点的移动：ABCDEF 对应的点为 H，H12，H13，H14，H15，H16；

定义到线段的移动：ABCDEF 对应的点为 H，H22，H13，H14，H15，H16；

定义到三角形的移动：ABCDEF 对应的点为 H，H32，H33，H14，H15，H16；

定义到正方形的移动：ABCDEF 对应的点为 H，H42，H43，H44，H15，H16；

定义到五边形的移动：ABCDEF 对应的点为 H，H52，H53，H54，H55，

H16；

定义到六边形的移动：ABCDEF 对应的点为 H，H62，H63，H64，H65，H66.

（4）定义一个“系列移动”.

分别让“过渡点”移动到“目标图形”的第一个点 H 上.

分别定义过渡点 H12，H13，H14，H15，H16 移动到点 H 的“移动”；同时选择这五个“移动”按钮，单击〈编辑/操作类按钮/系列〉选项，定义了一个“系列移动”，如图 4.7 右边六个“移动”按钮所示.

单击这个“系列移动”按钮，使这五个点都移动到点 H.

（5）这时，单击左边六个“移动”按钮，就可以进行图形变化了，如图 4.7 所示.

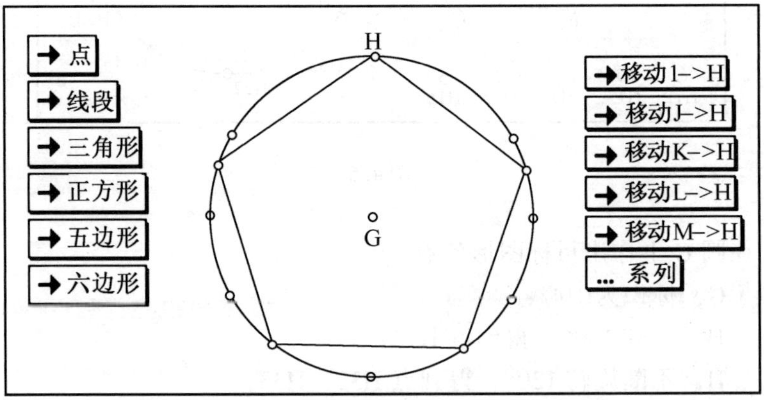

图 4.7

3. 保形移动

几何画板实现点到点的移动，都是作直线运动. 如果这些点是多边形的顶点，那么该多边形在作移动变化中就不能够保形. 为了实现保形移动，关键是让点到点的移动作圆弧运动，而不是作直线运动.

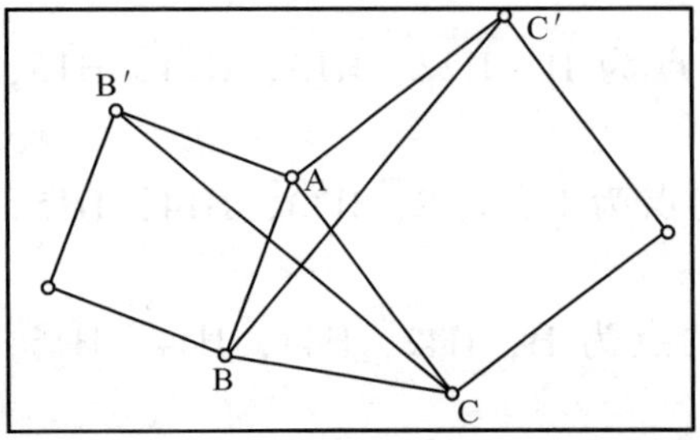

图 4.8

例 4.5　全等三角形.

（1）如图 4.8 所示. 打开一个新画板，画三角形 ABC.

（2）分别以 AC 和 AB 为边，向外作正方形，用线段连接BC′和B′C.

下面用“移动”功能来演示三角形AB′C和三角形ABC′的全等性.

(3) 作三角形BAC′的全等三角形AED′.

以点A为圆心，分别以AC和AB为半径画同心圆c1，c2，在大圆c1上取一点D. 度量角BAC′，并标记为角度值. 让点D按标记角旋转，得到点D′，连接AD交圆c2于点E. 连接三角形AED′，并构造三角形内部.

(4) 作点到点的圆弧运动.

顺序选中点D′和点C，单击〈编辑/操作类按钮/移动〉选项，画板显示“移动D′→C”按钮，改标签为“移动三角形ACB′”按钮；同样定义点D′到点C′的“移动”按钮，改标签为“移动三角形ABC′”按钮.

(5) 将圆c1，c2和点D隐藏起来，如图4.9所示.

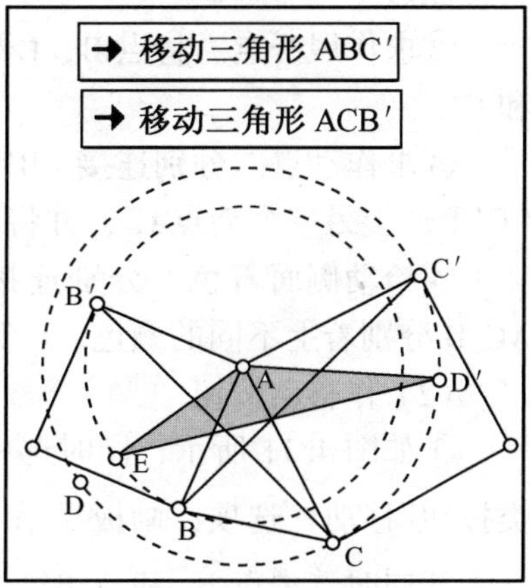

图4.9

只要交替单击两个“移动”按钮，就可以保形的演示两个三角形的全等关系.

4.2 立体图形的侧面展开

利用几何画板的作图功能和移动功能，可以动态演示柱、锥、台侧面的展开. 在展开的过程中，一般是点带线动、线带面动，所以我们只要研究点的移动，就可以实现面的展开问题.

4.2.1 折叠展开

1. 非保形的展开

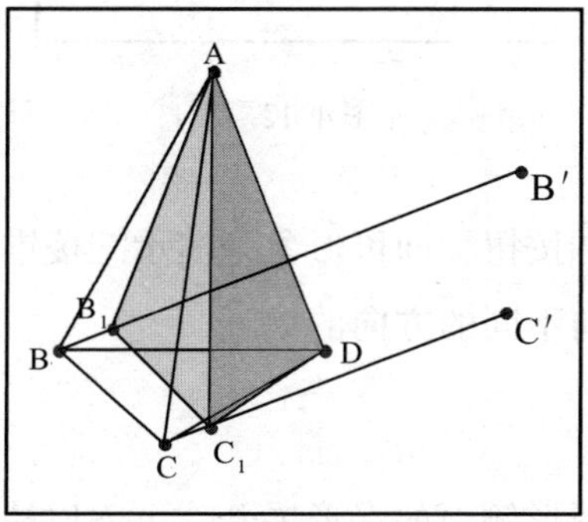

图4.10

利用点沿着直线的移动功能，实现非保形的展开.

例4.6 制作三棱锥的侧面展开图.

分析 如图4.10所示. 三棱锥的ABD面为不动面，要实现左、右侧面同时向右展开，关键是要找到三组点：两个动点、两个展开点和两个还原点. 最后只要作出动点到展开点的

“移动”按钮和动点到还原点的“移动”按钮，就实现了侧面的展开.

（1）求作三组点.

①画一个三棱锥 A-BCD，AC，BC，CD 用虚线，其它用线实. 显然点 B、C 为还原点.

②求作展开点. 将点 B，C 作关于线段 AD 为镜面的反射点，得到展开点 B′和 C′.

③求作动点. 分别连接 BB′和 CC′，在线段 BB′上产生一个动点 B_1，在线段 CC′上产生另一个动点 C_1，并将点 B_1，C_1 拖到点 B，C 附近.

④给动侧面着色. 分别连接 AB_1，AC_1，B_1C_1 和 DC_1. 给三角形 AB_1C_1 和 AC_1D 分别着上不同的颜色.

（2）作移动按钮.

①如图 4.11 所示，同时选中点 B_1 和点 B，点 C_1 和点 C，单击〈编辑/操作类按钮/移动〉选项，画板显示“移动”按钮，改名为 复原三棱锥 .

②同时选中点 B_1 和点 B′，点 C_1 和点 C′，单击〈编辑/操作类按钮/移动〉选项，画板显示“移动”按钮，改名为 展开三棱锥 .

（3）如图 4.12 所示. 隐藏不必要的点和线.

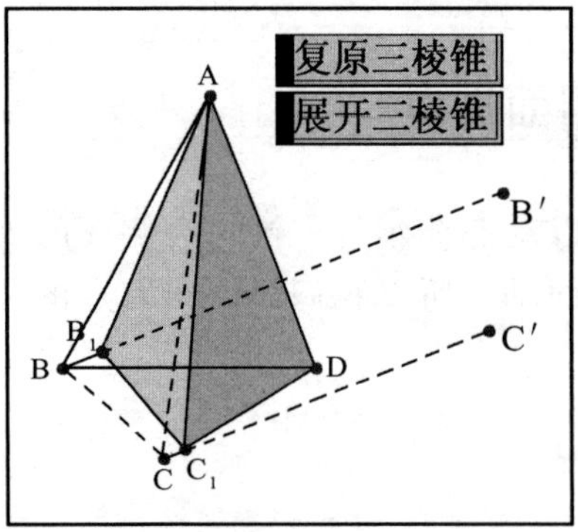

图 4.11

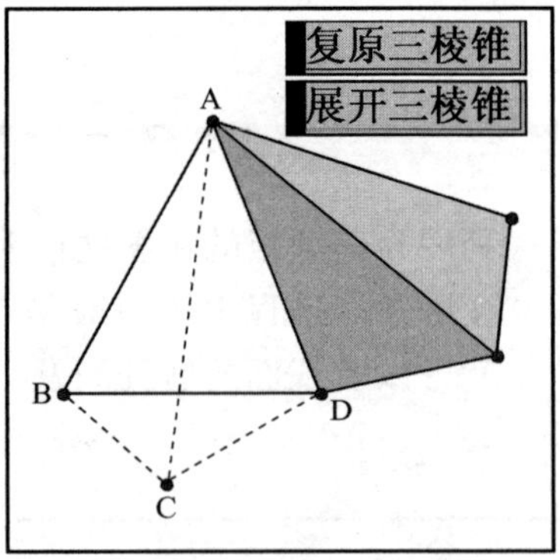

图 4.12

只要我们交替单击 展开三棱锥 和 复原三棱锥 按扭，即可形象地演示三棱锥侧面展开的过程. 利用同样的方法可以实现侧面向不同的方向的展开.

2. 保形展开（折叠展开）

利用点沿着弧线的移动功能，可以实现立体图形侧面的保形展开. 下面以棱柱的侧面沿两个方向保形展开为例，给出具体的制作方法.

例 4.7　五棱柱的侧面保形展开.

如图 4.13 所示，首先求作以五边形 ABCDE 为底的五棱柱，然后以 AB 为不动边，从 D 点切开，让 AE，ED 边作逆时针方向展开，BC，CD 边作顺时针方向展开，即实现了棱柱的侧面展开．要实现四个侧面的展开，关键是要找到三组点：四个动点、四个展开点和四个还原点．最后只要作出动点到展开点的移动按钮和动点到还原点的移动按钮，就实现了侧面的展开.

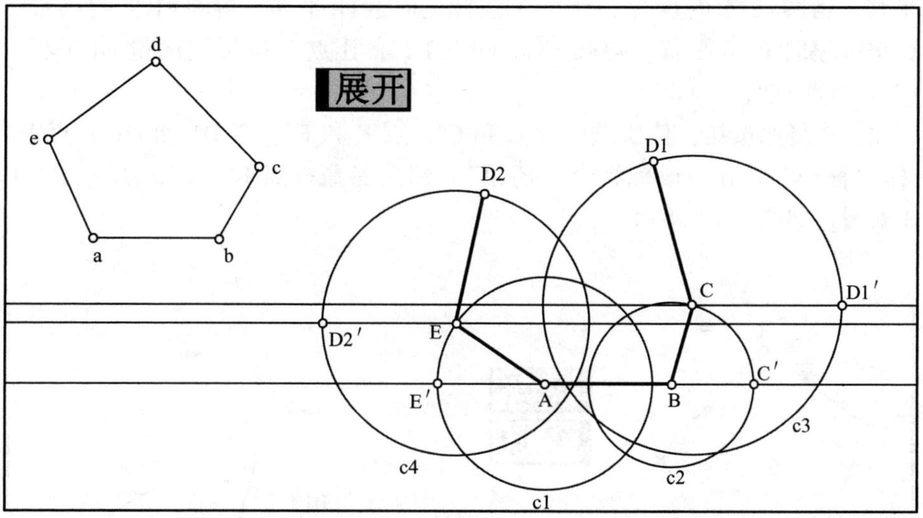

图 4.13

具体制作步骤如下.

1）如图 4.11 所示，打开一个新画板，作五边形 abcde

2）以五边形 abcde 为底，作五棱柱侧面的立体图

（1）选中点 a，b 标记为向量，另画一点 A，让点 A 按标记向量平移，得点 B，连接 AB；

（2）求作侧面展开的四个动点 E，C，D_1，D_2.

以 A 为圆心、线段 ae 为半径作圆 c1，在圆 c1 上取一点 E，连接 AE；以 B 为圆心、线段 bc 为半径作圆 c2，在圆 c2 上取一点 C，连接 BC；以 C 为圆心、线段 cd 为半径作圆 c3，在圆 c3 上取一点 D1，连接 CD1；以 E 为圆心、线段 ed 为半径作圆 c4，在圆 c4 上取一点 D2；连接 ED2；这样在四个不同的圆上得到相应的四个动点 E，C，D_1，D_2.

3）作五棱柱的侧面展开

（1）求作对应动点的四个展开点 E′，C′，D1′，D2′．选中点 E，B，C 和线段 ab，作平行线，分别交圆 c1 于点 E′、交圆 c2 于点 C′、交圆 c3 于点 D1′、交圆 c4 于点 D2′.

（2）作展开按钮：依次选中点 D1 和 D1′，点 D2 和 D2′点 C 和 C′，点 E 和 E′作“移动”按钮，改标签为“展开”．然后隐藏掉点 E′，C′，D1′，D2′和三条平行线.

4）作五棱柱的侧面复原

（1）求作对应动点的四个还原点 E″，C″，D1″，D2″点．让点 B 按标记向量 bc 平移，得圆 c2 上的点 C″，让点 A 按标记向量 ae 平移，得圆 c1 上的点 E″，让点 C 按标记向量 cd 平移，得圆 c3 上的点 D1″，让点 E 按标记向量 ed 平移，得圆 c4 上的点 D2″.

（2）作复原按钮：依次选中点 C 和 C″，点 E 和 E″，点 D1 和 D1″，点 D2 和 D2″作“移动”按钮，改标签为“还原”．然后隐藏掉点 E″，C″，D1″，D2″和所有辅助圆，如图 4. 14 所示.

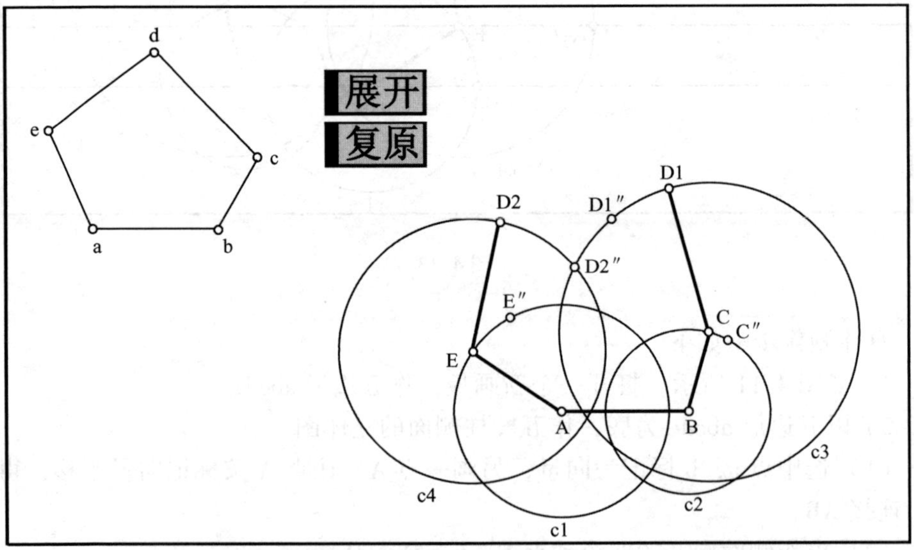

图 4. 14

5）作五棱柱侧面的立体图形

取两点 M，N，标记向量 MN．选中点 A，B，C，D1，D2，E 及它们的连线，并按标记向量平移，得五棱柱另一个底；连接两底对应的点、作相应的四边形内部，给各侧面着上不同的颜色，得到开口的五棱柱侧面的展开图形.

如图 4. 15 所示．拖动点 N，可以改变棱柱的方向和长短；拖动五边形各顶点，可以改变棱柱底的形状和大小.

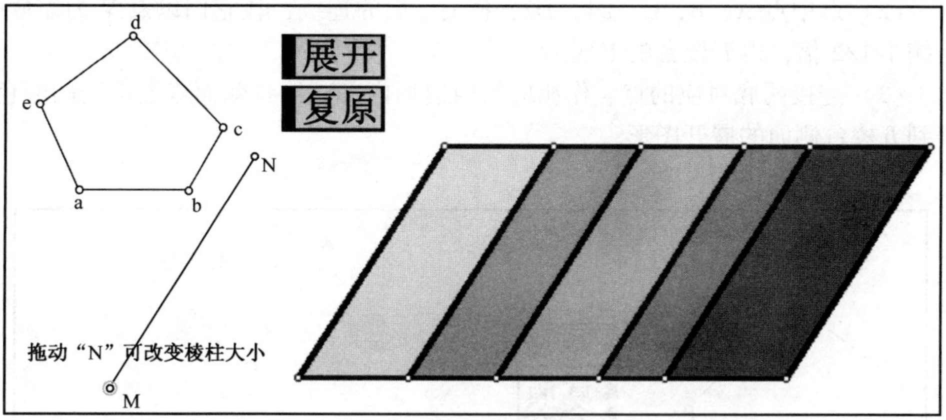

图 4.15

6）制作棱锥的侧面展开

（1）将第 1 页内容复制到第 2 页，打开第 2 页.

（2）选中棱柱的上底，按 Del 键删除. 在上方任意画一点 V，作为棱锥的顶点，并将第 2 页内容复制到第 3 页.

（3）如图 4.16 所示，过顶点 V 与底的各点相连，并给各侧面着上不同的颜色，得到五棱锥侧面的展开图形.

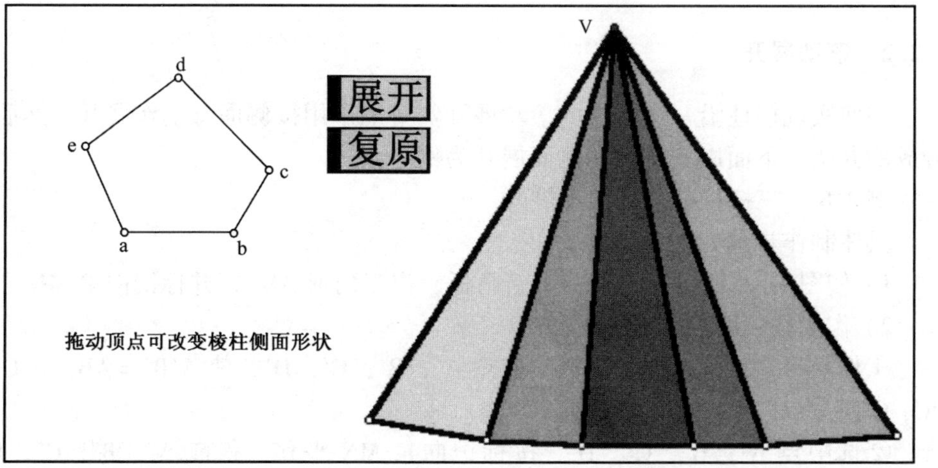

图 4.16

7）制作棱台的侧面展开

（1）打开第 3 页. 如图 4. 17 所示，选中点 V 标记中心.

（2）选中点 A，B，C，D1，D2，E 及它们的连线，让它们以点 V 为缩放中心缩小 1/2 倍，得五棱台的上底.

（3）连接两底对应的点、作相应的四边形内部，给各侧面着上不同的颜色，得到五棱台侧面的展开图形.

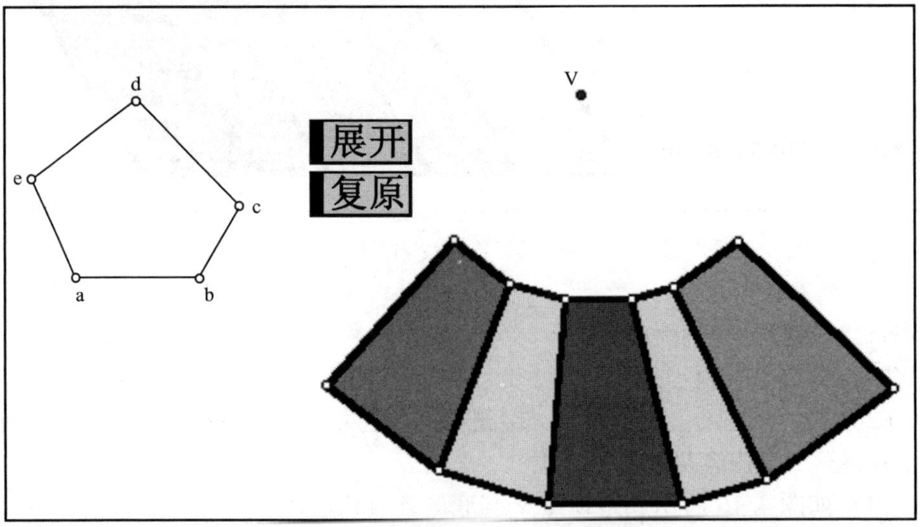

图 4. 17

4. 2. 2 滚动展开

如何实现棱柱沿一个方向的滚动展开？可以采用按侧面分别作展开，然后再合成的办法. 下面以三棱柱的侧面展开为例.

例 4. 8 三棱柱的侧面滚动展开.

具体制作步骤如下：

1）如图 4. 18 所示，打开一个新画板，作三角形 ABC，并标记向量 MN

2）作棱柱侧面展开后的平面图

①作水平直线 a，在 a 上依次取点 A′，B′，C′，D′，使 A′B′ = AB，B′C′ = BC，C′D′ = AC.

②选中点 A′，B′，C′，D′，按标记向量 MN 平移，得点 A″，B″，C″，D″，选中点 A′，B′，B″，A″作内部，并建立“显示 A”、“隐藏 A″按钮. 选中点 B′，C′，C″，B″作内部，并建立“显示 B”、“隐藏 B” 按钮. 选中点 C′，D′，D″，

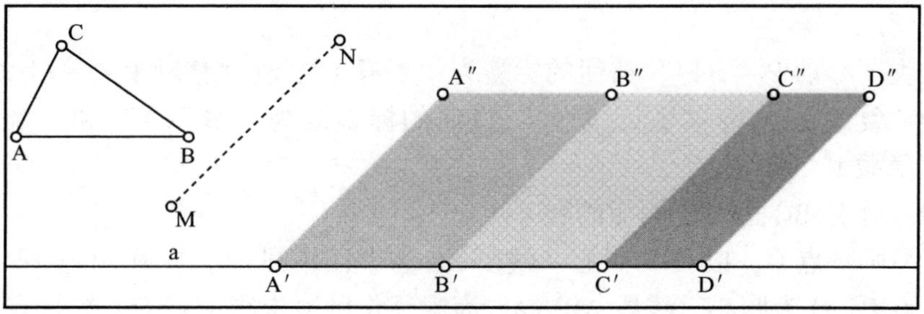

图 4.18

C″作内部，并建立“显示 C”、“隐藏 C”按钮.

3）作以三角形 ABC 为底，MN 长为棱的三棱柱各侧面的展开

（1）作与 AB 边对应侧面的展开，如图 4.19 所示.

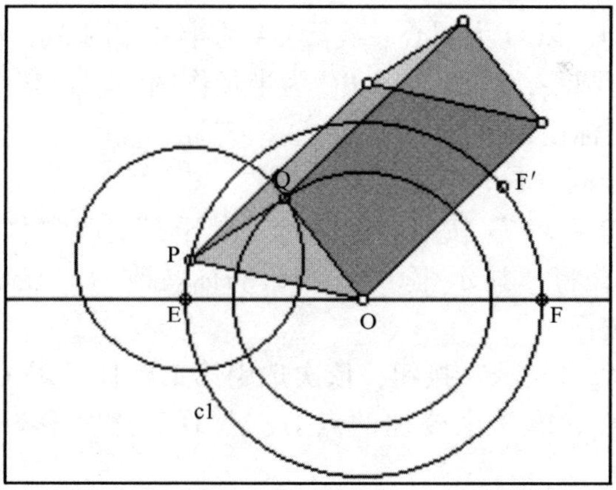

图 4.19

①另画一点 O，以 O 为圆心、线段 AB 为半径作圆 c1. 在圆 c1 上取一点 P，分别以点 P，O 为圆心，线段 AC，BC 为半径作圆，求得交点 Q. 连接点 O，P，Q，求得底 OPQ. 标记角 C-B-A.

②过点 O 作直线 a 的平行线，交圆 c1 于点 E，F. 以点 O 为中心，将点 F 按标记角旋转，得点 F′.

③依次选中点 P，F′作“移动”按钮，再依次选中点 P，E 作“移动”按钮. 隐藏三角形 OPQ 周围的其它信息及标注.

④选中三角形 OPQ，按标记向量 MN 平移，得棱柱另一个底，连接相应的

点，作出三棱柱，并给三个侧面着上不同的颜色；选中该棱柱，建立“显示/隐藏”按钮.

⑤改“移动 P－＞F′”按钮的标签为“展开1”，改“移动 P－＞E”按钮的标签为“复原1”，将“显示/隐藏”按钮的标签改为“显示1”和“隐藏1”. 单击“隐藏1”按钮.

（2）作与 BC 边对应侧面的展开.

①另画一点 O，以 O 为圆心、线段 BC 为半径作圆 c1，在圆 c1 上取一点 P，分别以点 P，O 为圆心，线段 AB，AC 为半径作圆，求得交点 Q. 连接点 O，P，Q，求得底 OPQ. 标记角 A-C-B.

②、③、④步同（1）.

⑤改“移动 P－＞F′”按钮的标签为“展开2”，改“移动 P－＞E”按钮的标签为“复原2”，将“显示/隐藏”按钮的标签改为“显示2”和“隐藏2”. 单击“隐藏2”按钮.

（3）作与 CA 边对应侧面的展开.

①另画一点 O，以 O 为圆心、线段 CA 为半径作圆 c1，在圆 c1 上取一点 P，分别以点 P，O 为圆心，线段 AB、BC 为半径作圆，求得交点 Q. 连接点 O，P，Q，求得底 OPQ. 标记角 B-A-C.

②、③、④步同（1）.

⑤改“移动 P－＞F”按钮的标签为“展开3”，改“移动 P－＞E”按钮的标签为“复原3”，将“显示/隐藏”按钮的标签改为“显示3”和“隐藏3”. 单击“隐藏3”按钮.

（4）执行3个“显示”按钮，依次选中第1个棱柱的 O 点、B′点，第2个棱柱的点 O、点 C′，第3个棱柱的点 O、点 D′，作“移动”按钮，改标签为“归位”.

4）作“展开”、“复原”按钮

（1）展开棱柱：依次选中“归位”、“显示1”、“显示 A”、“展开1”、“显示2”、“隐藏1”、“显示 B”、“展开2”、“显示3”、“隐藏2”、“显示 C”、“展开3”等按钮，作“系列”按钮，改标签为“展开”.

（2）复原棱柱：依次选中“归位”、“显示3”、“复原3”、“隐藏 C”、“显示2”、“隐藏3”、“复原2”、“隐藏 B”、“显示1”、“隐藏2”、“复原1”、“隐藏 A”等按钮，作“系列”按钮，改标签为“复原”.

5）隐藏除三角形 ABC、向量 MN 以及“展开”、“复原”按钮外的所有信息（如图4.20所示）

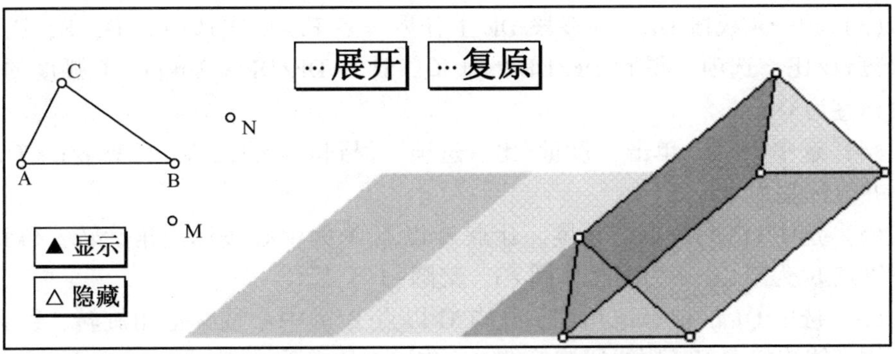

图 4.20

例 4.9 圆锥的侧面滚动展开.

利用圆锥的底（椭圆弧）沿着大圆滚动，实现圆锥侧面的动态展开.

(1) 如图 4.21 所示，画两条线段 r，L（r < L）. 另画一点 A，以点 A 为圆心，L 为半径作圆 c1.

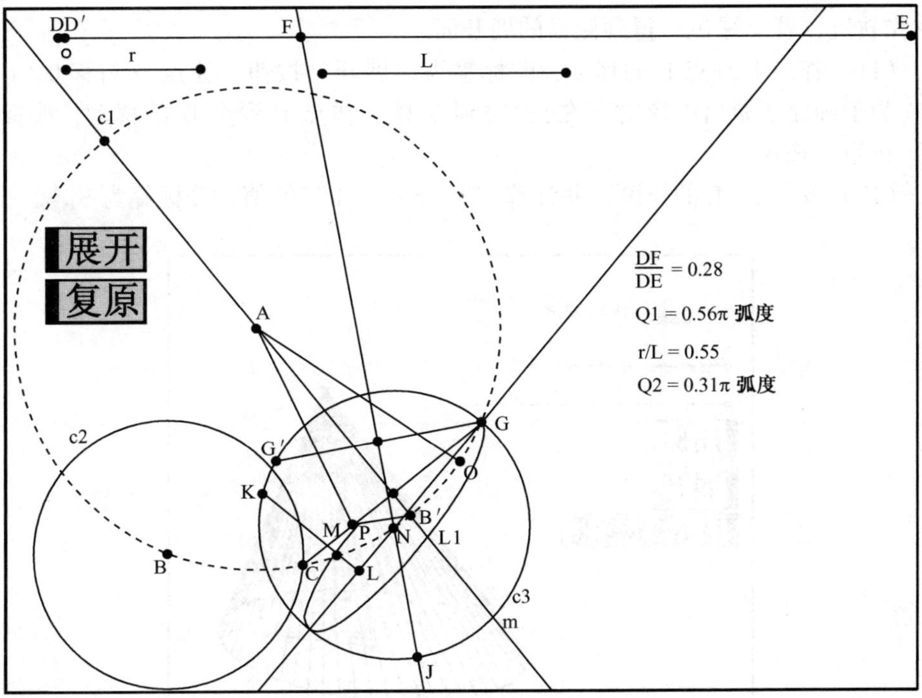

图 4.21

（2）在圆 c1 上取一点 B，以点 B 为圆心，r 为半径作圆 c2，交圆 c1 于点 C.

（3）画一条线段 DE，在线段 DE 上任取一点 F. 依次选中点 D，E，F，单击〈度量/比〉选项，得到 DF/DE 的比值，计算 DF/DE * 2 * pi * 1 弧度的值，并改标签为 Q1.

（4）选中 r，L，单击〈度量/比〉选项，得到 r/L 的比值. 计算 r/L * Q1 的值，并改标签为 Q2.

（5）选中 Q2 的值标记角度，让点 B 以点 A 为中心按标记角旋转，得到点 B′. 以点 B′为圆心，r 为半径作圆 c3，交圆 c1 于点 G.

（6）选中 Q1 的值标记角度，让点 G 以点 B′为中心按标记角旋转，得到点 G′. 用直线连接 GB′，用线段连接 GG′，作 GG′的中垂线 l 交圆 c3 于点 J.

（7）依次选中点 G、J、G′作弧. 在弧上取点 K，过点 K 作直线 GB′的垂线段 KL，在 KL 上取一点 M，选中点 K，M 作轨迹，得到椭圆弧 L1.

（8）用线段连接 GC，作 GC 的中垂线 m 交圆 c1 于点 N；依次选中点 C，N，G 作弧. 在弧上取点 O，用线段连接 AO.

（9）在椭圆弧上取一点 P，用线段连接 AP，PB′，拖动点 P 到椭圆弧的左端点. 同时选中点 A，P，B′构造内部，着上黄色.

（10）选中点 P 和线段 AP 作轨迹，着上蓝色，得到锥面. 选中点 O 和线段 AO 作轨迹，着上绿色，得到侧面的展开面.

（11）作点 F 到点 E 的移动，改标签为“展开”按钮. 让点 D 右移 0.01 厘米（为了确保还原后图形的存在），得到点 D′，作点 F 到点 D′的移动，改标签为“还原”按钮.

（12）度量 r，L 的长度，并计算“2 * π * r * L”的值，改标签为 $S_{侧面积}$.

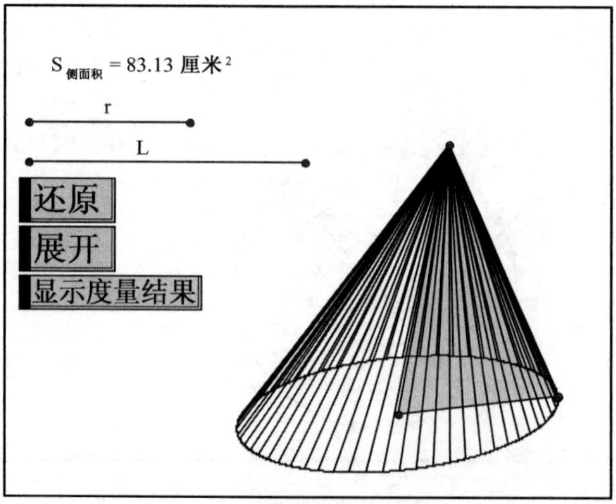

图 4.22

（13）最后隐藏不必要的对象，如图 4.22 所示.

4.2.3 拉动展开

利用几何画板可以更加形象、直观的演示圆柱体侧面展开的过程.

例 4.10 圆柱的侧面拉动展开.

第一步：作线段 r，L，以 r 为底面半径，L 为高，作圆柱 OO′. 圆柱底面椭圆是由大圆上的动点到水平直径的垂线段中点追踪轨迹形成.

第二步：作圆柱的侧面展开.

（1）如图 4.23（a），画线段 EF，上取一动点 D，计算“ED/EF ∗ 2π ∗ 1 弧度”的值，改标签为 Q，并标记角度值. 作点 D 到点 F 的移动，改标签为“展开”按钮. 让点 E 右移 0.01 厘米，得到点 E′，作点 D 到点 E′的移动，改标签为“还原”按钮.

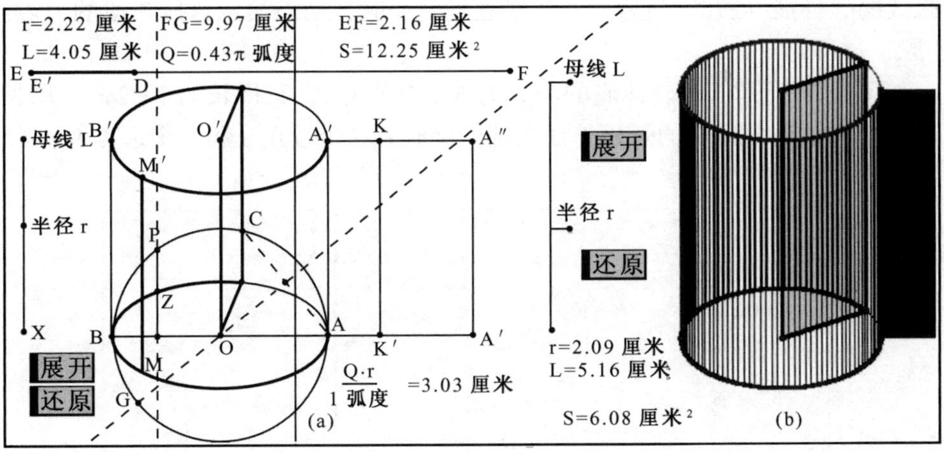

图 4.23

（2）以 r 为半径，点 O 为圆心作圆，取圆的直径 AB，以点 O 为标记中心，让点 A 按标记角 Q 旋转得点 C，连接 AC.

（3）作 AC 的中垂线，交弧 CBA 于点 G，过点 C，G，A 作圆弧，在该圆弧上取动点 P，过点 P 作直径 AB 垂线段的中点 Z，同时选中点 P，Z 作轨迹，得缺椭圆.

（4）椭圆上取点 M，让点 M，A，B，O，按标记向量 L 平移，得点 M′，A′，B′，O′.

（5）选中点 M 和点 M′的作轨迹. 选中线段 MM′和点 M 作轨迹，得到缺圆柱侧面，如图 4.23（b）所示.

（6）计算“Q * r/1 弧度”的值，并标记距离．让点 A，A′按标记距离水平移动，得点 A′，A″，在横线 A′A″取点 K，过点 K 作该横线的垂线段 KK′，作 KK′关于点 K 的轨迹，得展开的圆柱侧面.

（7）侧面积“Q * r * L/1 弧度”的值，改标签为 S.

4.2.4　卷动展开

利用几何画板的作图功能和移动功能，可以动态演示柱、锥、台侧面的展开．但制作起来比较繁琐，效果也不一定很好．能否有一种既简便又实用的有效方法，实现各种旋转体和棱柱、棱锥、棱台的侧面展开．下面给出一种统一的展开方法.

例 4.11　柱、锥、台的侧面卷动展开.

基本思想：用变半径圆上一段定长的弧线，当半径逐渐变大时，动态演示这段弧线的“伸展/展开”过程．当半径逐渐变小时，动态演示这段弧线的“卷缩/还原”过程.

如图 4.24 所示，旋转体底的圆心为 o，半径为 r，其周长为 $l = 2\pi r$．周长 l 可以作为一个动大圆 O 的弧长，动大圆的圆心有一个近点 o 和一个远点 B.

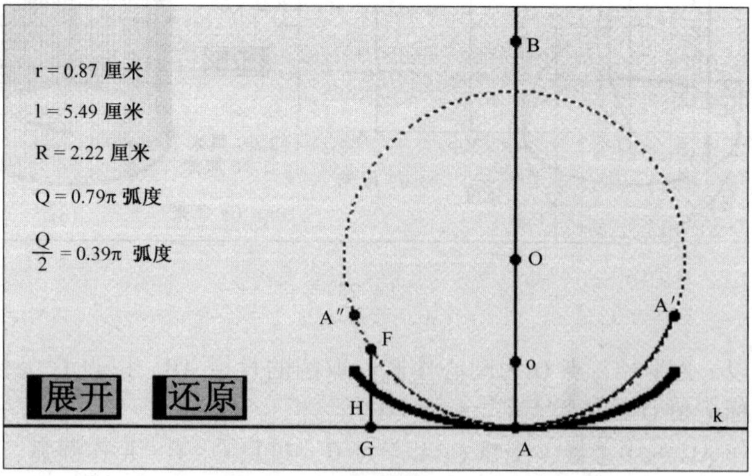

图 4.24

当 O→o 时即 R→r，弧长卷成一个小圆（椭圆），动态演示还原的过程；

当 O→B 时即 R 逐渐放大，弧长 l 也逐渐伸展开，动态演示展开的过程．当 oB 距离愈大时，展开的效果愈好.

作图步骤：

1）确定与展开相关参数

（1）如图4.24所示，以点A和o作射线，在该射线上取一个动点O和一个远点B.

（2）度量点A，o的距离，改标签为r，计算“2 * π * r”的值，改标签为l，度量点A，O的距离，改标签为R，在弧度制下计算l/R的值，改标签为Q（在大圆上弧l所对应的圆心角）.

2）在大圆上绘制定长弧线

（1）让点A，以点O为中心按标记角Q/2旋转，再按 - Q/2旋转一次，得到点A′，A″，过点A′，A，A″作弧.

（2）过点A作AO的垂线k，在圆弧A′AA″上任取一点F，过点F作直线k的垂线段FG，并取FG中点H. 同时选中点F，H作轨迹，得到相应的椭圆弧.

3）作“还原”和“展开”按钮

（1）将点o向上平移0.01cm，得o′点（以保证椭圆弧的显示），作点O到点o′的移动按钮，改标签为“还原”；作点O到点B的移动按钮，改标签为“展开”按钮.

（2）只保留椭圆弧、点o、B和操作按钮，隐藏不必要的点、线、圆等.

以该椭圆弧为基础，构造圆柱、锥、台，棱柱、锥、台的展开.

拖动点o，改变椭圆弧的长短和方向，调节点B的位置，使展开具有较好的视觉效果.

4）构造圆柱展开

（1）如图4.25所示，画线段EF，并标记向量，用来控制圆柱母线的长短和方向.

（2）在椭圆弧上画三点X，Y，Z，其中X为椭圆弧的左端点，Z为椭圆弧的右端点，Y为中间任一点.

（3）选中点X，Y，Z，按标记向量平移，得到点X′，Y′，Z′，并用线段连接XX′，YY′，ZZ′.

（4）选中点Y′和点Y，作轨迹；选中线段YY′和点Y，作轨迹，得到圆柱侧面.

按“展开”或“还原”按钮，即可动态演示圆柱侧面的展开. 拖动点F改变母线长短和方向，拖动点o改变圆柱半径.

5）构造棱柱展开

（1）如图4.26所示，画线段EF，并标记向量，作为控制棱柱母线的长短和方向.

（2）在椭圆弧上多画几个点如：X，Y，M，N，W，Z，其中X为椭圆弧的

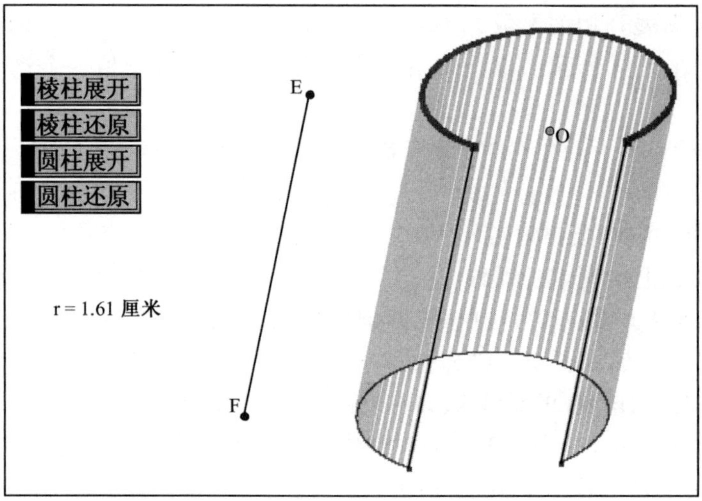

图 4. 25

左端点，Z 为椭圆弧的右端点，其余为中间点，隐藏椭圆弧.

（3）选中椭圆弧上各点，按标记向量平移，得到点 X′，Y′，M′，N′，W′，Z′，并用线段连接 XX′，ZZ′.

（4）选中四个相邻点 X，Y，Y′，X′，取内部，着上颜色；用同样方法给棱柱 5 个侧面着上不同颜色.

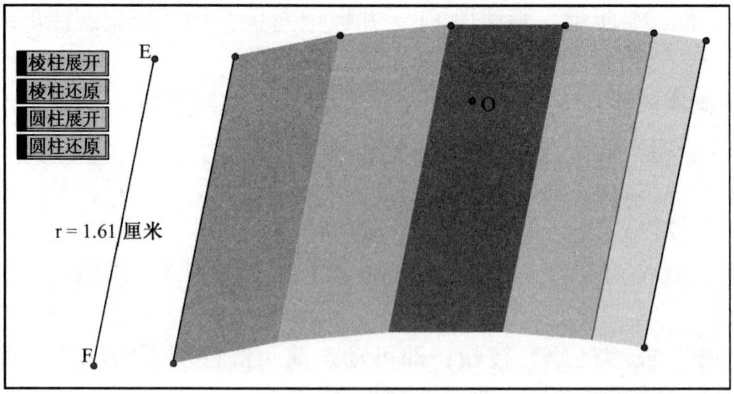

图 4. 26

按“展开”或“还原”按钮，即可动态演示棱柱侧面的展开. 可以增加椭圆弧中间点的个数，再适当调整中间点和点 F 的位置. 可以得到不同的棱柱体.

6）构造圆锥、棱锥展开

（1）画线段 FE，并标记向量，用来控制圆锥母线的长短和方向.

（2）在椭圆弧上画三点 X、Y、Z，其中 X 为椭圆弧的左端点，Z 为椭圆弧的右端点，Y 为中间任一点.

（3）选中点 o，按标记向量平移，得到点 O′，作为圆锥的顶点，用线段连接 XO′，YO′，ZO′.

（4）选中线段 YO′和点 Y，作轨迹，得到圆锥侧面.

（5）构造棱锥展开. 在椭圆弧上多画几个点，利用构造棱柱展开的方法构造棱锥展开.

按“展开”或“还原”按钮，即可动态演示圆锥（棱锥）侧面的展开. 拖动点 E 改变母线长短和方向，拖动点 o 改变圆锥半径.

7）构造圆台、棱台展开

（1）如图 4.27 所示，画线段 FE，并标记向量，作为控制圆台母线的长短和方向.

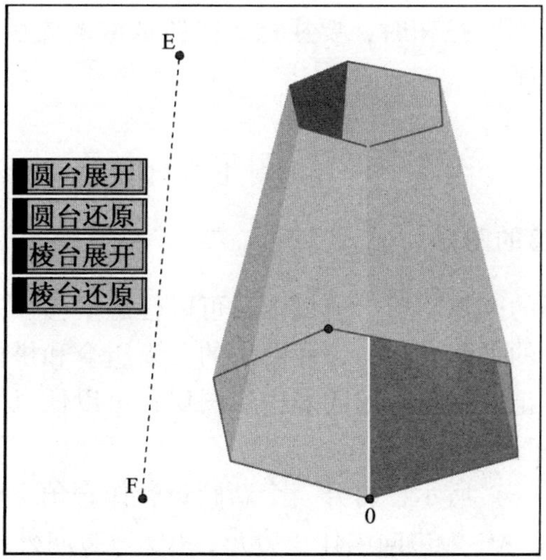

图 4.27

（2）在椭圆弧上画三点 X，Y，Z，其中 X 为椭圆弧的左端点，Z 为椭圆弧的右端点，Y 为中间任一点.

（3）选中点 o，按标记向量平移，得到点 O′. 让点 X，Y，Z 以点 O′为中心，缩小 2 倍，得到点 X′，Y′，Z′，用线段连接 XX′，YY′，ZZ′.

（4）选中点 Y′和点 Y，作轨迹，作为圆台上底；选中线段 YY′和点 Y，作轨迹，得到圆台侧面.

（5）选中圆台分别建立总是显示按钮和总是隐藏按钮，改标签为“显示对象 1”和“隐藏对象 1”. 再任意画一点，建立该点的“显示隐藏”按钮.

（6）构造棱台展开. 隐藏圆台的上底和侧面，只保留长椭圆弧. 在椭圆弧上多画几个点，利用构造棱柱展开的方法构造棱台展开.

（7）选中棱台分别建立总是显示按钮和总是隐藏按钮，改标签为“显示对象 2”和“隐藏对象 2”.

（8）建立控制按钮. 依次选中“隐藏对象 2”、“显示对象 1”、“展开”和“显示隐藏”按钮，建立“系列”按钮，改标签为“圆台展开”；再依次选中“隐藏对象 2”、“显示对象 1”、“还原”和“显示隐藏”按钮，建立“系列”按钮，改标签为“圆台还原”.

依次选中“隐藏对象 1”、“显示对象 2”、“展开”和“显示隐藏”按钮，建立“系列”按钮，改标签为“棱台展开”；再依次选中“隐藏对象 1”、“显示对象 2”、“还原”和“显示隐藏”按钮，建立“系列”按钮，改标签为“棱台还原”；最后隐藏不必要的按钮.

按“展开”或“还原”按钮，即可动态演示圆台（棱台）侧面的展开.

注意，建立“系列”按钮时，要注意各按钮选取的先后次序. 标记向量时，要注意两点的先后次序.

4.3　平面图形的拼图

4.3.1　可以任意平移的图形

构造已知多边形的全等图形，使该图形可以任意平移，并且随原多边形同步变化，实现对该图块的平移操作，以便图块的重新组合和拼接.

作图原理：用标记向量法作出的多边形图块，可以任意平移.

例 4.12　勾股定理的几何演示.

（1）如图 4.28（a）所示，打开一个新画板，作直角三角形 ABC.

（2）分别以 AB，AC 为边向内作正方形，BC 为边向外作正方形，再过点 E 作 AF 的垂线段 EP.

（3）如图 4.28（b）所示，另画一点 C_1，使点 C_1 按标记向量 CA 平移，求得点 A_1，再使点 C_1 按标记向量 CB 平移，求得点 B_1，用线段连接点 A_1，B_1，C_1. 分别以 A_1B_1，A_1C_1，B_1C_1 为边向外作正方形；让点 B_1 按标记向量 BD 平移，得到点 D_1.

（4）作五个小色块，如图 4.29 所示.

① 作对应 APE 的色块：另画一点 P′，使点 P′按标记向量 PE 平移，求得点 E′，再使点 P′按标记向量 PA 平移，求得点 A′，选定点 P′、E′、A′作内部，着

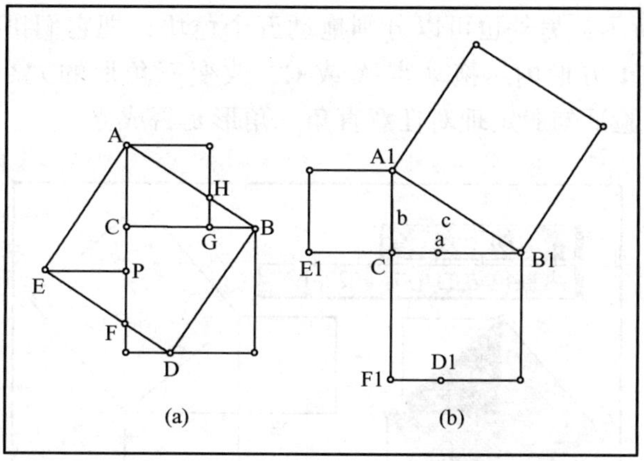

图 4.28

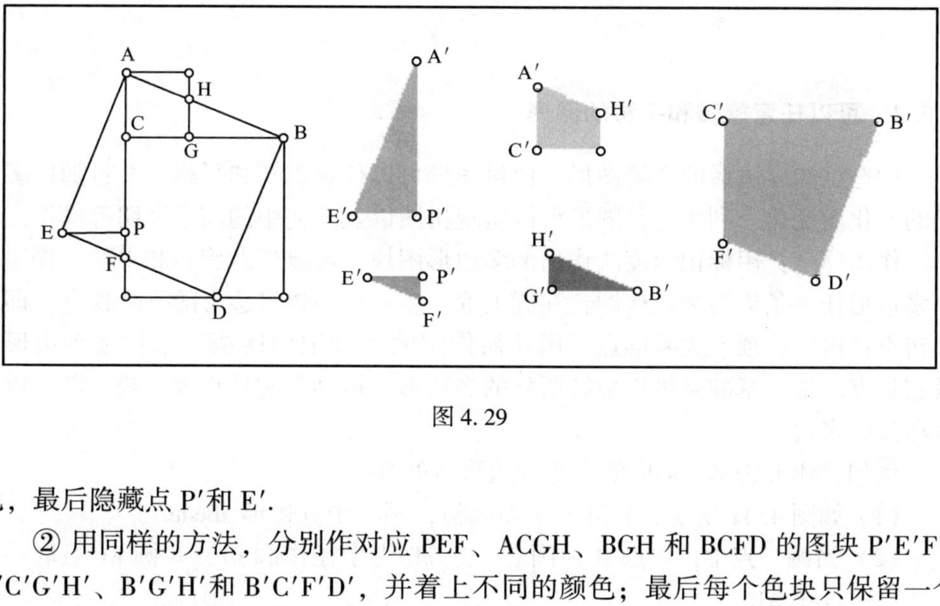

图 4.29

色，最后隐藏点 P′和 E′.

② 用同样的方法，分别作对应 PEF、ACGH、BGH 和 BCFD 的图块 P′E′F′、A′C′G′H′、B′G′H′和 B′C′F′D′，并着上不同的颜色；最后每个色块只保留一个点（保留字号大的点），其余点都隐藏.

(5) 作色块填充正方形 ABDE 的移动.

依次选定 A′点、A 点、P′点、P 点、C′点、C 点、G′点、G 点、D′点、D 点，作“移动”按钮，改标签为“斜边的平方 c^2”.

(6) 作色块填充右边两个小正方形的移动.

依次选定 A′点、B_1 点、P′点、A_1 点、C′点、E_1 点、G′点、F_1 点、D′点、

D_1 点，作“移动”按钮，改标签为“两直角边的平方 a^2、b^2”.

如图 4.30 所示，另外也可以分别拖动五个色块，把它们拼接并填充到右边以 c 为边长的大正方形内. 拖动点 A 或 C，改变三角形的大小和（或）形状，重做以上试验，验证勾股定理对任意直角三角形是否成立.

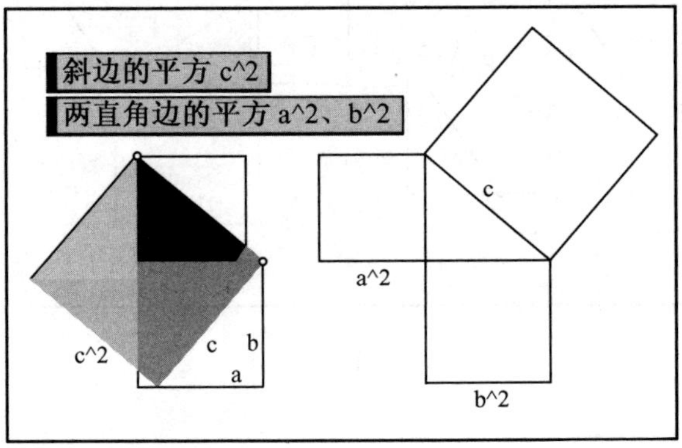

图 4.30

4.3.2　可以任意旋转和平移的图形

构造已知多边形的全等图形，使该图形可以任意旋转和平移，并且随原多边形的变化而变化. 利用这种图形可以实现拼图以及几何中的演示证明等操作.

作图原理：用标记角度法作出的多边形图块，可以任意旋转和平移. 作法是以多边形任一条边为半径作圆，在圆上取一动点作为该多边形的一个顶点，即为旋转点；再以该顶点为基准点，用几何作图的“标记角度法”来构造多边形的其它顶点. 拖动基准点可以旋转所作的多边形，拖动其它顶点或边或内部可以平移所作的多边形.

例如：作五边形 abcde 的全等五边形 ABCDE.

（1）如图 4.31 所示，打开一个新画板，画一个五边形 abcde.

（2）另画一点 B，以点 B 为圆心，边 ab 为半径作圆 c1，在圆 c1 上取一动点 A，作直线 AB.

（3）以点 A 为圆心，边 ae 为半径作圆 c2，再以点 A 为旋转中心，让直线 AB 按标记角 b-a-e 旋转，求得与圆 c2 交点 E；以点 E 为圆心，边 ed 为半径作圆 c3，再以点 E 为旋转中心，让直线 EA 按标记角 a-e-d 旋转，求得与圆 c3 交点 D.

（4）以点 D 为圆心，边 dc 为半径作圆 c4，再以点 D 为旋转中心，让直线 DE 按标记角 e-d-c 旋转，求得与圆 c4 交点 C.

（5）用线段连接点 A，B，C，D，E 得到全等五边形 ABCDE，并取其内部.

除保留点 A，B 和多边形内部外，隐藏其它所有部分.

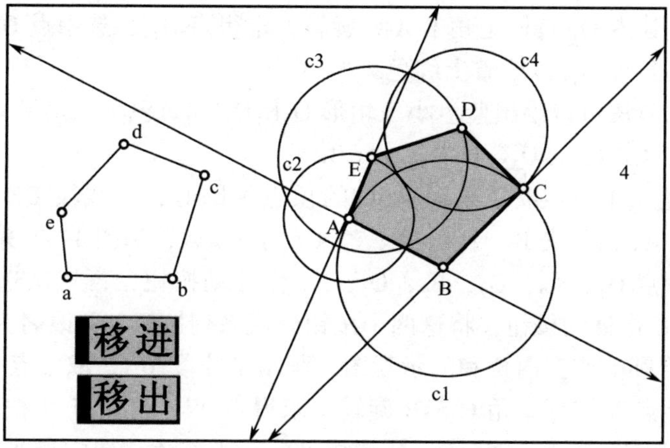

图 4.31

拖动点 A 可以旋转该多边形，拖动点 B 或多边形内部可以平移该多边形. 依次选取点 A，a，B，b，作移动按钮，改标签为“移进”；在点 A，B 附近任取点 A1，B1，再依次选取点 A，A1，B，B1，作移动按钮，改标签为“移出”，并隐藏点 A1，B1.

例 4.13 三角形内角和.

（1）如图 4.32 所示，打开一个新画板，画一个三角形 ABC，分别度量三个内角的值，并计算它们的和.

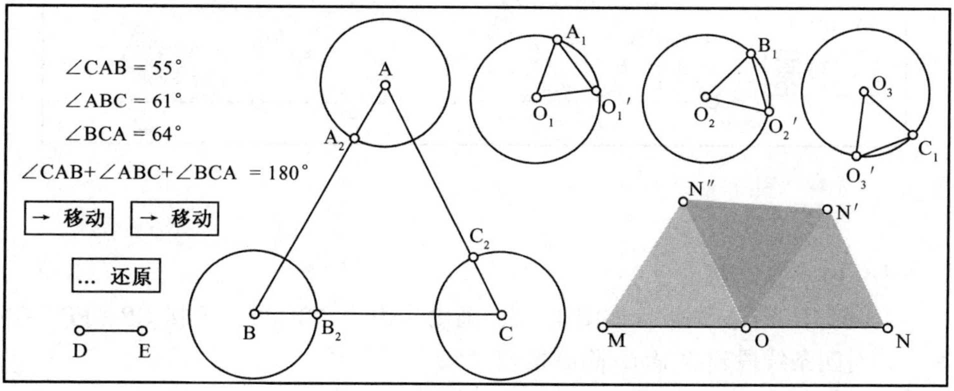

图 4.32

（2）在三角形 ABC 外构造可以旋转平移的三个小三角形. 画线段 DE，另画一点 O_1，以点 O_1 为圆心，线段 DE 为半径作圆，在圆上取一动点 A_1，以点 A_1 为标记中心，让点 O_1 按标记角 B-A-C 旋转，求得点 O_1'，选中点 O_1，A_1，O_1'取内部，把小三角形 $O_1A_1O_1'$着上红色.

用同样的方法可以绘出蓝色小三角形 $O_2B_1O_2'$和黄色小三角形 O_3CO_3'，其中 $\angle O_2B_1O_2' = \angle CBA$，$\angle O_3C_1O_3' = \angle ACB$.

（3）作还原按钮. 以三角形 ABC 的顶点为圆心，以线段 DE 为半径作圆，分别交 AB 于 A_2 点，交 BC 于 B_2 点，交 CA 于 C_2 点，如图 4.32 所示.

依次选中点 O_1，A_2，O_2，B_2，O_3，C_2 作移动按钮；再依次选中点 A_1，A，B_1，B，C_1，C 作移动按钮；将这两个按钮作成系列按钮，并改名为还原按钮.

（4）在半圆上作三内角和的示意图. 画水平线段 MN，取中点 O，以点 O 为标记中心，让点 N 按标记角 C-A-B 旋转，求得点 N′，再让点 N′按标记角 C-B-A 旋转，求得点 N″；选中点 N，O，N′取内部，着上红色；选中点 N′，O，N″取内部，着上蓝色；选中点 N″，O，M 取内部，着上黄色.

（5）隐藏多余的点、线、圆和标注，加上一些文字注释，再调整适当的位置，如图 4.33 所示.

可以任意改变三角形 ABC 的大小，也可以动态地平移和旋转三个小三角形，将它们拼成一个平角.

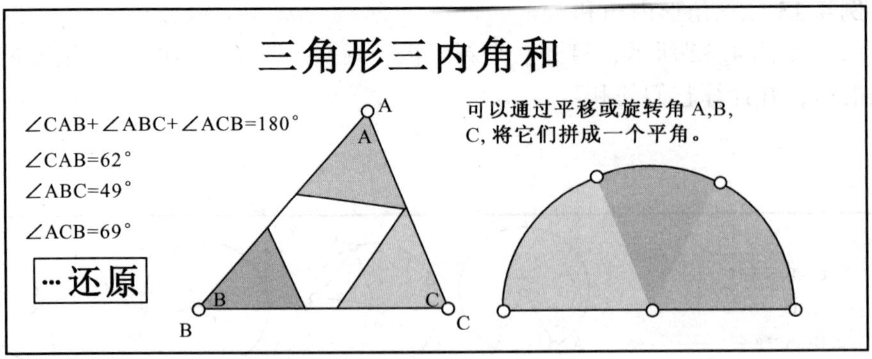

图 4.33

例 4.14　五巧板.

（1）打开一个新画板，如图 4.34，画出多边形 ABCPQ，连接 CP，FP，GN，GK，并对四条线段建立显示/隐藏按钮.

（2）建立新记录：开始录制.

① 取点 A_H 为心，CP 为半径画圆 C_1，并在 C_1 上任取一点 A_1，作出直线

A_HA_I；

② 标记角 P-C-B，以点 A_I 为心按标记角 P-C-B 旋转直线 A_HA_I，得直线 a；

③ 以点 A_I 为心、BC 为半径画圆 C_2，A_J 为圆 C_2 与直线 a 的交点；

④ 标记角 C-B-A，以点 A_J 为心按标记角 C-B-A 旋转直线 a，得直线 a′；

⑤ 以点 A_J 为心 AB 为半径画圆 C_3，A_K 为圆 C_3 与直线 a′的交点；

⑥ 标记角 B-A-Q，以点 A_K 为心按标记角 B-A-Q 旋转直线 a′，得直线 a″；

⑦ 以点 A_K 为心 AQ 为半径画圆 C_4，A_M 为圆 C_4 与直线 a″的交点；

⑧ 作出五边形 $A_HA_I A_JA_K A_M$，标为 1；

⑨ 保留五边形，隐藏其它对象，如图 4.35 (a)；

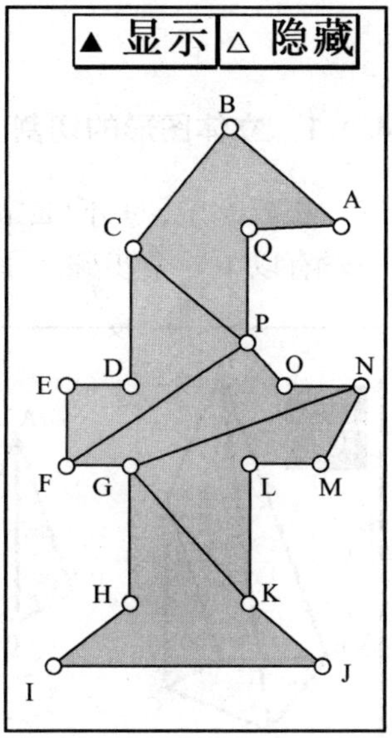

图 4.34

⑩ 依次选择 A_H、线段 CP、P、C、B、线段 BC、A、线段 AB、Q、线段 AQ，建立循环，停止录制.

(3) 取一点 B_H，依次选择 B_H、线段 EF、F、E、D、线段 DE、C、线段 CD、P、线段 CP，执行快进，循环 0 次，得五边形 $B_HB_IB_JB_KB_M$，标为 2，保留五边形，隐藏其它对象，如图 4.35 (b).

(4) 同 3 作法一样，可得五边形 3、4、5，如图 4.35 (c ~ e).

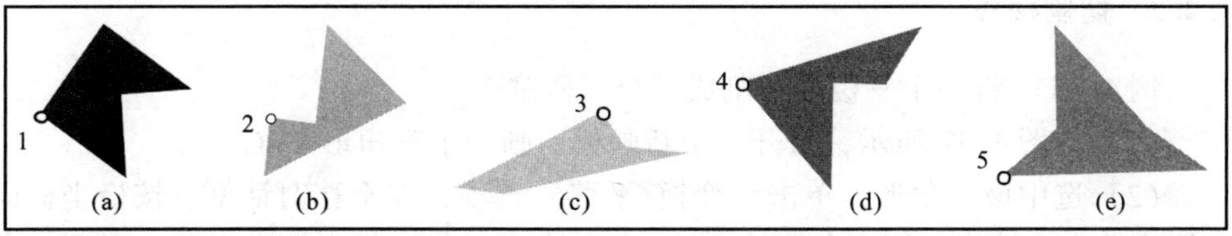

图 4.35

以上五个五边形分别随着 ABCPQ、CDEFP、FGNOP、GKLMN、GHIJK 形状的变化而变化，但始终都与它们全等，并且这五个五边形可以分别绕着点 1、2、3、4、5 旋转. 拖动并旋转五个五边形，可以拼成如图 4.34 的形状.

4.4　立体图形的拼图

4.4.1　立体图形的切割

在教学中，我们通常以切割立体图形来说明某些几何问题. 立体图形的切割一般有以下 4 个步骤. 下面以三棱锥为例.

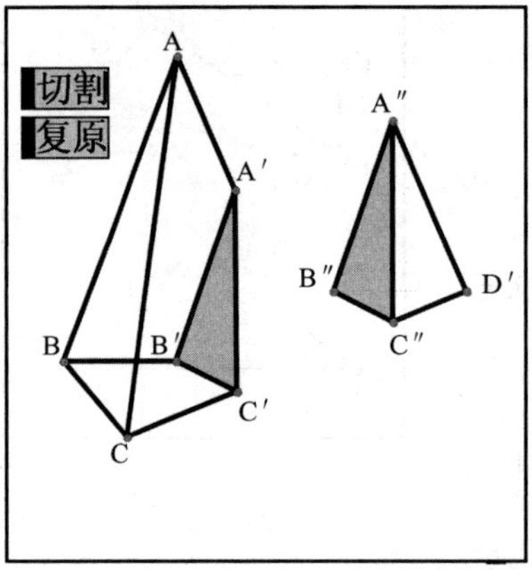

图 4.36

如图 4.36 所示，绘制一个三棱锥 A-BCD.

1）找切点、作切面

分别在三条棱上找到切点 A′，B′，C′，用线段连接，并取内部.

2）隐藏长棱 、画短棱

隐藏含切点的长棱 AD，BD，CD，再画出留下部分的短棱 AA′，BB′和 CC′（注：被切割部分的短棱不画）.

3）标记向量，作“切割”和“复原”按钮

画点 E，F，G，标记向量 EG. 作 G 到 E 的移动，改标签为“复原”按钮；作 G 到 F 的移动，改标签为“切割”按钮.

4）按标记向量，移动被“切割”的部分

同时选中切面、切点和被切的顶点 D，按标记向量平移，再画出移动部分的短棱 D′A″，D′B″和 D′C″.

4.4.2　切割棱柱

例 4.15　将一个三棱柱切割成三个三棱锥.

（1）如图 4.37 所示，打开一个新画板，画一个三角形 ABC.

（2）选中该三角形，单击〈变换/平移〉选项，在平移对话框，按极坐标固定距离输入 4 厘米，固定角度输入 90 度，使该三角形竖直向上平移，得到三角形 A′B′C′.

（3）连接线段 AA′，BB′，CC′得三棱柱的图形，再连接线段 AB′，CB′，AC′.

（4）另画两点 E、D，并顺次选中点 E 和 D，标记向量 E－＞D. 同时选中三棱锥 A-A′B′C′的各边、各点，让这些对象“按标记向量 E－＞D”平移.

（5）再另画两点 G，H，并顺次选中点 G 和 H，标记向量 G－＞H. 同时选中三棱锥 B′-ABC 的各边、各点，让这些对象“按标记向量 G－＞H”平移.

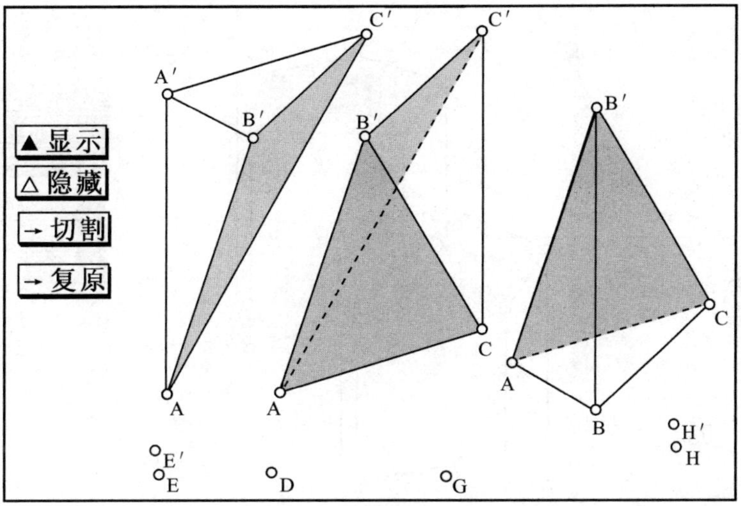

图 4.37

(6) 为了达到“切割”的效果，可以同时选中点 A、点 B，线段 AA′，A′B′，A′C′，AB，CB，BB′，建立“显示/隐藏”按钮. 双击“隐藏”按钮，将这些点和线段隐藏起来.

(7) 分别拖动点 D 或点 H，可以观察三棱锥的运动.

(8) 建立“切割”和“复原”按钮：分别在点 E 和点 H 附近画点 E′和 H′，依次选中点 E，E′，H，H′作移动按钮，改标签为“切割”；再依次选中点 E，D，H，G 作移动按钮，改标签为“复原”.

例 4.16 斜棱柱的体积.

(1) 如图 4.38 所示，作五棱柱：画五边形 ABCDE，选中五边形按 90 度 8 厘米的平移，得到 A′B′C′D′E′. 用线段连接 AA′，BB′，CC′，DD′，EE′.

(2) 作斜截面：分别在五条棱上取点 A_1，B_1，C_1，D_1，E_1，并用线段连接，依次选中点 A_1，B_1，C_1，D_1，E_1，取内部.

(3) 选中点 C，C_1，C′按 0 度 8 厘米的平移，得到点 C′，$C_1{}'$，C″.

(4) 另画一点 F，选中点 C、F 标记向量，并分别作点 F 到点 C，点 F 到点 $C_1{}'$的移动按钮. 同时选中 ABCDE 和 $A_1B_1C_1D_1E_1$ 各顶点按标记向量平移，并用线段连接成下半个棱柱.

(5) 另画一点 G，选中点 C′、G 标记向量，并分别作点 G 到点 C′，点 G 到点 $C_1{}'$的移动按钮. 同时选中 A′B′C′D′E′和 $A_1B_1C_1D_1E_1$ 各顶点按标记向量平移，并用线段连接成上半个棱柱.

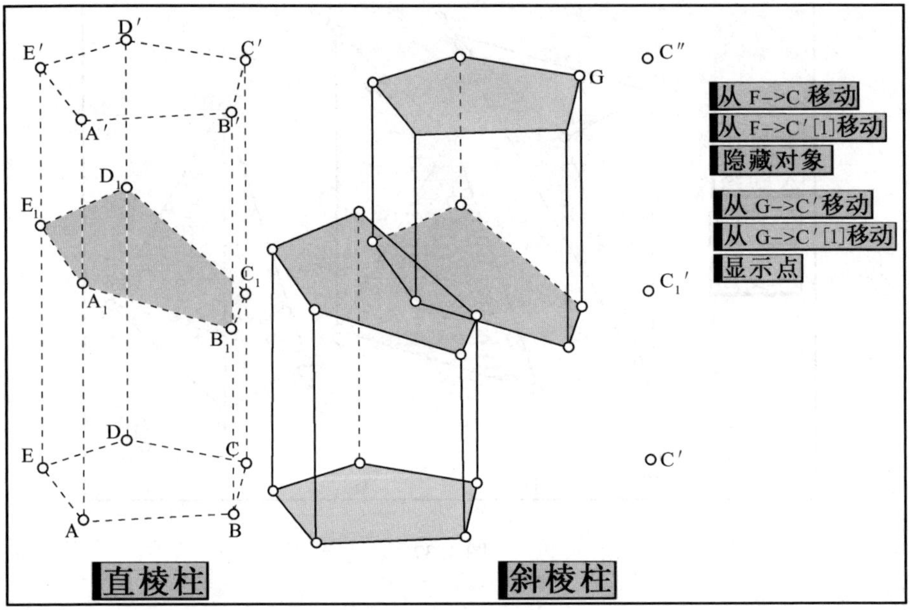

图 4.38

(6) 同时选中“从 F－＞C 移动”和“从 G—＞C′移动”按钮作“系列”按钮，改标签为“直棱柱”；同时选中“从 F－＞C_1′移动”和“从 G－＞C_1′移动”按钮作“系列”按钮，改标签为“斜棱柱”.

(7) 最后隐藏不必要的对象.

4.5　斜二侧投影

将垂直平面（xoz 平面）上的点 M（x，z），按斜二侧投影原理投影到水平面（xoy 平面）上，得到投影点 M′（x，y）.

作法如下：如图 4.39 所示，在 xoz 平面上任取一点 M，过点 M 作 X 轴的垂线，求得 x 轴与垂线的交点 G，用线段连接点 M 和点 G，并求得线段的中点 H，双击点 G，标记为中心，选择中点 H，单击〈变换/旋转〉选项，按 －45°旋转，得到点 M 在 xoy 平面的投影点 M′.

例 4.17　构造圆的斜二侧投影.

(1) 建立新画板. 先画一个正方形 ABCD，并作出它的内切圆 O.

(2) 过圆心 O，作出正方形 ABCD 的投影 A′B′C′D′.

按斜二侧投影原理：作线段 AE 的中点 K，双击点 E，标识为中心，选择中

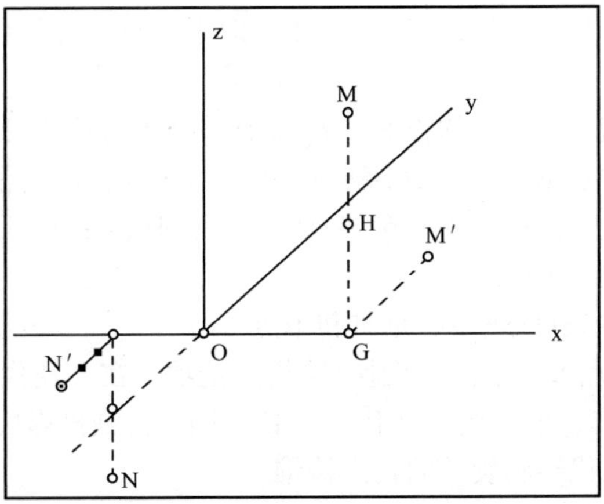

图 4.39

点 K，单击〈变换/旋转〉选项，输入 –45°（旋转 –45°），得到点 A 在水平面的投影点 A′. 用同样的方法可以作出其它三个点 B，C，D 的投影点 B′，C′，D′，并用线段连接 A′B′C′D′.

(3) 作圆上任意点 M 在水平面的投影点 M′.

过点 M 作线段 EF 的垂线，垂足为点 G，作线段 MG 的中点 H，双击点 G，标识为中心，选择中点 H，单击〈变换/旋转〉选项，输入 –45°，得到点 M 在水平面的投影点 M′.

(4) 同时选中点 M 和点 M′，单击〈作图/轨迹〉选项，即可得到圆在水平面的投影椭圆. 如图 4.40 所示.

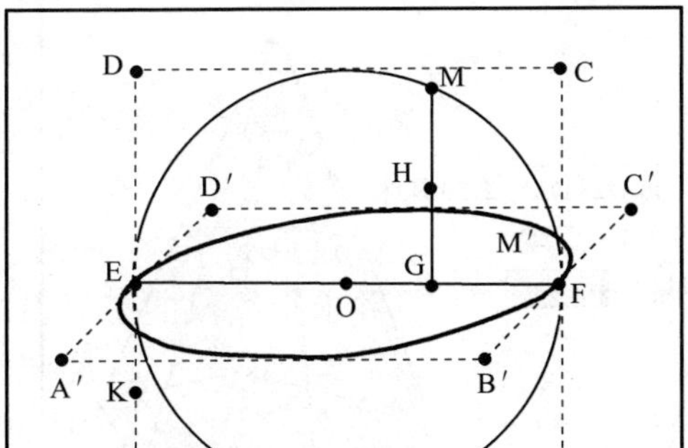

图 4.40

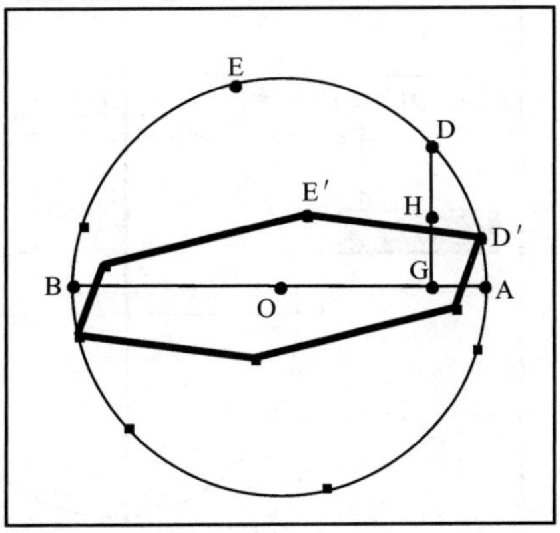

图 4.41

例 4.18　构造正六边形的斜二侧投影.

(1) 如图 4.41 所示，画一条直径 AB，取中点 O，以点 O 为圆心，OA 为半径画圆，在圆上取一点 D.

(2) 用斜二侧法作点 D 的投影：过点 D 作 AB 的垂线，垂足为点 G；用线段连接 DG，求其中点 H；让点 H 绕点 G 旋转 -45 度，得到点 D 投影点 D′.

(3) 让点 D 以圆心 O 为中心旋转 60 度，得到点 E；用斜二侧法作点 E 的投影点 E′，用线段连接 D′E′.

(4) 隐藏圆及所有的垂线、垂足和中点.

(5) 选中原像点 D，单击〈变换/迭代〉选项，在“迭代”对话框中选取初像点 E 和迭代次数 5，最后按“迭代”按钮，即可得到投影后的正六边形.

例 4.19　用迭代绘制旋转的正六棱锥.

(1) 如图 4.42 所示，画一条直径 AB，取中点 O，以点 O 为圆心，OA 为半径画圆，在圆上取一点 D1，并作点 D1 的动画按钮.

(2) 用斜二侧法作点 D1 的投影：过点 D1 作 AB 的垂线，垂足为点 G；用线段连接 D1G，求其中点 H；让点 H 绕点 G 旋转 -45 度，得到点 D 投影点 D1′.

(3) 让点 D1 以圆心 O 为中心旋转 60 度，得到点 D2；用斜二侧法作点 D2 的投影点 D2′，用线段连接 D1′D2′，并度量其长度.

(4) 隐藏圆及所有的垂线、垂足和中点. 在圆的上方画一点 V，用线段连接 VD1′和 VD2′；同时选中点 V，D1′，D2′取内部；选中 D1′D2′度量值和内部，作参数颜色.

(5) 选中原像点 D1，单击〈变换/迭代〉选项，在“迭代”对话框中选取初像点 D2 和迭代次数 5，最后按“迭代”按钮. 即可得到可旋转的六棱锥.

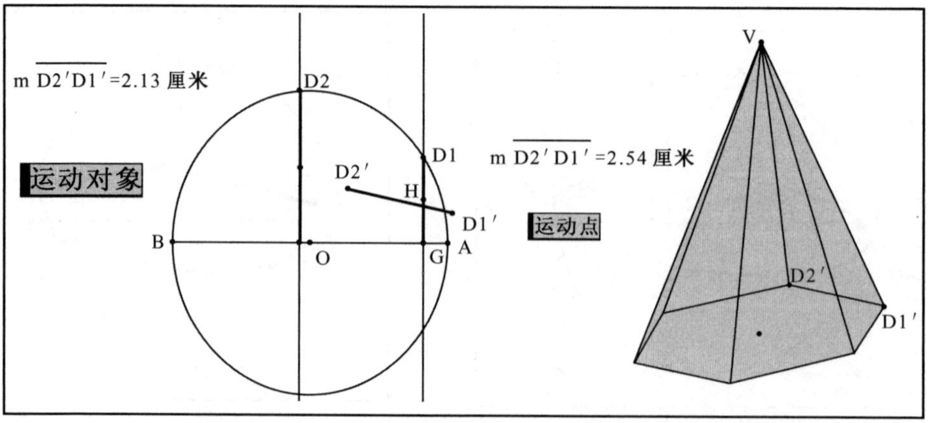

图 4.42

4.6 棱的虚实转换

如何实现棱的虚实转换？

一个旋转的棱锥或棱柱，我们希望当它的某几条棱旋转到后台时变成虚线，转到前台时变为实线，实现这一动画效果需要一定的处理技巧，下面给出两种制作的方法.

例 4.20 棱锥转动时棱的虚实转换.

我们前面制作的棱锥，控制棱锥转动的点是沿大圆运动的. 现在我们将沿大圆运动的点，变成沿弧线的单向运动，再利用人视觉的差，就可以实现棱的的虚实转换效果. 具体作法如下：

（1）如图 4.43 所示，作一大圆 O，在大圆的上方取三点作弧线.

（2）在弧上取一点 D，作点 D 的“动画”按钮，方向选“向前”，速度选“快速”.

（3）连接 DO，在 DO 上取一点 P，过点 O、P 作小圆. 让点 D、点 P 以点 O 为中心，反复旋转 60 度 5 次.

（4）过大圆上的六个点作竖直线，小圆上的六个点作水平线，交出相对应的六个点（在椭圆上）.

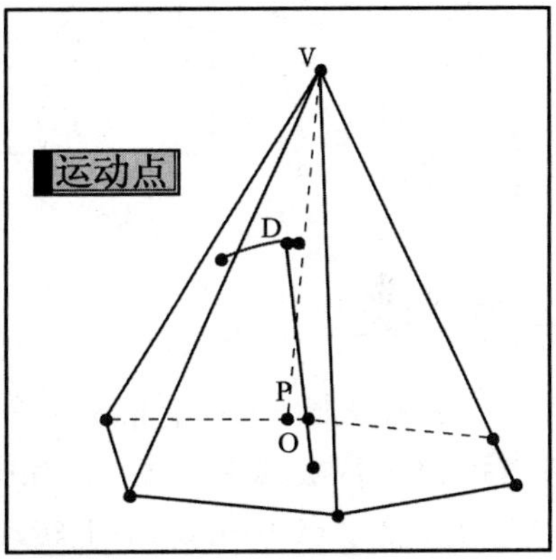

图 4.43

（5）隐藏大圆、大圆上的六个点及竖直线，小圆、小圆上的六个点及水平线，依次连接六个交点，得六棱锥的底.

（6）在底的上方取一顶点 V，用线段连接六条棱，将后面的棱和底边设成虚线.

例 4.21 棱柱转动时棱的虚实转换.

将一个大圆分成两段，大圆的上部为劣弧，下部为优弧. 当一条过圆心的射线绕着圆心旋转时，我们把射线与劣弧交点相关联的线段设置成虚线，而于优弧交点相关联的线段设置成实线. 当射线转动时，虚实线会在它们限定的范围内交替显示，起到虚实转换的效果.

（1）如图 4.44 所示，打开一新画板，画一条水平线段 AB，在 AB 上取一点 C，以点 A 为圆心，分别以 AC，AB 为半径画同心圆 c1 和 c2.

（2）在圆 c1 上取一点 D，作点 D 按逆时针的快速“动画”按钮. 过点 A，D 作射线 j，让射线 j 以点 A 为中心，反复旋转 90 度 3 次，得到另外 3 条射线 j′，

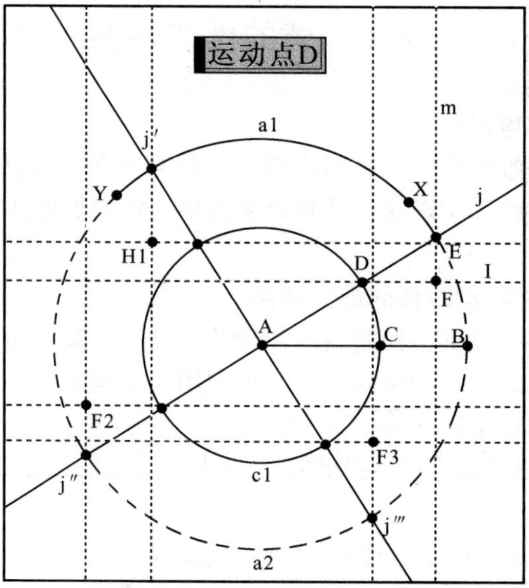

图 4.44

j″和 j‴.

（3）在大圆 c2 的上半圆上任取两点 X，Y. 依次选中点 X，Y 和圆 c2，构造劣弧 a1；依次选中点 Y，X 和圆 c2，构造优弧 a2. 隐藏圆 c2.

（4）拖动点 D 在圆 c1 上转动，作出射线 j 与优弧 a2 的交点 E.

（5）过点 E 作 AB 的垂线 m，过点 D 作 AB 的平行线 l，求得直线 m 和 l 的交点 F，并隐藏这两条直线.

（6）再拖动点 D，作出射线 j 与劣弧 a1 的交点 G. 对点 G、D 如同第 5）步中的操作，求得点 H.

（7）对于另外 3 条射线 j′，j″和 j‴，同样可以通过如同第 4）步至第 6）步中的操作，求得与优弧 a2 相关联的点 F1，F2，F3，与劣弧 a1 相关联的点 H1，H2，H3.

（8）另画两点 M，N，并标记向量 MN. 配合拖动点 D，让点 F，F1，F2，F3，H，H1，H2，H3，按标记向量平移，得到平移点 F′，F1′，F2′，F3′，H′，H1′，H2′，H3′.

（9）配合拖动点 D，画板上每次只显示上面 16 个点中的 8 个点，用线段连接以这 8 个点为顶点的六面体，凡是过顶点 H（或 H1、H2、H3）的三条棱设置成虚线，其它棱设置为实线.

（10）配合拖动点 D，适当调整确定劣弧 a1 的两个端点 X，Y 的位置，使得运动中的立体图形虚实转换达到最佳效果为止.

一般，若底为正四边形时，劣弧 a1 调整到大圆上部中央是中心角大约为 90 度的圆弧；若底为正三边形或六边形时，劣弧 a1 调整到大圆上部中央是中心角大约为 60 度或 45 度的圆弧.

(11) 隐藏不必要的对象，如图 4.45 所示.

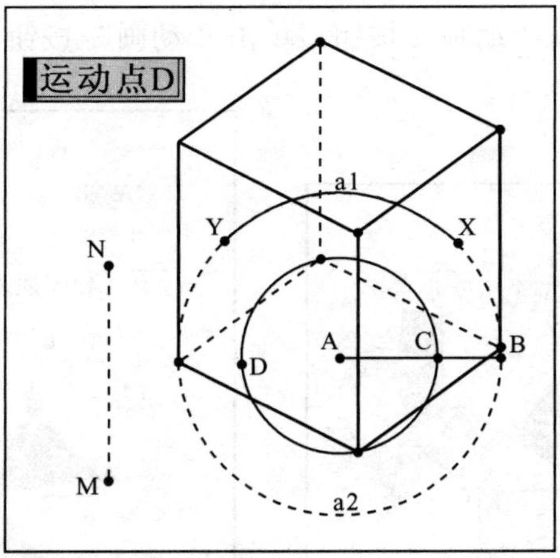

图 4.45

4.7 参数迭代的应用

如何实现参数迭代的控制?

用参数来控制迭代的次数. 新建一个参数 n（取正整数），先选中原像一个点或多个点和参数 n，并按住 Shift 键，然后单击〈变换/深度迭代〉选项，在“迭代”对话框中选取与原像点相对应的一组（初像点）或多组映射点，最后按“迭代”按钮. 即可得到动态迭代的像. 选中参数 n，按“+”号键，增加迭代，按“-”号键，减少迭代.

例 4.22 用迭代绘制勾股树.

(1) 如图 4.46 所示，以线段 AB 为边，绘制正方形 ABCD，并度量 AB 的长度.

(2) 取 CD 中点 E，将点 C 以点 E 为中心，旋转 90°得点 C′，依次选取点 C，C′，D 作弧，在弧线上取点 F，隐藏弧和点 E，C′.

(3) 作 ABCD 的内部，选中内部和 AB 的度量值，设置参数颜色.

(4) 新建参数 n = 4，取整数，范围定在 1 至 20 之间，并建参数 n 动画按钮.

(5) 同时选中原像点 A，B 和参数 n，并按住 Shift 键，然后单击〈变换/深度迭代〉选项，在“迭代”对话框“初像”的白框中依次单击与原像点相对应的初像点 F，C，工作区的图形同时发生变化，再按“结构”按钮，选“增加新映射”项，在“映射#2”白框中单击点 D，F，最后按“迭代”按钮. 即可得到动态迭代的像.

（6）选中参数 n，按“ + ”号键，增加迭代，按“ - ”号键，减少迭代. 或单击动画按钮，增加或减少迭代.

（7）选中点 F，作“动画”按钮. 单击“动画”按钮，观看图形的变化.

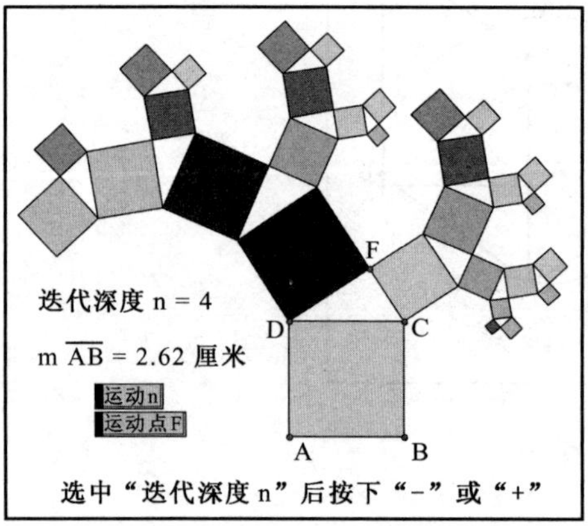

图 4. 46

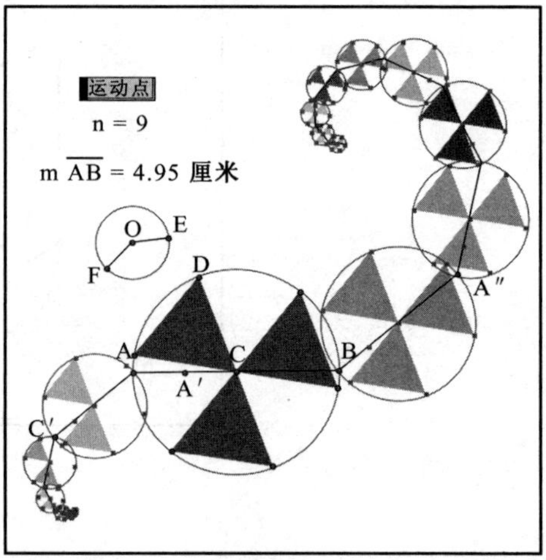

图 4. 47

例 4. 23　旋转的风火轮.

（1）如图 4. 47 所示. 以线段 AB 为直径作圆 C，在圆上取一点 D，作 D 点的“动画”按钮，将点 D 以圆心为中心反复旋转 60°，得到 6 个点，并将相隔的三角形涂上颜色.

（2）度量 AB 的长度，选中 3 个涂有颜色的三角形内部和 AB 的度量值，设置参数颜色.

（3）建参数 n = 1，取整数，范围定在 1 至 20 之间，并建参数 n 动画按钮；再画一个小圆，在小圆上标记一个角度 EOF.

（4）以点 B 为中心，将点 A 缩放 1. 5 倍，得点 A′，再将点 A′以点 B 为中心按标记角旋转，得点 A″. 将点 C 以点 A 为中心按标记角旋转，得点 C′.

（5）同时选中原像点 A、B 和参数 n，并按住 Shift 键，然后单击〈变换/深度迭代〉选项，在“迭代”对话框“初像”的白框中依次单击与原像点相对应的初像点 B，A″，工作区的图形同时发生变化，再按“结构”按钮，选“增加新映射”项，在“映射#2”白框中取点 A，C′，最后按“迭代”按钮. 即可得到动态迭代的像.

(6) 选中参数 n，按“+”号键，增加迭代，按“-”号键，减少迭代.或单击动画按钮，增加或减少迭代.

(7) 单击“动画”按钮，并拖动点 F 改变标记角的大小，观看图形的变化.

如果不在“结构”按钮中选择“添加新映射”项，而是重新依次选中原像点 B，A 和参数 n，并按住 Shift 键，然后单击〈变换/深度迭代〉选项，在“迭代”对话框中选取与原像点相对应的初像点 A，C′，工作区的图形将有不同的变化.

例 4.24 用迭代绘制二元树.

(1) 如图 4.48 所示，用粗线画线段 AB，BC，其中 AB 长于 BC.

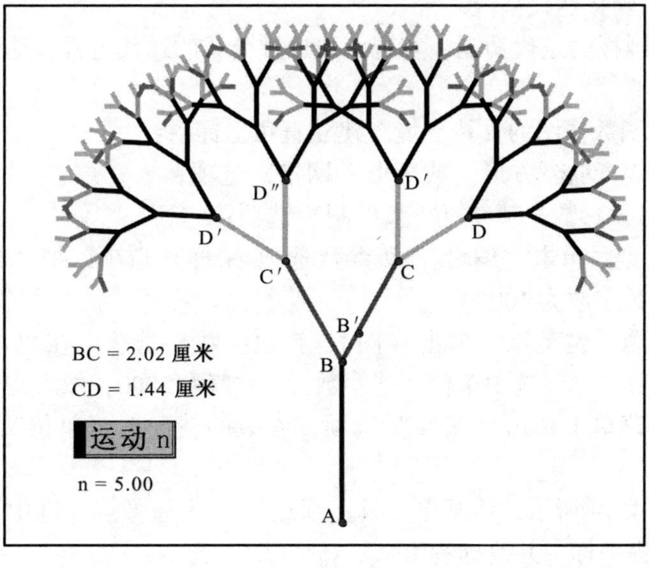

图 4.48

(2) 同时选中线段 BC 和 AB 标记比值，让点 B 以点 C 为中心按标记比缩放，得到点 B′.

(3) 同时选中点 A，B，C 标记角度，将点 B′以点 C 为中心按标记角旋转，得到点 B″，并改标签为 D，隐藏点 B′.

(4) 度量线段 BC 和 CD 的长度；选中线段 BC 和 BC 的度量值设置参数颜色，选中线段 CD 和 CD 的度量值设置参数颜色.

(5) 选中线段 BC 标记镜面，让线段 CD 和点 D 按标记镜面反射得到线段 CD′和点 D′.

(6) 选中线段 AB 标记镜面，让线段 BC，CD，CD′和点 C，D，D′按标记镜面反射得到线段 BC′，C′D′，C′D″和点 C′，D′，D″.

（7）建参数 n =5，取整数，范围定在 1 至 20 之间，并建参数 n 动画按钮.

（8）依次选中原像点 A，B，C 和参数 n，在按住 Shift 键的同时，单击〈变换/带参数迭代〉选项，在弹出的“迭代”对话框“初像”的白框中，依次单击与原像点相对应的初像点 B，C，D，工作区的图形同时发生变化，再按“结构”按钮，选“增加新映射”项，在“映射#2”的白框中依次单击点 B，C′，D′（左边的），最后按“迭代”按钮，即可得到动态迭代的像.

选中参数 n，按“ + ”号键，增加迭代，按“ - ”号键，减少迭代. 或单击动画按钮，增加或减少迭代.

拖动点 C 或 C′，观看二元树的变化.

例 4.25 函数迭代系统.

通过几何画板的迭代功能，实现函数递推公式的迭代过程，迭代生成相应的有趣图形.

（1）设置函数作图的支持环境. 建立直角坐标系：

单击〈图表/网格/方形（或矩形）网格〉选项；

单击〈编辑/参数选项/单位/弧度制〉选项；

按住 Shift 键，单击〈编辑/高级参数选项/采样〉选项，把“最大迭代采样本数量”栏的数字改为 10000.

（2）建参数、定范围. 单击〈图表/新建参数〉选项，在“新建参数”对话框，输入参数名称和选中单位，建参数 n，数值取 2000，然后在参数值上单击右键、在快捷菜单上单击“属性”选项，参数的精度选“单位”，取值范围选“1 到 5000”.

（3）如图 4. 49 所示，用画点工具，画点 A 作为原像点. 选中点 A，度量点 A 的横坐标和纵坐标，并改标签为 x_0，y_0.

（4）常量 a，b：过 X 轴左端一点 F 作 X 轴的垂线 j，在垂线 j 上取两点 a，b，分别度量点 a 和点 b 的纵坐标值的值，并改标签为“a”和“b”，把参数 a，b 调整到与图 4. 49 近似的值.

（5）利用“度量/计算”功能，输入计算公式“$1 - a * \cos(x_0) + y_0$”，改标签为“$x_1 = 1 - a\cos x_0 + y_0$”；再输入计算公式“$b * x_0$”，改标签为“$y_1 = bx_0$”.

（6）同时选中 x_1 和 y_1 的度量值（y_1 的值不宜过大），单击〈图表/绘出（x，y）〉选项，绘出点 B，则点 B 为轨迹上一点.

（7）同时选中原像点 A 和参数 n，并按住 Shift 键，然后单击〈变换/带参数迭代〉选项，在“迭代”对话框“初像”的白框中依次单击与原像点相对应的初像点 B，工作区的图形同时发生变化，最后按“迭代”按钮，稍等一会儿即可得到动态迭代的像.

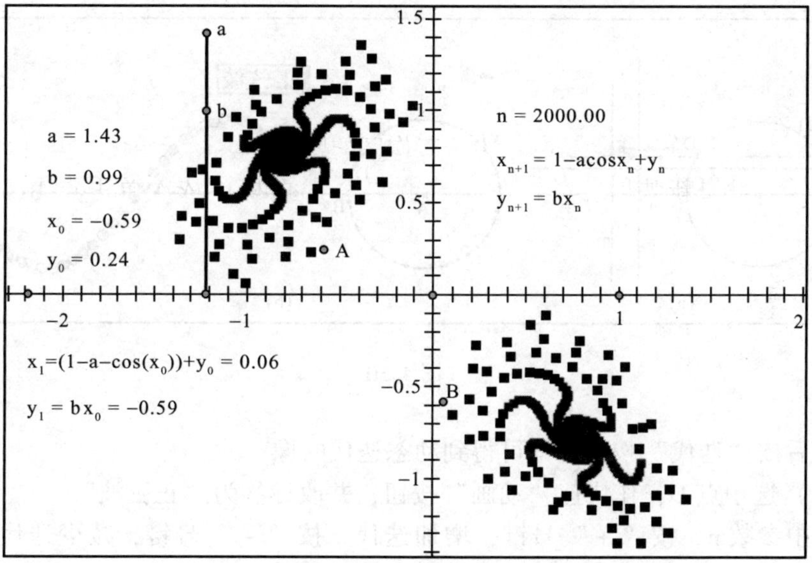

图 4.49

选中参数 n，按“+”号键，增加迭代，按“－”号键，减少迭代. 或单击动画按钮，增加或减少迭代.

拖动点 a 或 b，观看图形的变化.

例 4.26 用迭代功能绘制正弦波.

将单位圆上的点，按等距水平投影到屏幕右端所成的图形. 具体作法如下.

(1) 如图 4.50 (a) 所示，打开一新画板，画一条水平直线 j，在直线 j 上从左至右取三点 A，B，C.

(2) 选中点 A，B 作圆 c1，在圆 c1 上任取一点 D，过点 C 作直线 j 的垂线 k，过点 D 作直线 j 的平行线 l，交垂线 k 于点 E.

(3) 画一条小半径 r，以点 E 为圆心，r 为半径作圆，并取小圆的内部. 隐藏直线 k，l，拖动半径 r 的端点，使 r 尽可能小.

(4) 让点 C 水平移动 0.3 厘米，得到点 C′. 让点 D 以点 A 为中心旋转 10 度，得到点 D′.

(5) 点 C′作直线 j 的垂线 m，过点 D′作直线 j 的平行线 n，两线交于点 F. 隐藏直线 m，n.

(6) 新建参数 n，依次选中原像点 C、点 D 和参数 n，在按住 Shift 键的同时，单击〈变换/带参数的迭代〉选项，在弹出的“迭代”对话框“初像”的白框中，依次单击与原像点相对应的初像点 C′、D′，工作区的图形同时发生变

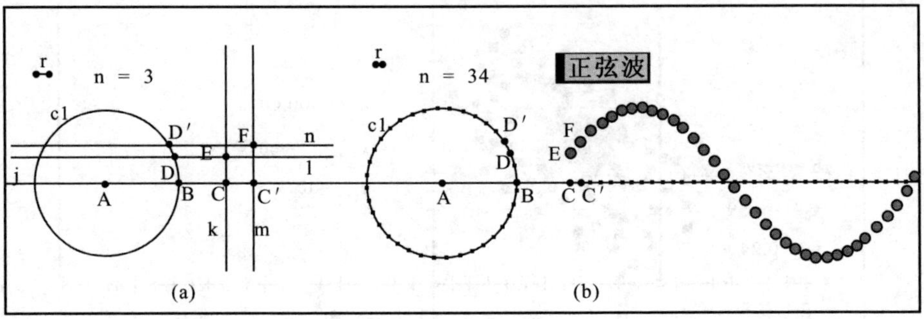

图 4.50

化，最后按“迭代”按钮. 即可得到动态迭代的像.

(7) 选中点 D，作快速“动画”按钮，并改标签为“正弦波”.

选中参数 n，按“+”号键，增加迭代，按“-”号键，减少迭代. 单击“正弦波”动画按钮，就会看到圆上的点转动起来，正弦波也波动起来. 如图 4.50（b）所示.

4.8　圆锥面上的螺旋线

例 4.27　圆锥面上的螺旋线.

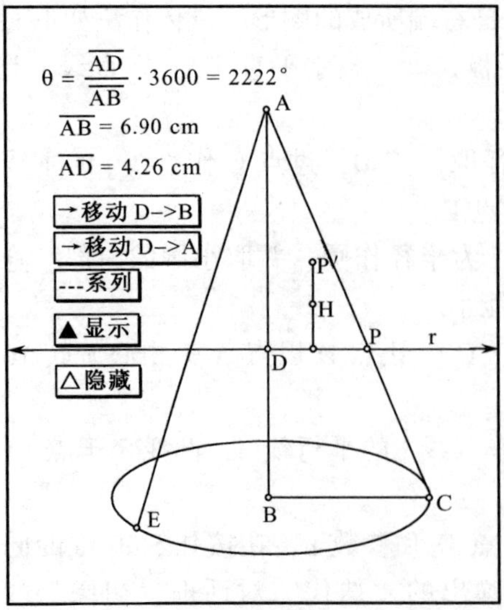

图 4.51

(1) 如图 4.51 所示，利用两个同心圆作椭圆 B，作为圆锥的下底，椭圆的长半轴为 BC；

(2) 在圆锥的高 AB 上取动点 D，度量 AB 和 AD 的长；

(3) 计算“AD/AB * 3600 * 1 度”的值，改标签为 θ，并标记角 θ；

(4) 过点 D 作 AB 的垂线 r，交 AC 于点 P，以 D 为中心，让点 P 按标记角 θ 旋转得点 P′，过点 P′作直线 r 的垂线段，并取中点 H；

(5) 作点 D 到 A 的移动，作点 D 到 B 的移动，选中两移动作“系列”按钮，并追踪点 H；

(6) 在椭圆上取点 E，用线段连接

AE，同时选中点 E 和 AE 作轨迹，得圆锥面.

4.9 主从型多重运动

1. 基本的主从关系

1）平行关系（平行线法）

主运动是圆 O 上有一点 A 绕该圆运动，从运动是过圆外一定点 K，作与半径 OA 平行的直线 j 的运动. 这样当点 A 绕圆 O 运动时，直线 j 上任一点 P 均绕点 K 运动，如图 4.52 所示.

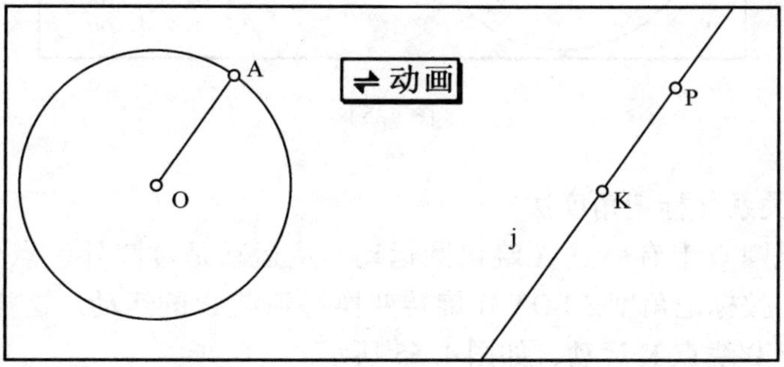

图 4.52

2）垂直关系（垂线法）

主运动是圆 O 上有一点 A 沿该圆运动，从运动是过圆外一定点 K，作与半径 OA 垂直的直线 j 的运动. 这样当点 A 沿圆 O 运动时，直线 j 上任一点 P 均绕点 K 运动，如图 4.53 所示.

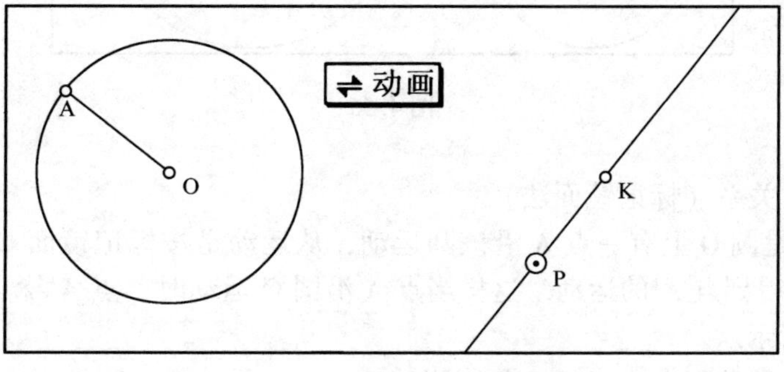

图 4.53

3）向量关系（标记向量法）

主运动是圆 O 上有一点 A 沿该圆运动，从运动是过圆外一定点 K，按标记向量 OA 作平移变换得到点 P 的运动．这样当点 A 沿圆 O 运动时，点 P 绕点 K 运动，如图 4. 54 所示.

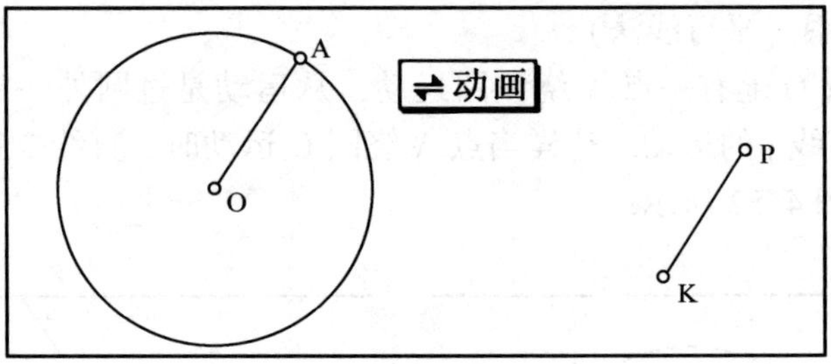

图 4. 54

4）角度关系（标记角度法）

主运动是圆 O 上有一点 A 绕该圆运动，从运动是过圆外一点 P，以定点 K 为标记中心，按标记角度∠BOA 作旋转变换得到点 P′的运动．这样当点 A 沿圆 O 运动时，点 P′绕点 K 运动，如图 4. 55 所示.

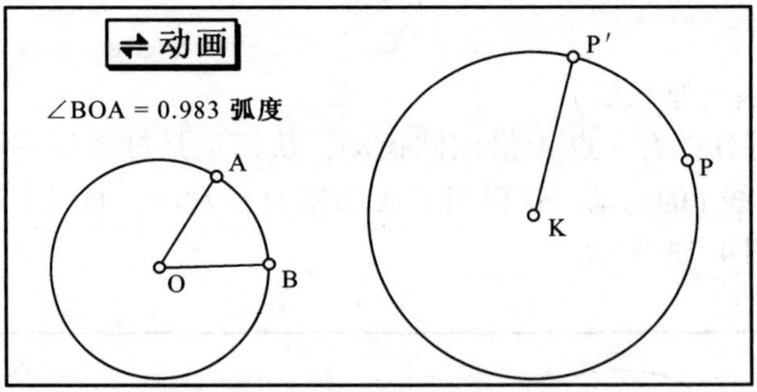

图 4. 55

5）反射关系（标记镜面法）

主运动是圆 O 上有一点 A 沿该圆运动，从运动是按标记镜面 CD 作圆 O 及点 A 的反射得到点 A′的运动．这样当点 A 沿圆 O 运动时，点 A′绕点圆 O′运动，如图 4. 56 所示.

6）圆心偏移距离比（标记角度值）

取定长 $r=1.15$，作长为 $2*\pi*r$ 线段 AB，在线段 AB 上取一点 C，测量 AC 的长度，度量公式“-1 弧度 * AC/r”的值或度量公式“$-180° * AC/r/\pi$”的

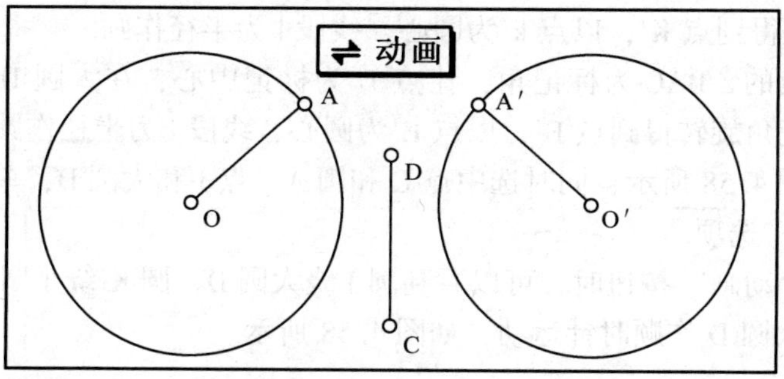

图 4.56

值，并标记为角度值.

以 r 为半径，以点 K 为圆心作圆. 在圆上取一点 P，以点 K 为标记中心，使点 P 按标记角度旋转得到点 P′，让点 C 在线段 AB 上作单向运动时，则点 P′沿圆 K 作顺时针运动，如图 4.57 所示.

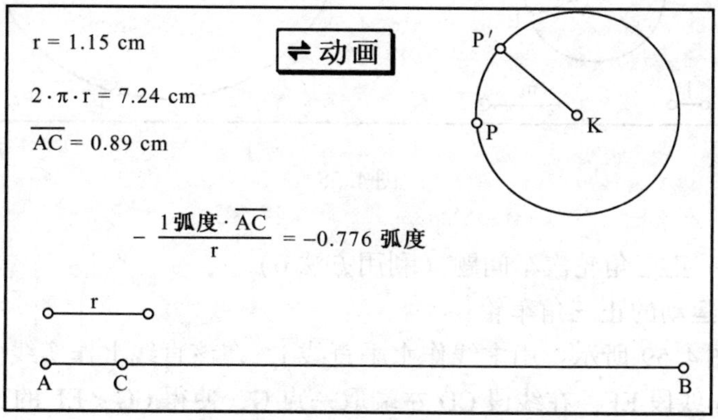

图 4.57

2. 构造复杂的多重运动

灵活使用上面六种方法，可以构造出许多复杂的多重运动.

例 4.28 小球的多重运动（利用角度关系）.

（1）取一新画板，画小圆 A，在圆 A 上作角∠BAC，并测量它的角度值和负角度值.

（2）画一大圆 D，作线段 l 和线段 m（其中 l < m）.

（3）在大圆 D 上任取一点 J，以点 J 为圆心，m 为半径作圆.

(4) 让∠BAC 为标记角，让点 J 为标记中心，在圆 J 上任取一点 K，让点 K 按标记角旋转得到点 K′，以点 k′为圆心，线段 l 为半径作圆.

(5) 让负的∠BAC 为标记角，让点 D 为标记中心，在大圆 D 上取一点 E，让点 E 按标记角旋转得到点 E′，以点 E′为圆心，线段 l 为半径作圆.

(6) 如图 4.58 所示，同时选中点 C 和圆 A，点 J 和大圆 D，单击〈编辑/操作按钮/动画〉选项.

当单击"动画"按钮时，可以看到圆 J 绕大圆 D，圆 K′绕小圆 J 作逆时针运动，圆 E′沿大圆 D 作顺时针运动，如图 4.58 所示.

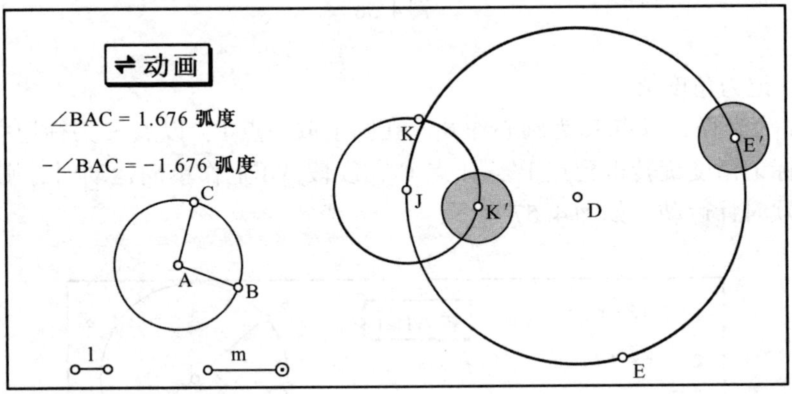

图 4.58

例 4.29　正三角轮汽车问题（利用方法 6）.

1）作可运动的正三角车轮

(1) 如图 4.59 所示：用虚线作水平直线 j，在该直线上作实线段 CD.

(2) 另作线段 EF，在线段 CD 左端取一点 G，使得 CG < EF 的长，以点 G 为圆心，EF 为半径作圆，交直线 j 于点 H.

(3) 测量线段 EF 和 CG 的长度.

(4) 根据圆心偏移距离计算圆上点 H 的旋转角度，按计算公式（−CG/EF）*1 弧度度量，选择计算出的角度，单击〈变换/标记角的度量值〉选项.

(5) 让圆心 G 为标记中心，选中点 H，单击〈变换/旋转〉选项，按标记的角旋转得到点 H′；按 90 度旋转得到点 K.

(6) 让直线 j 向下平移 EF 距离；即过点 K，作直线 j 的平行线.

(7) 让圆心 G 为标记中心，选中点 H′，单击〈变换/旋转〉选项，按 120 度旋转得到点 H″，再单击〈变换/旋转〉选项，按 120 度旋转得到点 H‴，连接 H′H″H‴得正三角形，并使三角形涂上适当的颜色.

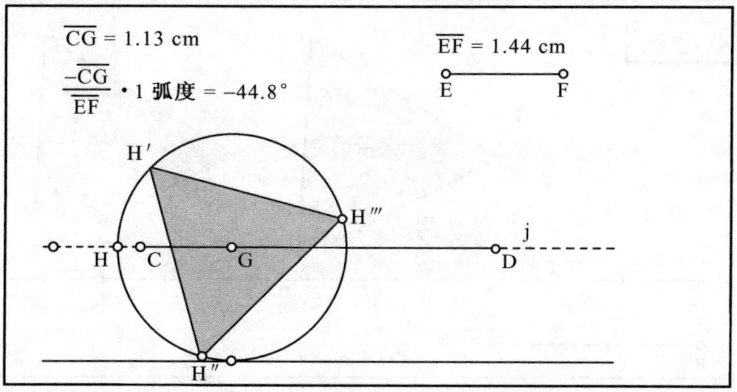

图 4.59

(8) 定义圆心 G 在线段 CD 上作“单向”运动的动画.

2) 制作正三角轮运动的路面

(1) 连接点 GK，交 H″H‴于点 I，作线段 IK，并显示跟踪线段 IK；

(2) 使轮子向右旋转到合适的地方，用同样的方法，作出线段 GK 与线段 H‴H′和 H′H″的交点，并显示跟踪交点到点 K 的线段，如图 4.60 所示.

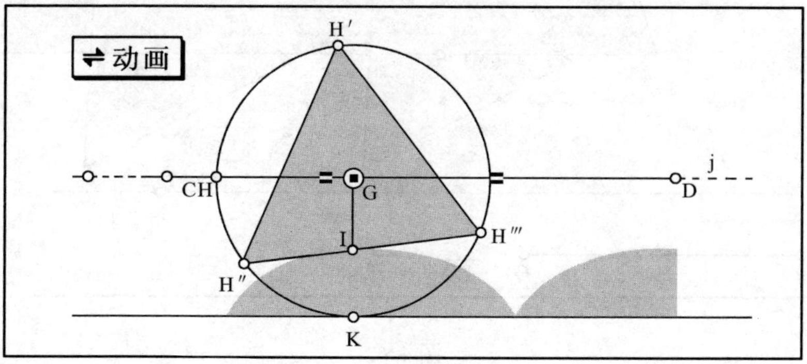

图 4.60

3) 作出另一个轮子

(1) 如图 4.61 所示：作线段 PQ，度量 PQ 的长度. 计算 $-\overline{PQ}$的长度，并标记为距离. 然后选中三角车轮，使它按标记距离作水平移动，得到另一个轮子.

(2) 隐藏圆 G，线段 CD，直线 j 及三角形的三个顶点.

(3) 调节 PQ 的长度，使车轮与路面吻合为止.

最后再画出汽车的车身，一辆能够平稳行驶在半圆波形路面的正三角形轮汽

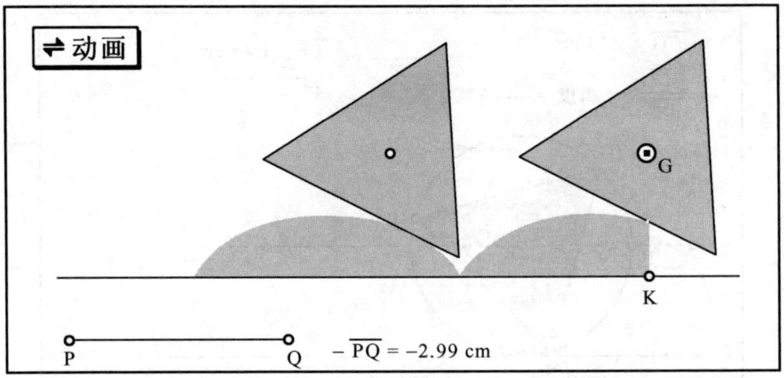

图 4. 61

车设计完毕. 用此方法可以设计出 N 边形（N = 3，4，5，…）汽车轮子的例子，如图 4. 62 所示.

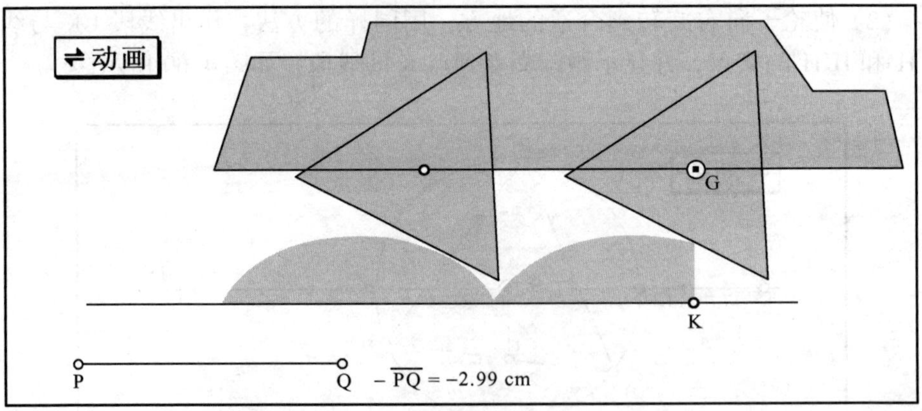

图 4. 62

例 4. 30　沙摆.

沙摆是一个联动问题：当沙漏沿直线作匀速运动的同时，自身又作左右的摆动，使漏下的沙子形成何种轨迹?

（1）如图 4. 63 所示，打开一个新画板，画一条倾斜的长线段 AB，在 AB 上画一点 C. 另画一条短半径 r，以点 C 为圆心，r 为半径作圆 c1.

（2）在圆周的下方选取两点 D，E，同时选中点 D，E 和圆 c1 作圆上的弧 a1，并在该弧上取一动点 F.

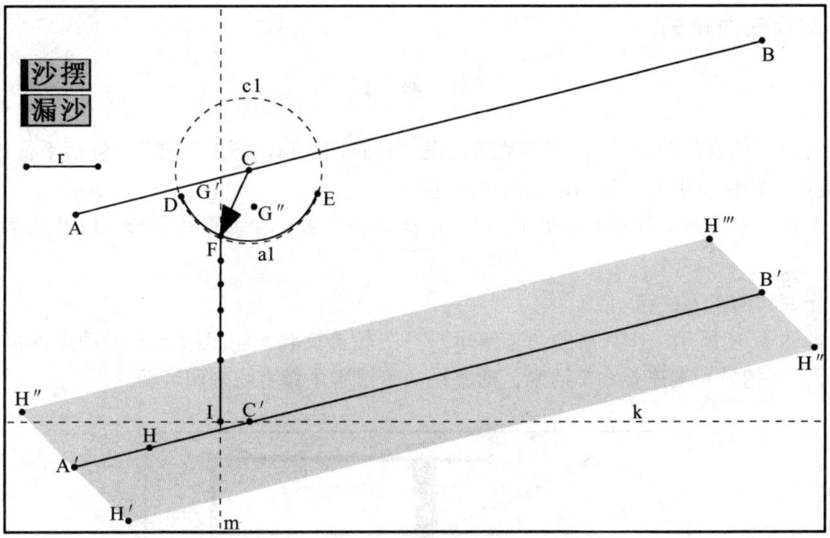

图 4.63

(3) 作漏斗. 连接 CF, 取其中点 G, 以 F 为中心将点 G 分别旋转 25 度和 -25度得点 G′, G″, 同时选中点 F, G′, G″取内部, 着上黑色.

(4) 作沙摆按钮. 同时选中点 C 和点 F, 单击〈编辑/操作类按钮/动画〉选项, 在弹出的"动画属性"对话框中, 让点 C 沿线段 AB 作向前的慢速运动; 让点 F 沿圆弧 a1 作双向的快速运动 (特别注意运动的方向、速度的选取和匹配, 否则将得不到正弦轨迹), 建立"动画"按钮, 改标签为"沙摆".

(5) 求作沙子的落点 I. 将点 C 和线段 AB 竖直向下平移 6CM, 得到点 C′和线段 A′B′, 过点 C′作半径 r 的平行线 k. 再过点 F 作平行线 k 的垂线 m, 交平行线 k 于点 I, 并追踪点 I.

(6) 画桌面. 在线段 A′B′上取一点 H, 让点 H 以点 A′为中心旋转 -60 度, 得到点 H′, 让点 H′以点 A′为中心旋转 180 度, 得到点 H″. 选中点 A′和点 B′标记向量, 让点 H′和点 H″按标记向量平移, 得到点 H″和点 H‴, 同时选中点 H′, H″, H‴和 H″取内部, 着上黄色, 得到一个黄色的桌面.

(7) 作漏沙动画. 隐藏垂线 m, 用线段连接 FI. 在线段上任画 4 至 5 个点, 同时选中这些点, 单击〈编辑/操作类按钮/动画〉选项, 在弹出的"动画属性"对话框中, 各点的方向均选"向前", 速度均选"其它"输入值 4, 作"动画"按钮, 改标签为"漏沙".

(8) 适当调整弧线的两个端点 D 或 E 的位置, 或调整线段 AB 的方向, 使沙摆的轨迹达到较好的效果为止. 最后隐藏不必要的对象.

单击“沙摆”和“漏沙”按钮，可以动态演示漏下的“沙子”的轨迹是由何种运动合成而得的.

习　题　4

1. 仿照“任意两圆关系”，用移动来表现“任意四边形的图形变化”. 包括平行四边形、梯形、菱形、矩形、正方形及四条边的中点连线.

2. 用移动来表现“任意两平面关系”，包括重合、斜交、垂直和平行，以及两平面所成的角.

3. 作旋转的正五棱锥.

4. 如图 4. 64 所示，作活塞的动态演示. 一个轮盘旋转，轮盘边缘上一动点连接着一个定长的杆，杆的另一端连着一个活塞，活塞在一个滑膛中做直线来回运动.

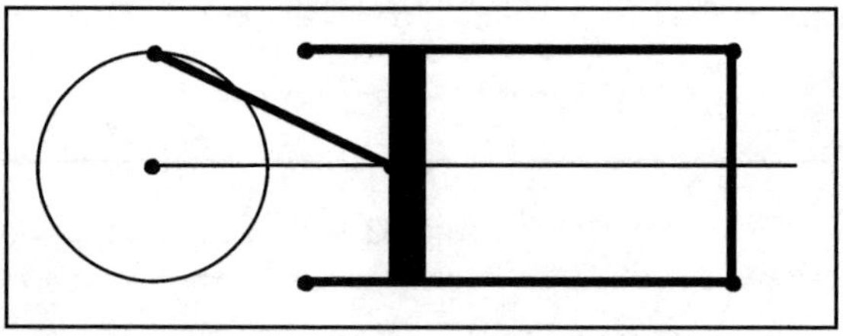

图 4. 64

5. 制作直棱柱的侧面展开图.

6. 利用图形的移动，制作一个勾股定理直观的演示证明课件.

7. 制作模拟自行车运动的演示（要求两轮子在直线上滚动）.

8. 利用几何画板的反射、动画功能，制作一个会“飞”的花蝴蝶.

9. 利用几何画板的各种变换功能，模拟平面镜、三棱镜、凸凹透镜成像问题的演示.

10. 利用几何画板的移动、动画等功能，创意一个模拟现实生活场景的多重动画演示（如杂技表演，机械连动装置，汽车、飞机、钟表的运动等）.

11. 用迭代功能绘制余弦波.

12. 如图 4. 65 所示，动态小球单摆运动受力分析. 其中重力 $G = m \cdot g$，小球拉力 $T = m \cdot g \cdot \cos\alpha$，恢复力 $F = m \cdot g \cdot \sin\alpha$，三力之间的关系 $F^2 + T^2 = G^2$.

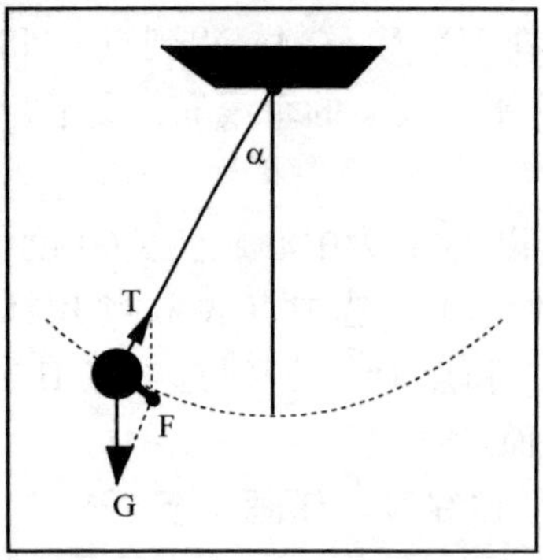

图 4. 65

第 5 章　典型范例与应用篇

5.1　按定义构造轨迹

按定义构造轨迹的一般方法是：

先由一个自变量的动点（一般是线或圆弧上的一个对象点）出发，然后按照定义的条件，通过几何作图方法，作出轨迹上相应的一个动点. 最后同时选中自变量的动点和轨迹上的动点，单击〈构造/轨迹〉即可.

5.1.1　抛物线、椭圆、双曲线

例 5.1　我们按抛物线定义：到一个定点 F 和一条直线 l 距离相等的点的轨迹来画.

（1）如图 5.1 所示. 打开一个新画板，在画板上画线段 KF，并作出 KF 的中点 O.

（2）过点 K 作线段 KF 的垂线 l. 过点 K 和点 F 作射线 m.

（3）在射线 m 上任取一点 A，过点 A 作射线 m 的垂线 n.

（4）以点 F 为圆心，线段 KA 为半径画圆，交垂线 n 于点 P1 和点 P2，则点 P1 和点 P2 到点 F 和直线 l 的距离相等.

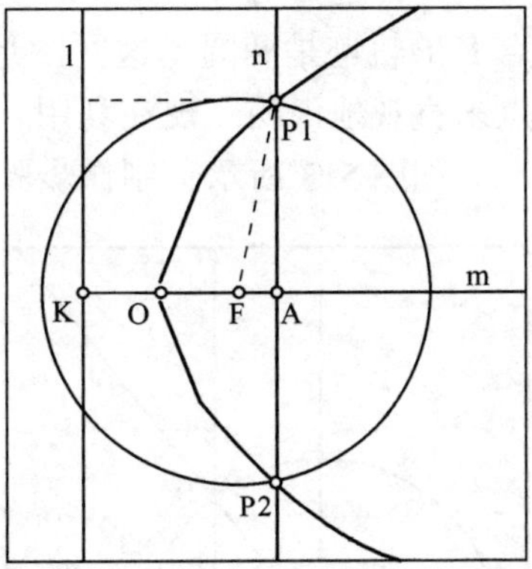

图 5.1

（5）同时选中点 P1 和点 A，单击〈构造/轨迹〉选项，即可得到半支抛物线；再同时选中点 P2 和点 A，单击〈构造/轨迹〉选项，即可得到另外半支抛物线. 旋转拖动点 F 或点 K，观察轨迹的变化情况.

例 5.2　由定义构造抛物线轨迹的另一种方法.

（1）如图 5.2 所示，打开一个新画板，作线段 AB.

（2）在线段 AB 上任选一点 C 和线外一点 D，连接 CD.

（3）选中线段 CD，作 CD 的中垂线 m.

（4）过点 C，作线段 AB 的垂线 l.

（5）同时选中直线 m 和直线 l，单击〈构造/交点〉得到交点 F.

（6）同时选中点 C 和点 F，单击〈构造/轨迹〉得到抛物线的轨迹图像. 拖

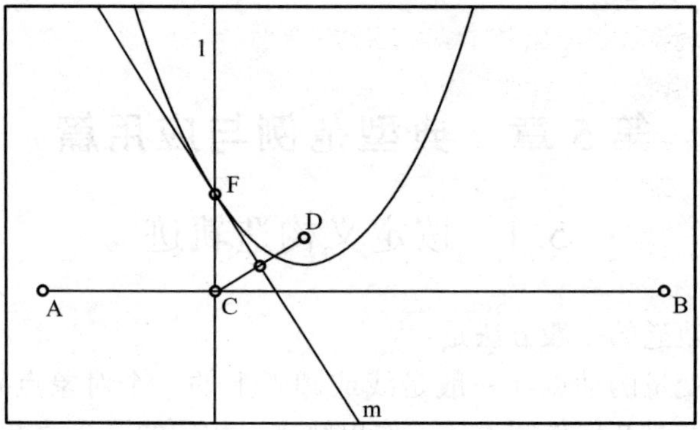

图 5.2

动点 C 或点 D，观察轨迹的变化情况.

例 5.3　椭圆轨迹.

先作两个同心圆，再作一直线 l，分别交两圆于 E，D；过 E 作半径 AB 的平行线 m，过 D 作半径 AB 的垂直线 n，两线相交于 F 点. 当半径绕圆心旋转时，点 F 的轨迹是椭圆. 这一图形的作法和结论，原来只能理论上证明，或画几个点来直观地说明. 现在利用几何画板就可以动态地演示整个的形成过程.

如图 5.3 所示，制作步骤如下：

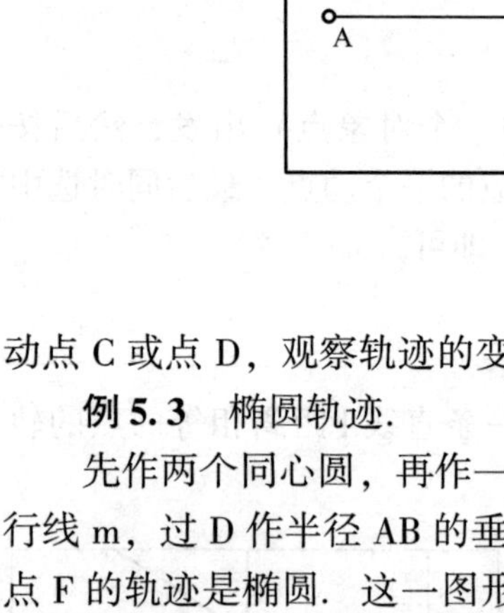

图 5.3

(1) 打开一个新画板，画线段 AB，以 A 为圆心，AB 为半径构造大圆.

(2) 构造过点 A 与 AB 垂直的直线 k，在直线 k 上取一点 C，以 A 为圆心，AC 为半径构造小圆.

(3) 在大圆上任取一点 D，构造过点 D 和点 A 的直线 l，直线 l 与小圆的交点 E.

(4) 构造过点 E 与 AB 平行的直线 m.

(5) 构造过点 D 与 AB 垂直的直线 n，构造两直线交点 F.

(6) 建立轨迹：同时选中点 D 和点 F，单击〈构造/轨迹〉选项，画板显示椭圆；拖动点 A 或 C，可以改变椭圆的形状. 显示结果如图 5.3 所示.

(7) 除了保留点 A，B，C 和椭圆轨迹外，隐藏掉其它所有对象.

(8) 存盘：将当前画板以“椭圆轨迹 . gsp”文件名保存，如图 5.3 所示.

注 建立动态的演示.

- 选中"轨迹",单击〈编辑/按钮/显示隐藏〉选项,建立"显示/隐藏"按钮. 然后将椭圆轨迹隐藏起来.
- 选中点 D,单击〈编辑/按钮/动画〉选项,建立"动画"按钮.
- 选中点 F,单击〈显示/追踪点〉选项. 单击"动画"按钮,就可以动态演示轨迹形成的过程.

例 5.4 我们按双曲线定义:到两个定点距离之差等于定长的点的轨迹来画.

(1) 如图 5.4 所示,打开一个新画板,画点 A,C,依次选中点 A,C,单击〈构造/画圆〉选项,画一个圆;

(2) 在圆外再画一点 B;

(3) 在圆 A 上画一点 D,用直线连接 AD;

(4) 连接 BD,构造 BD 的中点 E,过 E 构造 BD 的垂线 m;

(5) 构造垂线 m 和直线 AD 的交点 F;

(6) 选中轨迹上的动点 F 和自变量的动点 D 为当前对象,单击〈构造/轨迹〉.

双曲线出现在画板上. 拖动点 A 或 C,可以改变双曲线的形状. 特别当拖动点 C,使圆的半径大于两个定点 A、B 之间的距离时,轨迹由双曲线变成椭圆. 用上例的方法,同样可以建立动态演示.

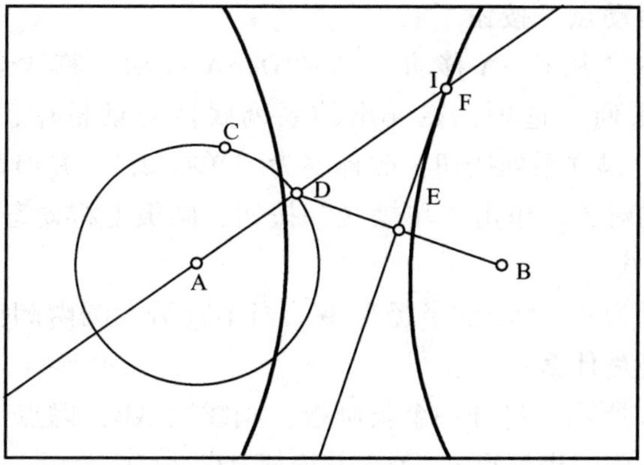

图 5.4

5.1.2 各种摆线的制作

例 5.5 由摆线定义画出圆沿直线滚动,圆上一定点的轨迹.

(1) 如图 5.5 所示,打开一个新画板,画半径 r,并度量半径 r 的长度.

(2) 计算"4 * π * r"的值，并标记距离.

(3) 另画一点 A，让点 A 按标记距离 0 度角平移，得到点 B，连接 AB.

(4) 在 AB 上取点 C，以 C 为圆心、r 为半径作圆. 在圆上取一动点 D.

(5) 选中 r 的度量值标记距离，让点 A 按标记距离 -90 度角平移，得到点 A′.

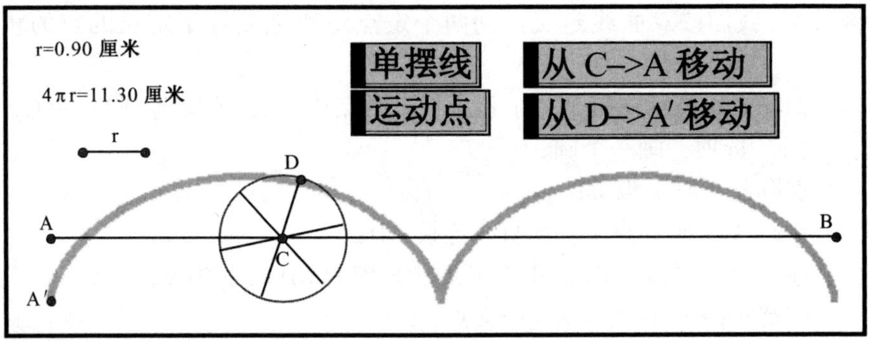

图 5.5

(6) 分别构造点 C 到点 A，点 D 到 A′的高速"移动"按钮.

(7) 同时选中点 C 和点 D，单击〈编辑/按钮/动画〉选项，在弹出的动画属性对话框中，选点 C 沿线段 AB 作向后的中速运动，选点 D 绕圆作顺时针的中速运动，建立"运动点"按钮.

(8) 依次选中"从 C→A 移动"、"从 D→A′移动"和"运动点"按钮，单击〈编辑/按钮/系列〉选项，在弹出的系列属性对话框中，开始前参数选择"清除所有轨迹"，建立系列按钮，改标签为"单摆线". 并追踪点 D.

隐藏不必要的对象. 单击"单摆线"按钮，画板上将动态绘出摆线轨迹.

例 5.6　内摆线.

设小圆的半径为 r，大圆的半径为 3r. 当小圆沿大圆内侧作旋转运动时，则小圆上某点的轨迹是什么？

(1) 如图 5.6 所示. 打开一个新画板，画线段 AB，以点 A 为中心，让点 B 分别放大 2 倍和 3 倍，得到点 C，D，并连接 AC，AD.

(2) 另画一点 O，以点 O 为圆心，分别取 AC，AD 为半径作同心圆 c1 和 c2. 在圆 c1 上取一点 E 为圆心，AB 为半径构造小圆 c3.

(3) 在圆 c3 上任意画一点 P，连接 EP，让线段 EP 绕点 E 反复旋转 60 度 5 次，得到转盘 c3.

(4) 作动画. 同时选中点 E，P，单击〈编辑/操作类按钮/动画〉选项，在弹出的动画属性对话框中，选点 E 绕圆 c1 作逆时针中速运动，选点 P 绕圆 c3 作顺时针中速运动，建立“动画”按钮，改标签为“内摆线”.

（5）选中点 P，追踪点 P.

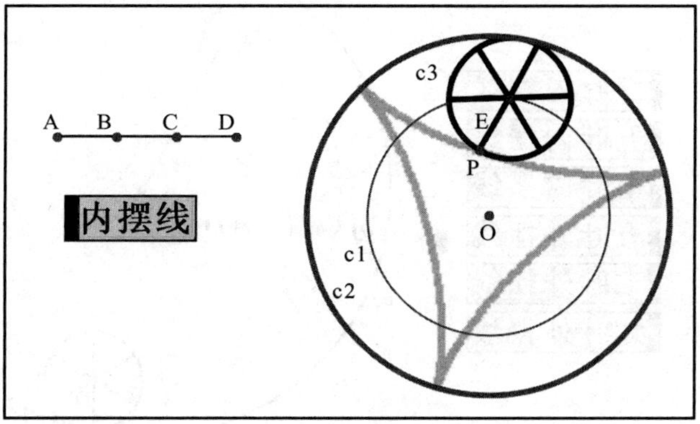

图 5.6

例 5.7 内外摆线.

能否用一种统一的处理方法，来实现各种内外摆线的绘制，使课件具有较强的通用性. 这里介绍一种有效的方法.

绘制内外转盘

（1）如图 5.7 所示，打开一个新画板，画一条射线 AB，以点 A 为圆心、AB 为半径画圆 c1.

（2）画一条线段 r，以点 A 为圆心、r 为半径画大圆 c2，交射线于点 C，过点 C 作射线的垂线 l.

（3）在圆 c1 上任意画一点 D，以点 D 为圆心、CB 为半径画小圆 c3. 在圆 c3 上任意画一点 E，连接 DE，让线段 DE 绕点 D 反复旋转 60 度 5 次，得到转盘 c3.

建立动画按钮

（4）同时选中点 D、E，单击〈编辑/操作类按钮/动画〉选项，在弹出的动画属性对话框中，选点 D 绕圆 c1 作逆时针中速运动，选点 E 绕圆 c3 作顺时针中速运动，建立“动画”按钮，并追踪点 E 的轨迹.

构造内外摆线的关键点

（5）先以点 C 为中心，分别作点 A 缩放 1/3、1/5、1/7 倍的内分点，改标签为点 3、5、7. 选中所有内分点，作直线 k 的镜面反射，得到相应的外分点 3′、5′、7′，作为外摆线的关键点.

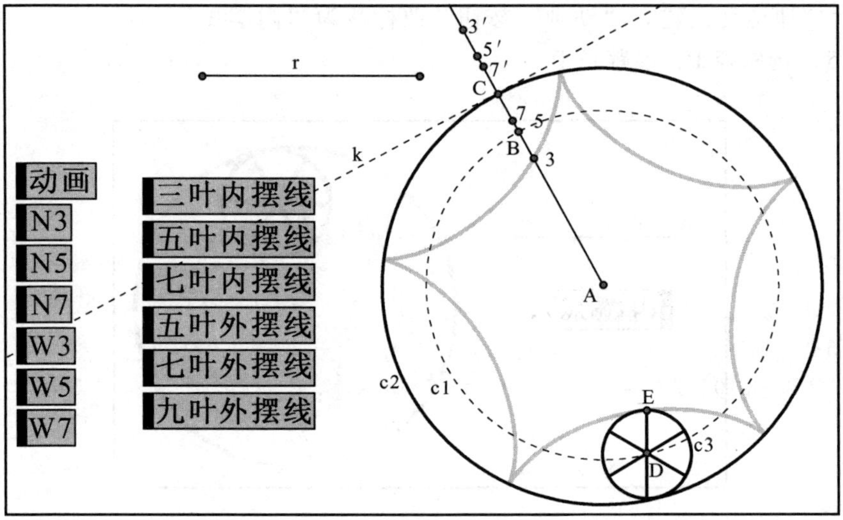

图 5.7

构造各种操作按钮

(6) 分别作点 B 到各分点的“移动”按钮，改标签为 N3、N5、N7 和 W3、W5、W7.

(7) 同时选中“N3”按钮和“动画”按钮作“系列”按钮，改标签为“三叶内摆线”.

同时选中“N5”按钮和“动画”按钮作“系列”按钮，改标签为“五叶内摆线”.

同时选中“N7”按钮和“动画”按钮作“系列”按钮，改标签为“七叶内摆线”.

同时选中“W3”按钮和“动画”按钮作“系列”按钮，改标签为“五叶外摆线”.

同时选中“W5”按钮和“动画”按钮作“系列”按钮，改标签为“七叶外摆线”.

同时选中“W7”按钮和“动画”按钮作“系列”按钮，改标签为“九叶外摆线”.

注意，所有“系列”按钮的属性“开始前”参数，都选“清除所有轨迹”.

(8) 隐藏所有的内外分点、直线、移动按钮等不必要的对象.

除了点击操作按钮外，也可以拖动点 B 到适当的位置，再单击“动画”按钮，得到不同内外摆线的轨迹.

5.1.3 拉杆实验

例 5.8 一根定长的拉杆中间某位置上有一个固定的支点，当拉杆一端沿着小圆运动时，拉杆另一端在运动中将留下什么样的轨迹.

（1）如图 5.8 所示，先作一个小圆 A；

（2）画线段 CD，作为拉杆的长；

（3）在圆 A 上任取一点 E（拖动点），以 E 为圆心，CD 为半径作大圆 E；

（4）在大圆 E 和小圆 A 之间任意选一点 F（定点），过点 E 和点 F 作射线 k，与大圆交于点 G（自由点）；

（5）选中点 G，单击〈显示/追踪〉，并将颜色设置成红色；

（6）用线段连接 EG，并将颜色设置成蓝色；

（7）选中点 E 和小圆 A，单击〈编辑/操作按钮/动画〉产生动画按钮；

（8）选中大圆 E 和直线 k，单击〈显示/隐藏对象〉；

（9）单击动画按钮或拖动点 E，观察自由点 G 的运动轨迹（若改变拉杆 CD 的长后，轨迹有什么变化），如图 5.9 所示.

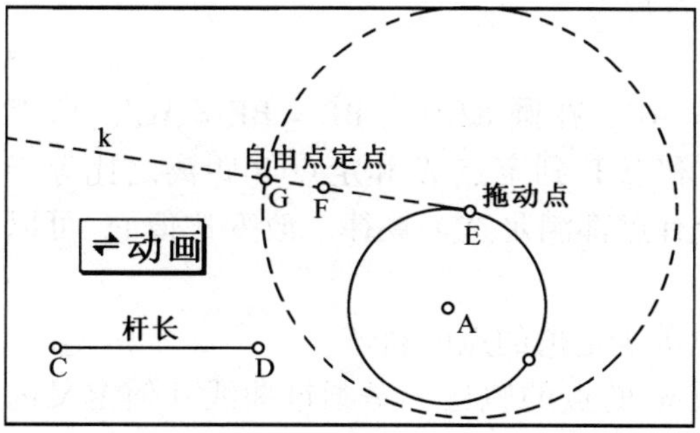

图 5.8

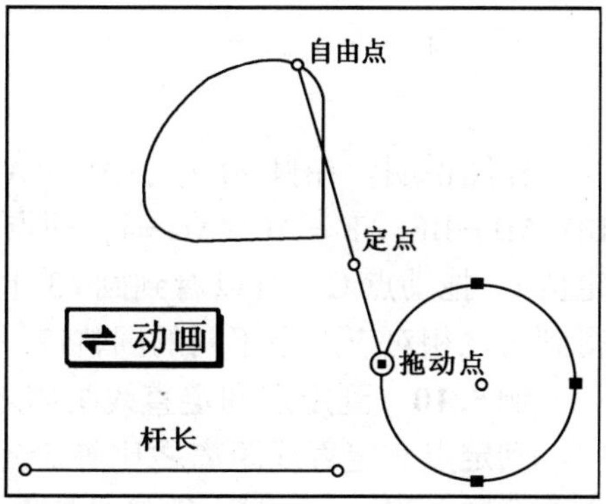

图 5.9

5.1.4 圆锥曲线的统一定义

例 5.9 两定点距离之比等于定值的点的轨迹

（1）如图 5.10 所示，打开一个新画板，画一条直线 j 和直线外一点 B（定点）. 在直线 j 上取定点 A 和动点 C.

（2）新建参数 t，并标记比值，让点 C 以点 A 为中心按标记比缩放得点 C′，则有 AC′/AC = t.

（3）取点 A，C 作圆 c1. 用线段连接 AC′，以点 B 为圆心，AC′为半径作圆

c2，与圆 c1 交于点 D、点 E.

（4）用线段连接 AD，AE，BD，BE.

（5）选中点 C，D 作轨迹，再选中点 C，E 作轨迹，得到一个圆 c3.

（6）作点 C 的“动画”按钮，最后隐藏不必要的对象.

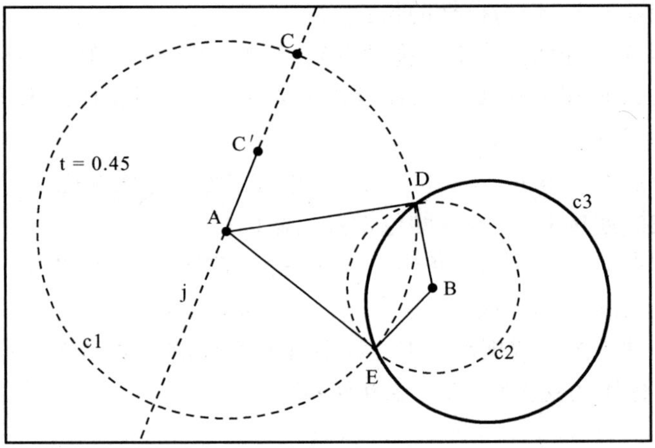

图 5. 10

作图说明：在圆 c1 中，AC = AD = AE，在圆 c2 中，BD = BE = AC′. 所以 BD/AD = BE/AE = AC′/AC = t，即点 D 和点 E 到定点 A 和定点 B 距离之比等于定值 t. 拖动点 C，可以看到圆 c3 上所有点都满足这一规律. 改变比值 t，可以得到与之相对应大小不同的圆轨迹.

例 5. 10　到定点和定直线距离之比等于定值的点的轨迹.

到定点和定直线距离之比等于定值 m 的点的轨迹，是圆锥曲线几何定义的重要命题：当 $m<1$ 时，轨迹是椭圆；当 $m=1$ 时，轨迹是抛物线；当 $m>1$ 时，轨迹是双曲线. 如何直观、动态演示这一规律，下面介绍一种有效的方法.

（1）如图 5. 11 所示，打开一个新画板，画一条竖直线 j（定直线）和直线外一点 A（定点）. 在直线 j 上取点 C，过点 A，C 作线 j 的垂线 l，k，点 B，C 为垂足.

（2）取点 C，B 作圆 c1，交线 k 于点 E.

（3）建参数 t，并标记比值，让点 E，以点 C 为中心，按标记比缩放得点 E′.

（4）取点 C，E′作圆 c2，取 CA 的中点 G 和点 C 作圆 c3，交圆 c2 于点 F.

（5）用直线连接 AF，交线 k 于点 D，则 $AD/CD = CE/CE' = 1/t$.

（6）选中点 C，D 作轨迹，作点 D 关于线 l 的对称点 D′，选中点 C，D′作轨迹. 最后隐藏不必要的对象.

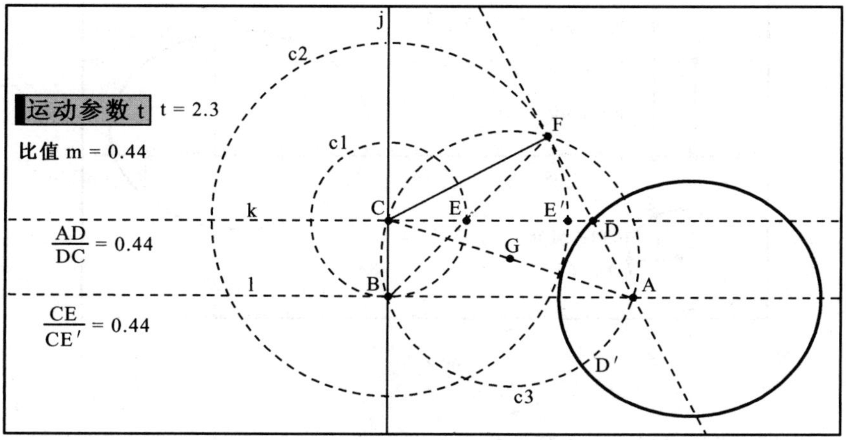

图 5.11

作图说明：在圆 c1 中，CB = CE，在圆 c2 中，CF = CE′.

在△BCF 和△ADC 中，因为∠CFB = ∠ACD = ∠BAC，∠CBF = ∠DAC（同弧上的圆周角相等），所以△BCF 和△ADC 为相似三角形. 则 CB/CF = AD/CD = CE/CE′ = m = 1/t，即到定点 A 和定直线 j 距离之比等于定值 m.

单击“运动参数 t”按钮，比值 m 随之改变，这时可以动态看到，当 m 从小于 1 的值逐渐变为 1 时，轨迹由椭圆逐步变成抛物线；当 m 大于 1 时，轨迹变成双曲线.

5.2 参数方程的函数图像

对于参数方程，直接用图表的“绘制函数”功能，已不能绘制出函数的图像. 需要在小圆上构造一个新的变量 t（即在小圆上画一小角，取它的度量值作为参数 t），利用“计算”功能输入计算公式（即参数方程），分别计算出 x，y 点对的值. 再利用“图表/绘出（X，Y）”绘制出点对（x，y）对应的点，最后利用“构造/轨迹”功能绘出参数方程的图像.

例 5.11 在直角坐标系下动态演示参数方程$\begin{cases} x = a\cos t - k \\ y = b\sin t + k \end{cases}$的图像.

方法一：利用计算、绘点、作轨迹方法.

1）建立直角坐标系

如图 5.12 所示，选中〈编辑/参数选择/弧度制〉，建立相应的坐标系：选中〈图表/定义坐标轴〉，改原点为 O，单位点为 1.

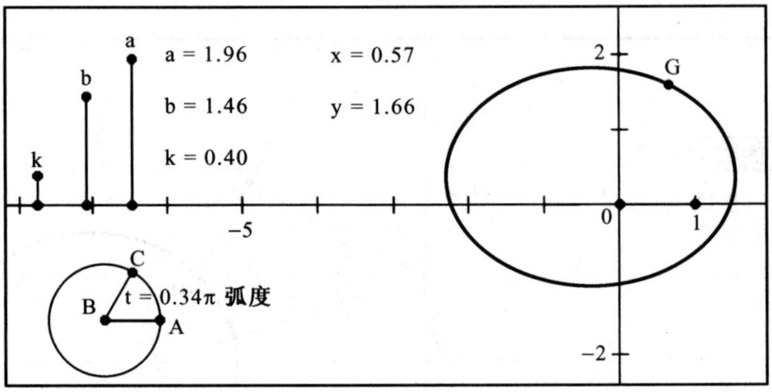

图 5.12

2）准备工作：截取变量和常量的值

参数 t：画一小圆，在小圆上画一小角 ABC，选中点 A，B，C 度量小角的值，改标签为 t.

常量 a，b，k：在 x 负半轴上画点 D，E，F，过点 D，E，F 分别作纵轴的平行线，在这三条直线上分别取三个点 a，b，k. 隐藏这三条直线，连接线段 Da，Eb，Fk，将点 D，E，F 隐藏起来；度量点 a，b，k 的纵坐标值，分别改标签为 a，b，k.

3）构建计算公式及轨迹

(1) 利用“构造/计算”功能，输入计算公式“a * cos（t） - k”，并改标签为 x；再输入计算公式“b * sin（t） + k”，并改标签为 y.

(2) 同时选中 x 与 y 的度量值，单击〈图表/绘出（X，Y）〉选项，绘出点 G.

(3) 在该坐标系中同时选中轨迹上的点 G 和自变量的动点 C，单击〈构造/轨迹〉选项，绘出椭圆的轨迹图像.

方法二：利用函数图像迭加的方法，构造参数方程的图像.

1）建立直角坐标系

选中〈编辑/参数选择/弧度制〉，建立相应的坐标系：选中〈图表/定义坐标轴〉，改原点为 O，单位点为 1；过原点 O 和点（-1，-1）作射线.

2）准备工作：截取变量和常量的值

变量 t：在 x 轴上取一点 M（13，0），并用线段连接 OM. 在线段 OM 上任取一动点 N，度量点 N 的横坐标值，并改标签为 t；

常量 a，b，k：同方法一，建立 a，b，k 的值.

3）构建计算公式及动画

(1) 利用“构造/计算”功能，输入计算公式“a * cos（t） - k”，并改标

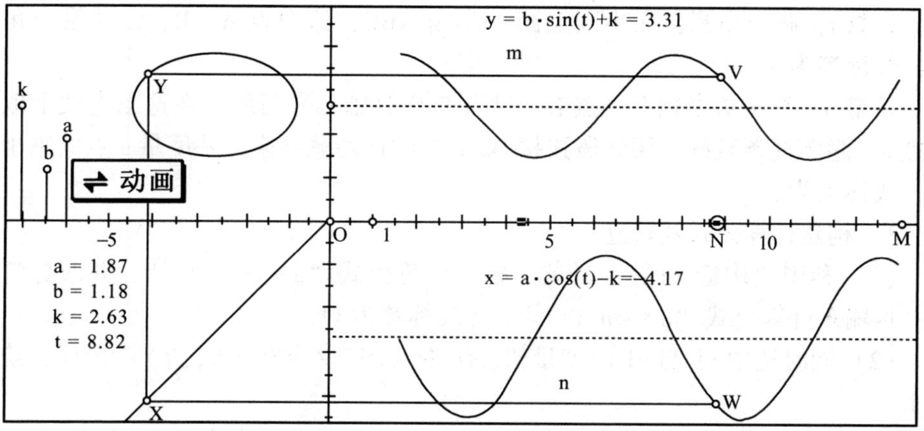

图 5.13

签为 x；再输入计算公式“b * sin（t） +k”，并改标签为 y.

（2）同时选中 t 与 y 的度量值，单击〈图表/绘制（X，Y）〉选项，绘出点 V；再同时选中 t 与 x 的度量值，单击〈图表/绘制（X，Y）〉选项，绘出点 W.

（3）过点 V 和点 W 分别作横轴的平行线 m，n，直线 n 与射线交于点 X，过点 X 作纵轴的平行线与直线 m 交于点 Y，用线段连接 VY，XY，XW，并将三条直线隐藏起来.

（4）作动画. 选中点 N，单击〈编辑/操作类按钮/动画〉选项，画板中显示“动画”按钮，并追踪点 Y，W 和 V.

4）版面设计

隐藏不必要的对象，改变轨迹的颜色和线形，作适当的文本说明和标注，调整显示的位置等. 如图 5.13 所示.

本题也可以分别选中点 N 和点 Y，点 N 和 W，点 N 和点 V 作轨迹. 执行系列按钮或用鼠标拖动点 a、或点 b、或点 k，改变系数 a，b，k 的值，观察轨迹的变化情况.

例 5.12 在同一坐标系下绘出星形线 $\begin{cases} x1 = a\cos^3 t \\ y1 = a\sin^3 t \end{cases}$ 和叶形线 $\begin{cases} x2 = 3at/(1+t^3) \\ y2 = 3at^2/(1+t^3) \end{cases}$ 的图像.

1）建立直角坐标系

选中〈编辑/参数选择/弧度制〉，建立相应的坐标系：选中〈图表/定义坐标轴〉，改原点为 O，单位点为 1.

2）准备工作：截取变量和常量的值

参数 t：画一小圆，在小圆上画一小角 ABC，选中点 A，B，C 度量小角的值，改标签为 t.

常量 a：在 x 负半轴上画点 D，过点 D 作纵轴的平行线，在这条直线上取一个点 a. 隐藏这条直线，用线段连接 Da，将点 D 隐藏起来；并度量 a 点的纵坐标值，改标签为 a.

3）构建计算公式及轨迹

（1）利用“构造/计算”功能，输入计算公式“a * cos （t）^{3}”，并改标签为 x1；再输入计算公式“a * sin （t）^{3}”，并改标签为 y1.

（2）同时选中 x1 与 y1 的度量值，单击〈图表/绘出（X，Y）〉选项，绘出点 F.

（3）在该坐标系中同时选中轨迹上的动点 F 和自变量的动点 C，单击〈构造/轨迹〉选项，绘出星形线的轨迹图像.

（4）选中轨迹和 x1 与 y1 的度量值，建立“显示/隐藏”按钮，改标签为“隐藏星形线”.

同样，（1）利用“构造/计算”功能，输入计算公式“3 * a * t/（1 + t^3）”，并改标签为 x2；再输入计算公式“3 * a * t^2/（1 + t^3）”，并改标签为 y2.

（2）根据点对 x2 与 y2 的度量值，单击〈图表/绘出（X，Y）〉选项，绘出点 G.

（3）在该坐标系中同时选中轨迹上的动点 G 和自变量的动点 C（在小圆上），单击〈构造/轨迹〉选项，绘出叶形线的轨迹图像.

（4）选中轨迹和 x2 与 y2 的度量值，建立“显示/隐藏”按钮，改标签为“隐藏叶形线”.

4）版面设计

隐藏不必要的对象，改变星形线轨迹为红色和粗线，改变叶形线轨迹为蓝色和粗线，作适当的文本说明和标注，调整显示的位置等.

作动画. 选中点 C，单击〈编辑/操作类按钮/动画〉选项，画板中显示“动画”按钮，并追踪点 F. 如图 5.14 所示.

5）调试与存盘

用鼠标拖动点 a，改变系数 a 值，观察轨迹的变化情况. 特别在拖动中，当得到系数 a 的特定值时，可以看到特定方程的曲线图形.

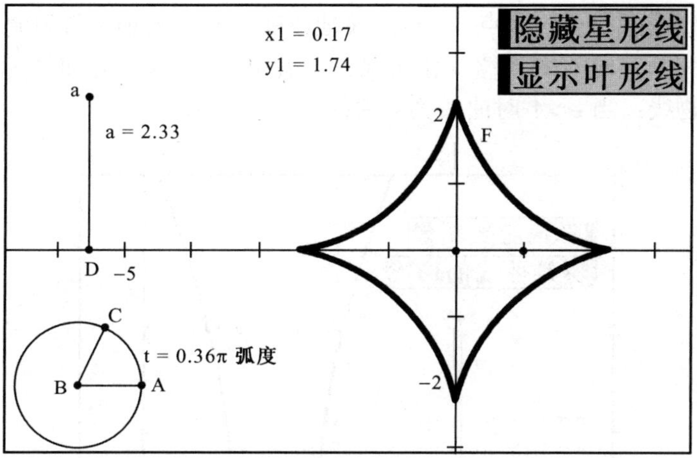

图 5.14

5.3　极坐标方程的函数图像

例 5.13　在极坐标系下绘制圆锥曲线 ρ = ep/（1 − ecosθ）（其中 e 为离心率）的图像.

1）设置作图的支持环境

建立极坐标系：

单击〈图表/网格/极坐标网格〉选项；

单击〈编辑/参数选项/单位/弧度制〉选项；

改原点为 O，单位点为 1.

2）用线段控制常量 e，p

过极轴左端一点 F 作极轴的垂线 j，在垂线 j 上取两点 e，p，分别度量点 e 和点 p 的纵坐标值的值，并改标签为“e”和“p”.

3）输入函数、绘制图形

单击〈图表/绘制新函数〉选项，在“新建函数”对话框中，输入函数式“e * p/(1 − e * cos(θ))”,并改标签为“p”.

4）操作按钮

选中轨迹，建立“显示/隐藏按钮”.

在轨迹上任取一点 D，单击〈编辑/操作类按钮/动画〉选项，画板中显示“动画”按钮，改标签为“圆锥曲线的形成”，并追踪点 D. 如图 5.15 所示.

5）版面设计

隐藏不必要的对象，改变圆锥曲线轨迹为蓝色和粗线，作适当的文本说明和标注，调整显示的位置等.

用鼠标分别拖动点 p 和点 e，可方便地改变 p 和 e 的值，屏幕将同步动态地呈现离心率和圆锥曲线的连续变化情况；可看出：当 e < 1 时曲线为椭圆；e = 1 时曲线为抛物线；当 e > 1 时曲线为双曲线.

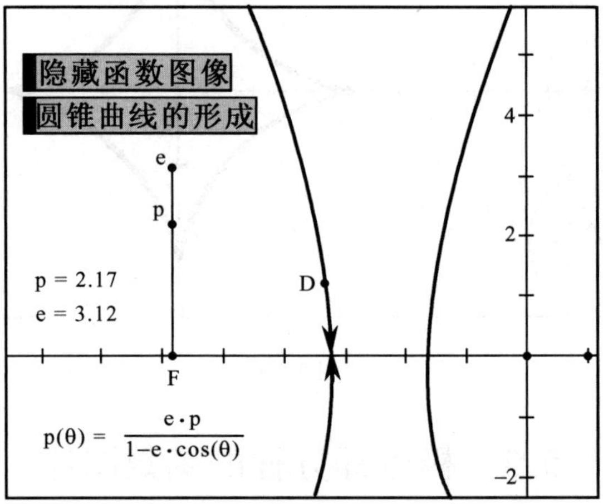

图 5. 15

例 5. 14　在极坐标系下绘制玫瑰线 $\rho = 2a\cos n\theta$ 的图像.

1）设置作图的支持环境（同例 5. 13）

2）用线段控制常量 a，n

过极轴左端一点 F 作极轴的垂线 j，在垂线 j 上取两点 a，n，分别度量点 a 和点 n 的纵坐标值的值，并改标签为 “a” 和 “n”.

3）输入函数、绘制图形

单击〈图表/绘制新函数〉选项，在 “新建函数” 对话框中，输入函数式 “2 * a * cos（n * θ）”，并改标签为 “p”.

4）操作按钮

选中轨迹，建立 “显示/隐藏按钮”；在轨迹上任取一点 D，连接 OD，并度量长度，同时选中线段 OD 和 OD 度量值作参数颜色. 选中点 D 和线段 OD 作轨迹.

5）版面设计

隐藏不必要的对象，改变玫瑰线轨迹为红色和粗线，作适当的文本说明和标注，调整显示的位置等.

6）调试与存盘

用鼠标分别拖动点 n 和点 a，改变 n 和 a 的值，观察玫瑰线的变化情况. 可看出：当 n 为奇数时为 n 叶玫瑰线；当 n 为偶数时为 2n 叶玫瑰线；当 n 为小数时为不规则叶玫瑰线；特别当 n 趋于 0 或 1 时，图形趋于圆. 如图 5.16 所示.

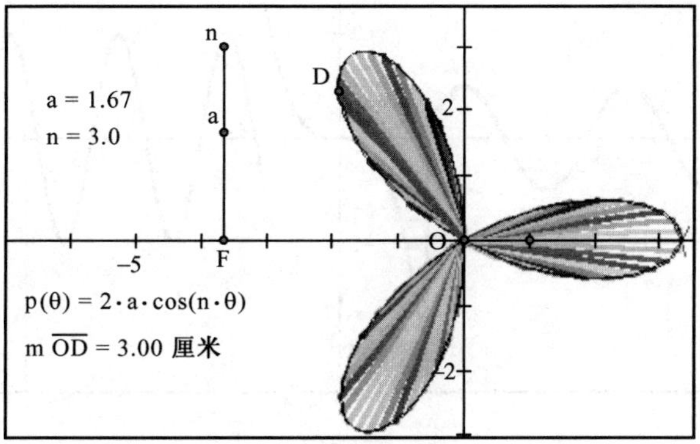

图 5.16

5.4 分段函数的图像

有些复杂函数是有几个简单函数组合而成，在绘制图像时，因为函数的定义域是不同的，为了方便起见，我们采取分段法绘制复杂函数的图像. 方法如下：

$$F(x)=\begin{cases} f1(x), & x<a \\ f2(x), & a\leqslant x\leqslant b \\ f3(x), & x>b \end{cases}$$

方法一：构造符号函数法. 设有分段函数

$s1(x)=(1-\mathrm{sgn}(x-a))/2$ （$x<a$ 为 1，$x\geqslant a$ 为 0 值）

$s2(x)=(\mathrm{sgn}(x-a)+\mathrm{sgn}(b-x))/2$ （$x\in[a,b]$ 为 1，其它为 0）

$s3(x)=(1+\mathrm{sgn}(x-b))/2$ （$x>b$ 为 1，$x\leqslant b$ 为 0）

则

$$F(x)=s1(x)*f1(x)+s2(x)*f2(x)+s3(x)*f3(x)$$

(1)新建参数：a，b （$a<b$）.

(2)新建任意函数 f1(x)，f2(x)，f3(x)（如：$f1(x)=\sin(x-2)$，$f2(x)=x^3$，$f3(x)=2\cos(3*x)$），如图 5.17 所示.

(3) 绘制新函数：

$$F(x)=\frac{1-\mathrm{sgn}(x-a)}{2}*f1(x)+\frac{\mathrm{sgn}(x-a)+\mathrm{sgn}(b-x)}{2}*f2(x)+\frac{1+\mathrm{sgn}(x-b)}{2}*f3(x)$$

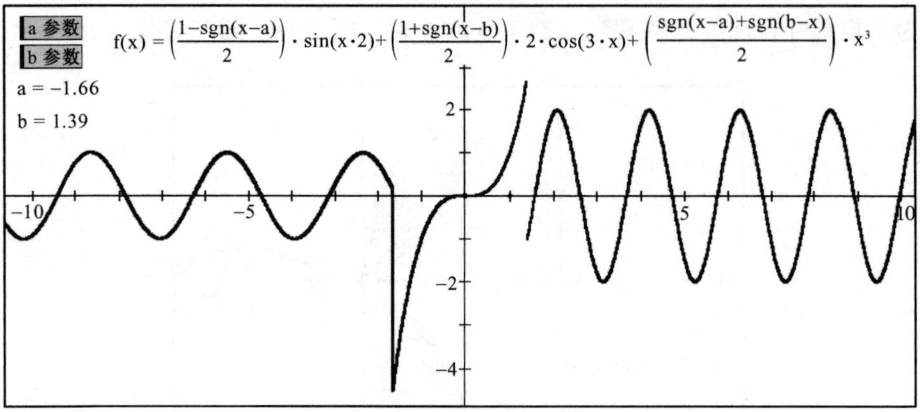

图 5. 17

方法二：分区间作函数法.

（1）将数轴 x 分成三个区间 x1 ∈ ［−∞，a］，x2 ∈ ［a，b］，x3 ∈（b，+∞），在每个区间上作线段或射线，并分别取一个对象点，度量出横坐标 x1，x2，x3.

（2）分别以 x1，x2，x3 为自变量，在相应的区间上构造计算公式 f1(x1)，f2(x2)，f3(x3)，分别选中点对(x1，f1(x1))，(x2，f2(x2))，(x3，f3(x3))，绘出点 F1，F2，F3. 再分别选中点 x1 和 F1，x2 和 F2，x3 和 F3 求作轨迹，绘出不同颜色的函数图像.

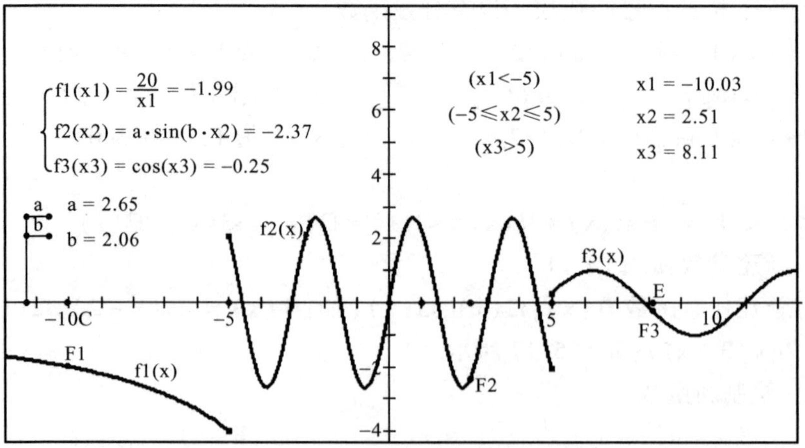

图 5. 18

如分段函数：

$$f1(x)=20/x \qquad (x<-5)$$
$$f2(x)=a\sin(b-x) \qquad (-5\leqslant x\leqslant 5)$$
$$f3(x)=\cos x \qquad (x>5)$$

如图 5.18 所示，当函数图像过大时，拖动 a，b，或单击动画按钮，可以改变 f2（x）的振幅，从而改变 f2（x）函数图像的大小．在实际应用中，我们可以根据需要，绘制其它任意的我们所需要的 f1（x），f2（x），f3（x）的函数图像．

5.5 立体几何课件制作

5.5.1 空间直线、平面课件的制作

为了突出立体几何的三维效果，丰富学生空间想像能力，将二维工具扩充到三维空间中去，便于制作各种立体几何的课件，实现从不同视角动态的观察立体图形．这就要求用户自己定义可转动的坐标系，下面给出构造的方法：先在圆上构造能够控制坐标系的关键点和线段，然后在此基础上定义三维坐标系或空间平面．

（1）如图 5.19 所示，画一条线段 AB，以 A 为圆心 AB 为半径画圆 c1，过点 A 作 AB 的垂线 j.

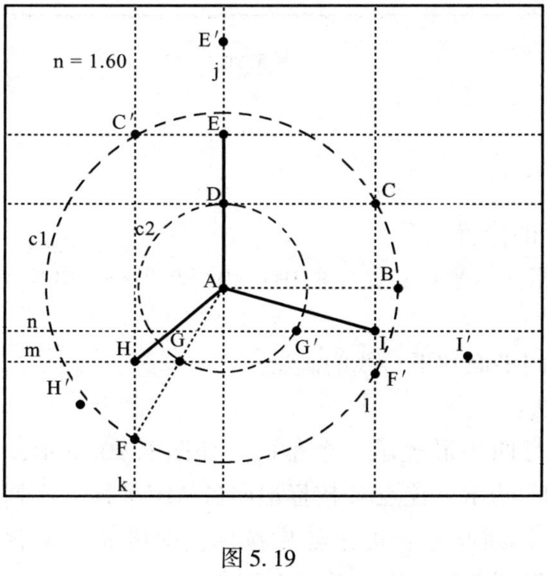

图 5.19

（2）在圆 c1 上画一点 C，让点 C 绕点 A 旋转 90 度，得到点 C′，过点 C 和

点 C′作线 j 的垂线，分别交直线 j 于点 D 和点 E，用粗线连接 AE.

(3) 选中点 A 和点 D 作圆 c2，在圆 c1 上画一点 F，用线段连接 AF，交圆 c2 于点 G，以点 A 为中心，让点 F 和点 G 旋转 90 度，得到点 F′，G′.

(4) 过点 F，F′作直线 j 的平行线 k，l，过点 G 和点 G′作直线 j 的垂线 m，n，直线 k，m 交于点 H，直线 l，n 交于点 I；分别用粗线连接 AH 和 AI.

(5) 新建参数 n，并取初值 2，选中参数 n，标记比值.

(6) 以点 A 为中心，让点 E，H，I，按标记比缩放，得到点 E′，H′，I′.

(7) 隐藏不必要的对象，如图 5.20 所示.

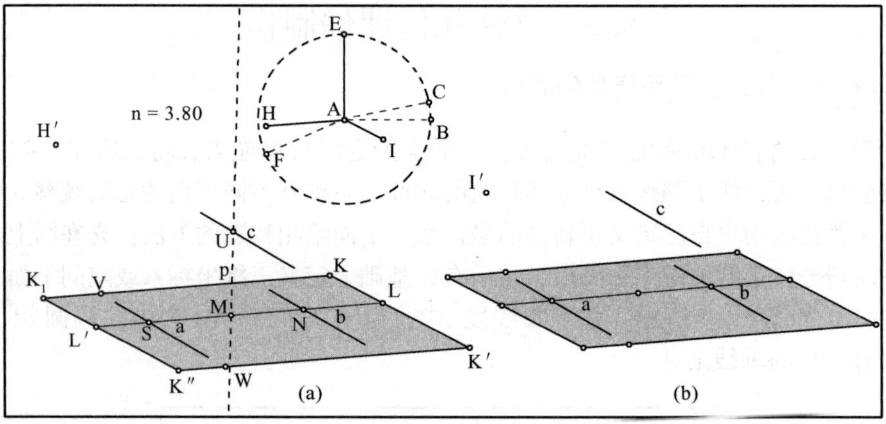

图 5.20

1. 异面直线教学

1) 两条直线的位置关系

①平面上：相交与平行；②空间中：相交与平行；③空间中第三种关系：异面.

例 5.15　空间平面和平行线的画法.

空间平面画法：

(1) 绘制平行四边形表示一个平面. 如图 5.20 所示，在上面作图的基础上，在圆 c1 外画一点 K，让点 K 按标记向量 AH′平移，得到点 K_1；让点 K 按标记向量 AI′平移，得到点 K′；再让点 K′按标记向量 KK_1 平移，得到点 K″. 用线段连接 KK′K″K_1 得到空间平面，并着上颜色.

(2) 绘制平面的垂线. 在 KK′上画一点 L，让点 L 按标记向量 KK_1 平移，得到点 L′，连接 LL′，并在 LL′上任取两点 M，N. 过点 M 作线段 AE 的平行线 p，得到平面的垂线.

平行线画法：

（1）分别在线段 KK_1，K′K″取点 V、W，连接 VW 交 LL′于点 S. 让线段 VW 以点 S 为中心缩放 3/4 倍，得到平面内线段 a.

（2）让线段 a 按标记向量 SN 平移，得到平面内平行线 b.

（3）在直线 p 取一点 U，让线段 a 按标记向量 SU 平移，得到平面外平行线 c.

2）异面直线

不同在一个平面内的两条直线（即不相交又不平行）.

例 5.16　两条异面直线.

（1）作空间平面 α. 用例 5.15 的方法构造空间平面 $KK'K''K_1$ 得到空间平面 α. 在 KK′上画一点 L，让点 L 按标记向量 KK_1 平移，得到点 L′，连接 LL′，并在 LL′上任取点 M. 过点 M 作线段 AE 的平行线 p，得到平面的垂线.

（2）作另一个平面 β. 在垂线上取一点 U，让点 K，K′按标记向量 LU 平移，得到 K′，K″，用线段连接 KK′K″K′得到空间平面 β，并着上颜色.

（3）作异面直线. 用线段连接 LM，得到平面 α 内线段 b. 在平面 β 的 KK′上取点 Y，同时选中点 K，Y 标记向量. 在两平面的交线 KK′上取一点 N，让点 N 按标记向量 KY 平移，得到点 N′，用线段连接 NN′得到平面 β 内线段 a，则 a，b 为异面直线，如图 5.21 所示.

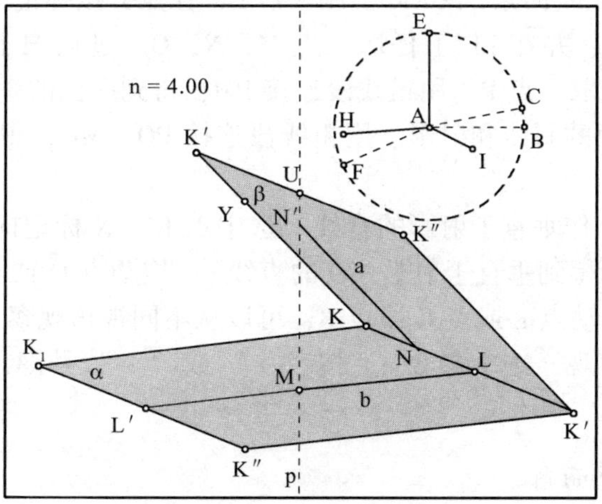

图 5.21

2. 三垂线定理

例 5.17　如果平面内的直线 a 垂直于斜线 PO 的射影 MO，那么直线 a 垂直于斜线 PO.

（1）作空间平面. 如图 5.22 所示，在圆 c1 外画一点 K，让点 K 按标记向量 AH′平移，得到点 K_1；让点 K 按标记向量 AI′平移，得到点 K′；再让点 K′按标记向量 KK_1 平移，得到点 K″. 用线段连接 $KK'K''K_1$ 得到空间平面，并着上颜色.

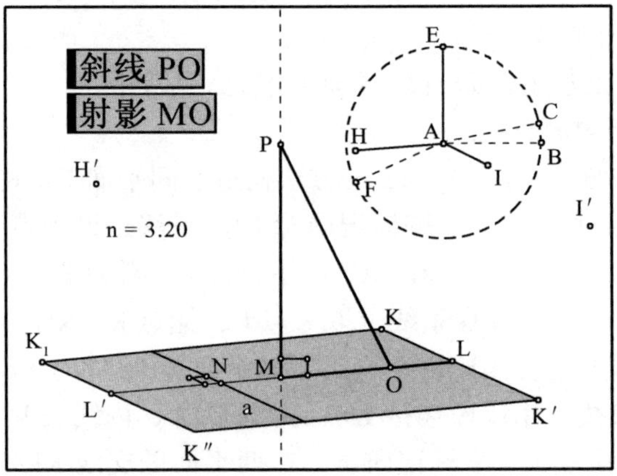

图 5.22

（2）绘制平面的垂线. 在 KK′上画一点 L，让点 L 按标记向量 KK_1 平移，得到点 L′，连接 LL′，并在 LL′上任取三点 M，N，O. 过点 M 作线段 AE 的平行线，在平行线上任取一点 P，用粗线段连接 PM，得到平面的垂线 PM.

（3）绘制平面的斜线和射影. 用粗线段连接 PO，MO，得到平面的斜线 PO 和它的射影 MO.

（4）在平面上作垂直于射影的直线. 选中点 L′，N 标记向量，让线段 K_1K'' 按标记向量平移，得到垂直于射影 MO 的直线 a；拖动点 O 或点 N，改变斜线或直线 a 的位置. 拖动点 F 或点 C 或点 B，可以从不同视角观察三垂线与平面的关系，十分形象和直观. 选中参数 n，按“+”或“-”号键，可以整体放大或缩小图形.

3. 二面角的平面角

例 5.18　在两个平面内分别作垂直于棱（两平面交线）的两条射线，这两条射线所成的角叫做二面角的平面角.

（1）作空间平面 α. 如图 5.23 所示，在圆 c1 外画一点 K，让点 K 按标记向量 AH′平移，得到点 K_1；让点 K 按标记向量 AI′平移，得到点 K′；再让点 K′按标记向量 KK_1 平移，得到点 K″. 用线段连接 $KK'K''K_1$ 得到空间平面 α，并着上颜色.

（2）作另一个平面β. 在KK′上画一点L，让点L按标记向量KK_1平移，得到点L′，连接LL′，并取LL′中点M. 过点L作AE的平行线o. 选中点L和点M作圆，交直线o于点N，用线段连接MN. 在线段MN上任取一点V，过点L，V作射线p. 在射线p上任画一点W，让点K，K′按标记向量LW平移，得到点K_2，K_3；用线段连接$KK'K_2K_3$得到空间平面β，并着上颜色.

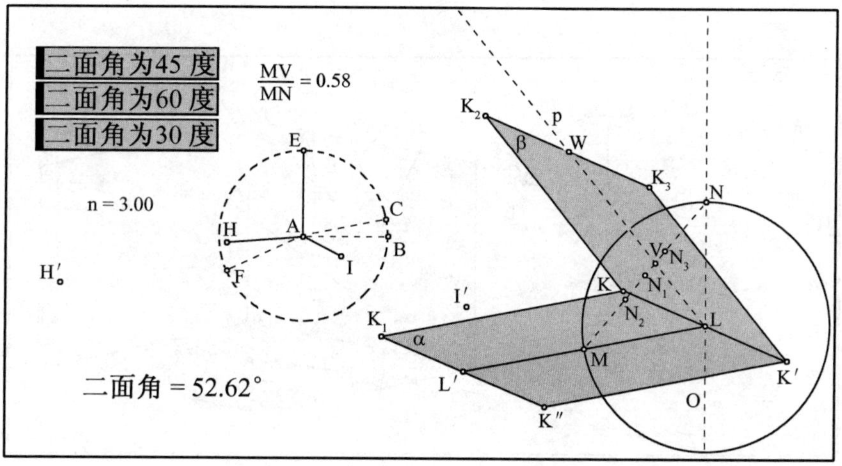

图5.23

（3）计算二面角. 依次选中点M，N，V，单击〈度量/比〉选项，得到MV/MN的比值，再计算“MV/MN∗90°”的值，并改标签为“二面角”.

（4）设置特殊的二面角. 让点N，以点M为中心，分别缩放1/2、3/9、6/9倍，得到点N_1，N_2，N_3. 作点V到点N_1的“移动”按钮，改标签为“二面角为45度”；作点V到点N_2的“移动”按钮，改标签为“二面角为30度”；作点V到点N_3的“移动”按钮，改标签为“二面角为60度”.

（5）最后隐藏不必要的对象.

拖动点V，改变二面角的大小. 拖动点F或点C或点B，可以从不同视角观察两个平面的夹角. 选中参数n，按“+”或“-”号键，可以整体放大或缩小图形.

4. 空间直线的投影

例5.19　在三维坐标系中构造空间一条线段或直线分别到水平面、竖直平面和侧平面的投影，以便从多方位来观察空间直线的射影情况.

（1）作空间水平面. 如图5.24所示，在圆c1外画一点K，让点K按标记向量 AH′平移，得到点 K_1；让点 K 按标记向量 AI′平移，得到点 K′；再让点 K′按标记向量 KK_1 平移，得到点 K″. 用线段连接 KK′K″K_1 得到水平面，并着上颜色.

(2) 作竖直平面和侧平面. 在 KK′上画一点 L，过点 L 作 AE 的平行线 p. 在直线 p 上画点 U，让点 K，K′，K_1 按标记向量 LU 平移，得到点 K′，K″，K_1′，用线段连接 KK′K″K′得到竖直面，并着上颜色；用线段连接 KK′K_1′K_1 得到侧面，并着上颜色.

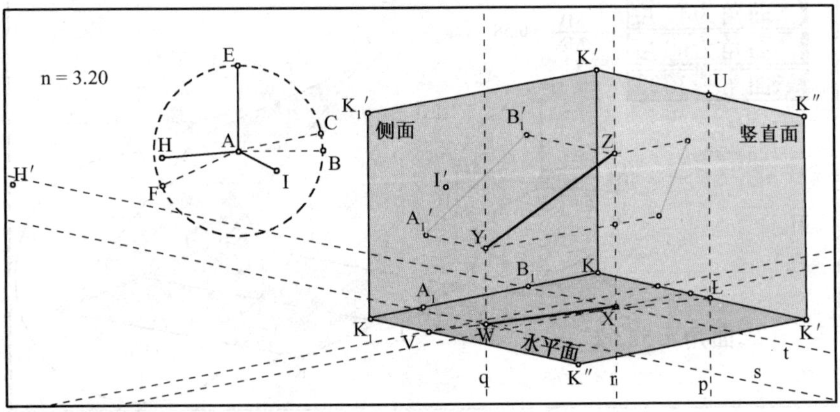

图 5. 24

(3) 作空间直线. 在线段 K_1K″上任画一点 V，连接 LV，在 LV 上任取两点 W，X. 过点 W，X 作直线 p 的平行线 q，r，分别在平行线 q，r 上任画点 Y，Z，用粗线连接 YZ，即得到一条空间直线.

(4) 作空间直线到侧平面的射影. 过点 W，X 作线段 AI 的平行线 s，t，分别交线段 KK_1 于点 A_1，B_1. 让点 A_1 按标记向量 WY 平移，得到点 A'_1；再让点 B_1 按标记向量 XZ 平移，得到点 B'_1，并用粗线连接 A'_1 B'_1 得到侧面的射影.

(5) 作空间直线到竖直平面的射影. 同第 (4) 步的方法 (略). 最后隐藏不必要的对象.

拖动点 V 或点 L 或点 Y 或点 Z，改变空间直线的位置. 拖动点 F 或点 C 或点 B，可以从不同视角观察空间直线的射影. 选中参数 n，按 “+” 或 “-” 号键，可以整体放大或缩小图形.

5.5.2　旋转体的形成

旋转体的形成课件，主要是在一个椭圆基础上制作的. 先在椭圆上任取一动点，构造和动点发生关系的几何体，然后利用几何画板的 “动画” 和 “追踪”

功能，动态演示旋转体的形成过程.

例 5.20 圆柱.

(1) 打开一个新画板，利用两个同心圆作椭圆，椭圆的长半轴为 AB.

(2) 在椭圆上任取一动点 M；选中点 M，作"动画"按钮，改标签为"圆柱的形成".

(3) 过 M 点作线段 AB 的垂线 k，在该线上任取一点 N，隐藏直线 k，用线段连接 MN.

(4) 将线段 MN 置成浅颜色，同时选中线段 MN 和点 N，单击〈显示/追踪对象〉选项.

(5) 同时选中线段 MN 和点 M，单击〈构造/轨迹〉选项，再选中点 N 和点 M，单击〈构造/轨迹〉选项，产生圆柱轨迹. 选中圆柱轨迹，建立"显示/隐藏"按钮，改标签为"隐藏圆柱".

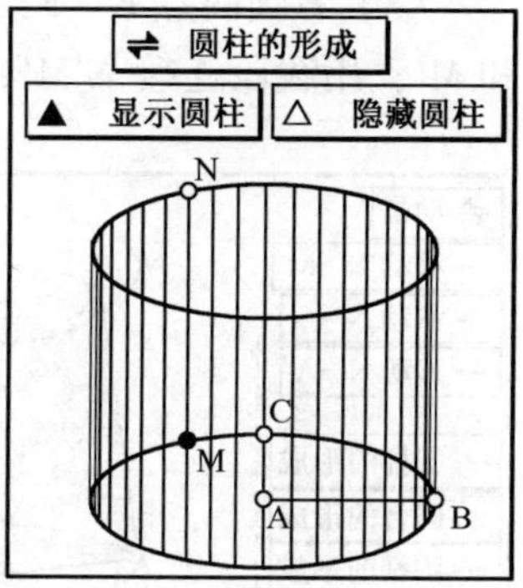

图 5.25

如图 5.25 所示. 单击"圆柱的形成"按钮，画板上会动态演示圆柱面的形成过程，再单击该按钮停止演示. 按 Ctrl + B 键，可以随时清除追踪的轨迹.

例 5.21 圆锥.

(1) 打开一个新画板，利用两个同心圆作椭圆，椭圆的长半轴为 AB.

(2) 过点 A 作线段 AB 的垂线 k，在该线上任取一点 G，隐藏直线 k，用线段连接 AG，BG.

(3) 在椭圆上任取一点 H；选中点 H，作"动画"按钮，改标签为"圆锥的形成".

(4) 连接 GH，将线段 GH 置成浅颜色，单击〈显示/追踪线段〉选项.

(5) 在 GH 上构造一动点 I，选中点 I，作"动画"按钮，改标签为"动截面".

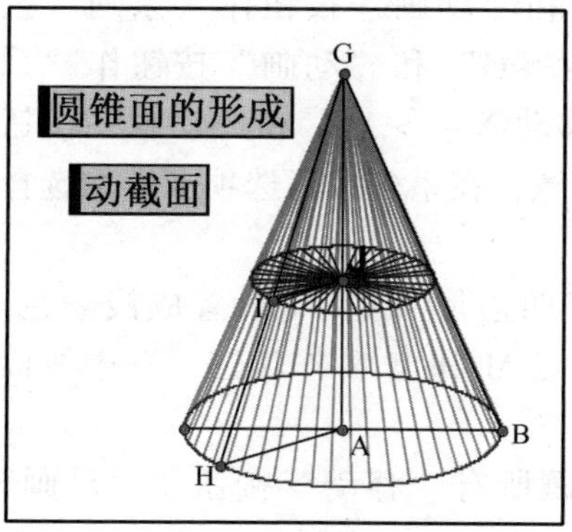

图 5.26

(6) 过点 I 作线段 AH 的平行线，交线段 AG 于点 J.

(7) 作线段 IJ，隐藏平行线，同时选中点 H 和点 J 作轨迹，再同时选中线段 IJ 和点 H 作轨迹，产生椭圆形截面.

如图 5.26 所示. 单击"圆锥的形成"按钮，画板上会动态演示圆锥面的形成过程. 单击"动截面"按钮，会使椭圆形截面上下移动. 按 Ctrl + B 键，可以随时清除追踪的轨迹.

例 5.22 圆柱、圆台、圆锥的形成.

（1）打开一个新画板，如图 5. 27 所示，画出椭圆.

（2）在椭圆上任取一点 M；选中点 M，作“动画”按钮.

（3）另画两点 E、F，并标记为向量. 让点 A 和 M 按标记向量平移，得点 A′和 M′，用线段连接 A′M′，并取中点 G.

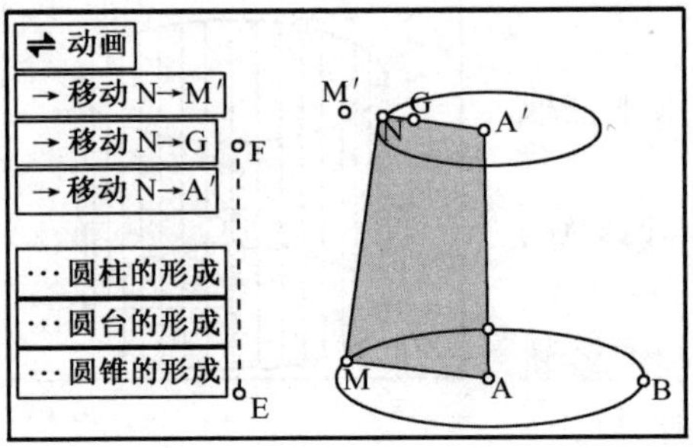

图 5. 27

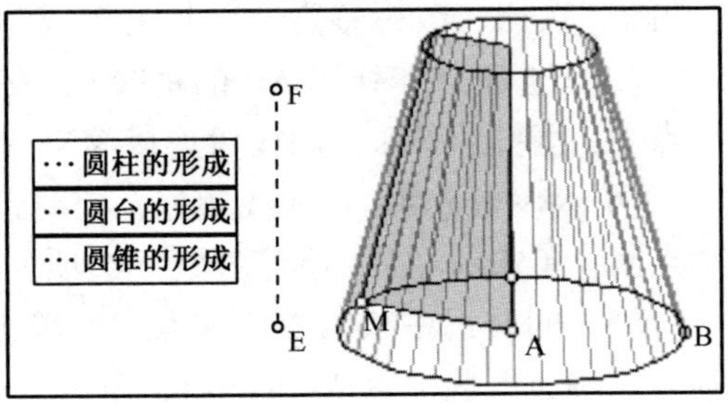

图 5. 28

（4）在线段 A′M′上取自由点 N，分别作点 N 到点 M′，点 N 到点 G，点 N 到点 A′的高速“移动”按钮.

（5）作系列按钮：选中“移动 N－＞M′”和“动画”按钮作“系列”按钮，改标签为“圆柱的形成”；选中“移动 N－＞G”和“动画”按钮作“系列”按钮，改标签为“圆台的形成”；选中“移动 N－＞A′”和“动画”按钮作“系列”按钮，改标签为“圆锥的形成”；注意，在系列按钮选项卡中均选择“清除所有轨迹”选项.

（6）连接点 A，A′，N，M，并取内部，将四边形 AA′NM 设置成浅颜色. 同时选中线段 MN 和点 M 作轨迹，再同时选中点 M 和点 N 作轨迹，选中线段 MN 和 NA′为追踪对象.

（7）隐藏点 M′，N，G，A′和线 M′A′，隐藏所有“移动”按钮和“动画”按钮.

如图 5. 28 所示. 拖动点 F，可以改变母线的长短和方向. 配合 Ctrl＋B 键，再单击各操作按钮，画板上会交替动态演示圆柱或圆台或圆锥的形成过程.

例 5. 23　球的形成.

（1）打开一个新画板，如图 5. 29（a）所示，画一线段 AB，取中点 C，以点 C 为圆心，CA 为半径作圆 c1. 让线段 AB 以点 C 为中心旋转 90 度，得到线段 A′B′.

（2）在圆 c1 上任画一点 D，过点 D 作直径 AB 的垂线段 DE. 在线段 DE 上取一点 F，同时选中点 D 和点 F 作轨迹，得到椭圆 L_1.

（3）在椭圆 L_1 上画一动点 G，作点 G 的快速“动画”按钮，改标签为“球面的形成".

（4）依次选中点 A′，G，B′作弧 a_1，选中该弧取弓形内部，着上黄色，并追踪弧线 a_1.

（5）同时选中点 G 和弧 a_1 作轨迹. 在轨迹上单击右键，在弹出的"轨迹的属性"对话框中，设置图像的采样数量为 50，并建立轨迹的"隐藏/显示"按钮.

（6）最后隐藏不必要的对象，如图 5.29（b）所示.

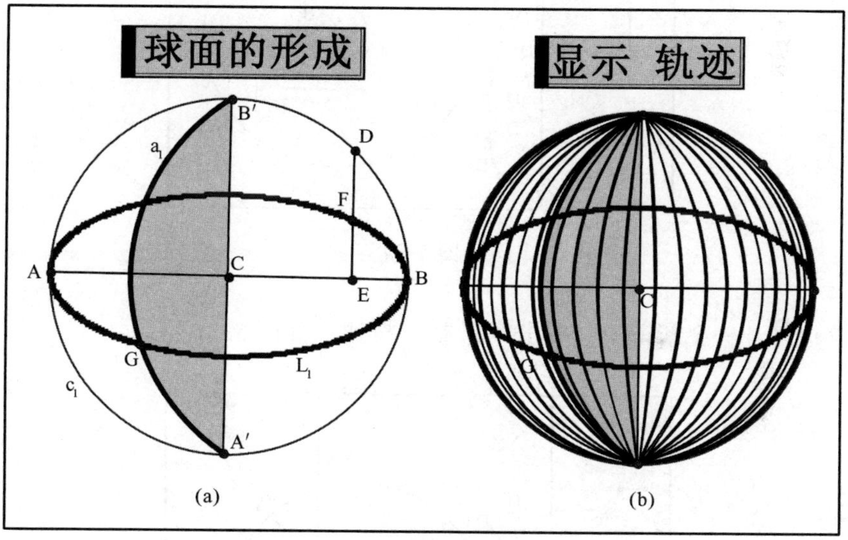

图 5.29

例 5.24　制作任意旋转体.

1）基本思想

以一条直线为轴线，在轴线的同旁任取若干个点. 分别以这些点到轴线的距离为长半轴，取同一小圆的半径为短半轴，小圆圆心为中心，作出对应椭圆上的动点. 然后用标记向量法，将这些动点投影到轴线的同旁相应的位置上，并用弧线连接起来，让这些投影点同步绕轴线一周，追踪其轨迹，即可以实现动态演示旋转体形成的过程.

2）制作过程

（1）如图 5.30 所示：

①作线段 a，b 及竖直直线 k. 作点 O，分别以 O 为圆心，线段 a，b 为半径作圆 c1，c2. 在圆 c2 上取一点 A，连结 OA 交圆 c1 于 B. 定义点 A 在圆 c2 上的一次快速动画.

②在直线 k 右侧适当位置取九个点 D1 ~ D9，分别选中 D1 ~ D3，D3 ~ D5，

D5 ~ D7，D7 ~ D9 构造过三点的弧，作出曲线.

③拉长线段 b，使 b 大于 D1 ~ D9 各点到直线 k 的距离.

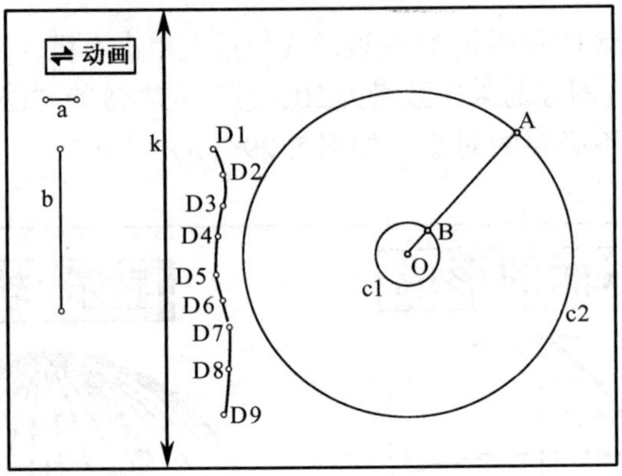

图 5. 30

（2）打开一个新记录，单击“录制”按钮，如图 5. 31 所示：

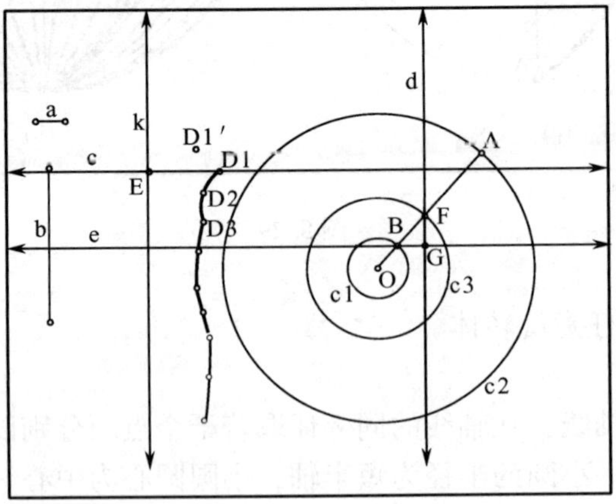

图 5. 31

①过 D1 作直线 c 垂直直线 k 于点 E，以点 O 为圆心，线段 ED1 为半径作圆 c3，交 OA 于点 F.

②分别过点 F，B 作直线 k 的平行线 d 和垂线 e，二直线交于点 G.

③先后选中点 O，E，标记向量 OG，将点 E 按标记向量平移至点 D1′，隐藏不必要的对象. 如图 5. 32 所示.

④对点 D2，D3 重复（1） ~ （3）动作，得点 D2′，D3′.

⑤选中点 D1′，D2′，D3′作过三点的弧，设置为浅绿色，并追踪此弧．单击“停止”按钮．

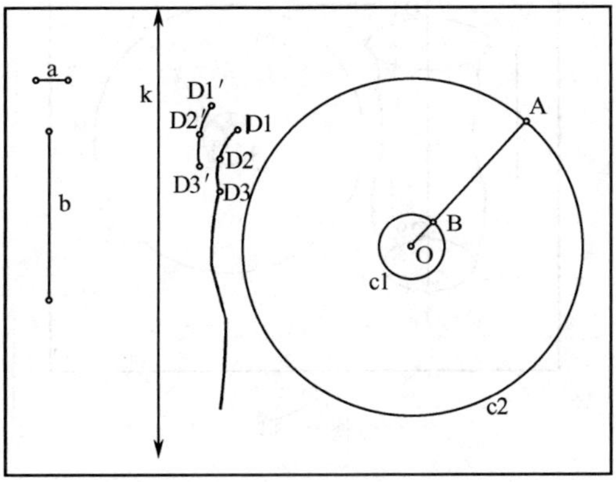

图 5.32

（3）如图 5.33 所示．按记录“前提”顺序选中对象，快放记录三次，得到经变换的整条曲线，隐藏 D2′～D8′，设置 D1′，D9′为红色并追踪．

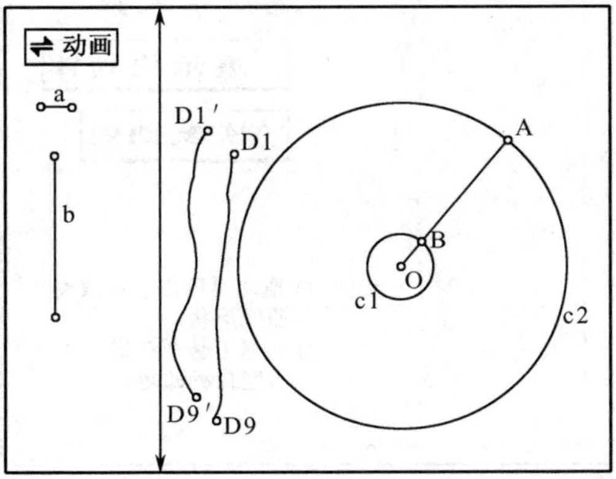

图 5.33

（4）如图 5.34 所示．

①作出旋转后所得的旋转体，其中构造上、下底面的二椭圆，分别选中点 A，D1′和点 A，D9′作轨迹．对所得的旋转体建立“显示/隐藏”按钮．

②过点 O 作直线 f 垂直于直线 k，交圆 c2 右侧于点 H，将点 A 拖至与点 H 近似重合的位置．隐藏不必要的对象．

③拉长线段 b．

（5）将 动画 与 显示 建成 系列，并改名为 展示旋转体；将 隐藏 改名为

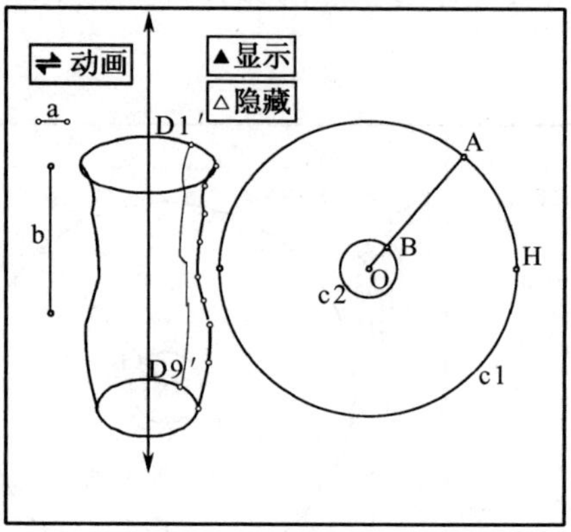

图 5. 34

恢复曲线. 写上标题与说明，如图 5. 35 所示.

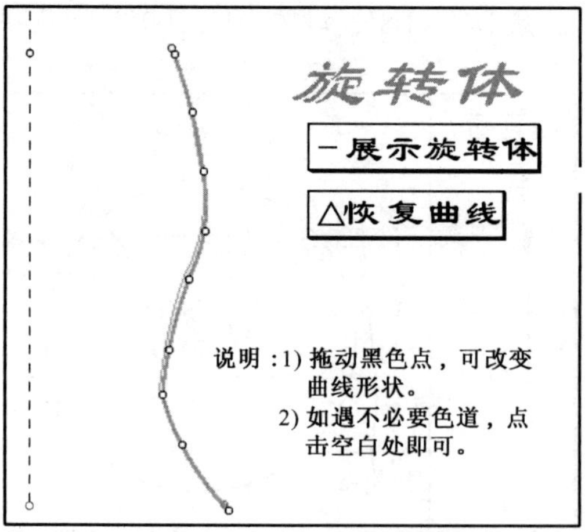

图 5. 35

3）课件使用

此课件动态的揭示了“旋转体”概念的形成过程，有利于学生感性直观的掌握此概念. 在制作过程中运用“化整为零”的技巧实现了整条曲线的移动，体现了极限思想；运用大圆上点的动画技巧实现了 9 个点的同步运动，体现了生动直观性.

5.5.3 最值问题课件的制作

利用几何画板的作图和动画功能，动态演示某些极值问题，使抽象问题具体化、形象化. 有利于极值问题的理解和解决.

例 5.25 棱锥内接棱柱的体积的极值问题.

(1) 作正四棱锥：作水平线段 A_1B_1 和竖直线段 C_1D_1，并度量其长度 a，H. 分别以 a 和 H 作为底面棱长和高，作正四棱锥 S-ABCD，取底面中心为 M.

①另画一点 A，让点 A 按标记向量 A_1B_1 平移，得到点 B. 连接 AB，并取中点 Z，让点 Z 以点 B 为中心按 −135 度旋转，得到点 C. 让点 Z 以点 A 为中心按 45 度旋转，得到点 D，连接 ABCD.

②连接 BD、AC，取交点 M. 让点 M 按标记向量 C_1D_1 平移，得到点 S. 用线段分别连接 SA，SB，SC，SD，得到正四棱锥 S-ABCD.

(2) 作四棱锥的内接四棱柱：在 C_1D_1 上取点 E_1，作线段 C_1E_1，并度量其长度 h. 以 h 为高，在四棱锥 S-ABCD 内部作内接正四棱柱 EFGH-IJKL，其上底面中心为 N.

①让点 M 按标记向量 C_1E_1 平移，得到点 N，过点 N 作 AC，BD 的平行线，与四条棱分别交于点 E，F，G，H.

②让点 E，F，G，H 按标记向量 NM 平移，得到点 I，J，K，L. 用线段连接这八个点，得到内接正四棱柱 EFGH-IJKL.

(3) 计算：计算 $\left(1-\frac{h}{H}\right)^2a^2h$ 的值，改标签为 V. 计算 V/ (1 厘米)^2 的值，改标签为 V′.

(4) 作 V-H 坐标系：过 M 作 AB 的平行线 l，在 l 上截取线段 OV 作为横轴，即 V 轴，隐藏直线 l. 过 O 点作 OV 的垂线 OH 作为纵轴，即 H 轴.

(5) 作出 v-h 曲线：依次选中 M，N，标记向量，让 O 点按标记的向量平移，得到点 h. 再让 O 点按标记值 V′水平移动，得到点 v. 过点 h，v 分别作 H 轴和 V 轴的垂线，得到交点 X，隐藏两条垂线. 选中点 X 和 E1 作出轨迹. 隐藏值 V′.

(6) 作动画按钮：选中点 E1 作“动画”按钮，并追踪点 X. 如图 5.36 所示.

例 5.26 圆锥内接圆柱的体积的极值问题.

通过圆锥内接圆柱的体积及追踪曲线的动态演示，直观、准确的描述了体积与各参数变化的几何和数量关系，极值点一目了然. 使本来单纯的理论计算问题变得生动具体，易于解决. 具体的作法如下.

(1) 作圆锥. 如图 5.37 所示，利用两个同心圆作椭圆，椭圆的长半轴为 OB，过点 O 作 OB 的垂线，在垂线上方任取一点 H，作线段 OH 并隐藏垂线，用

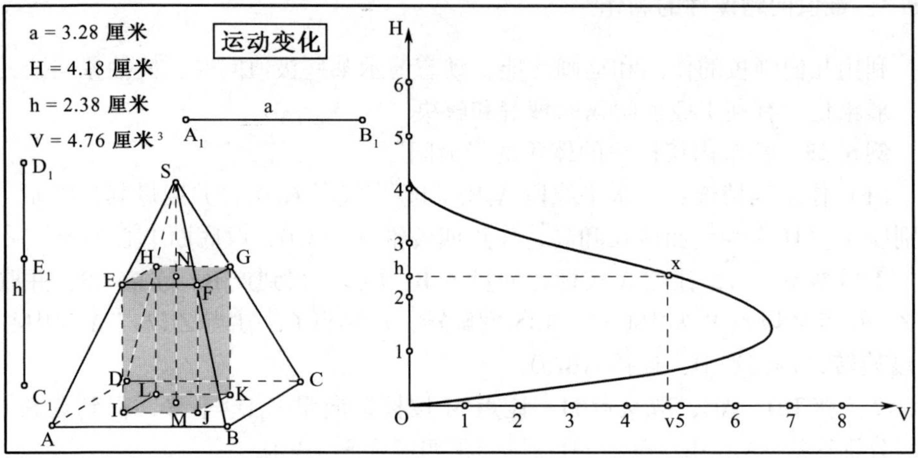

图 5. 36

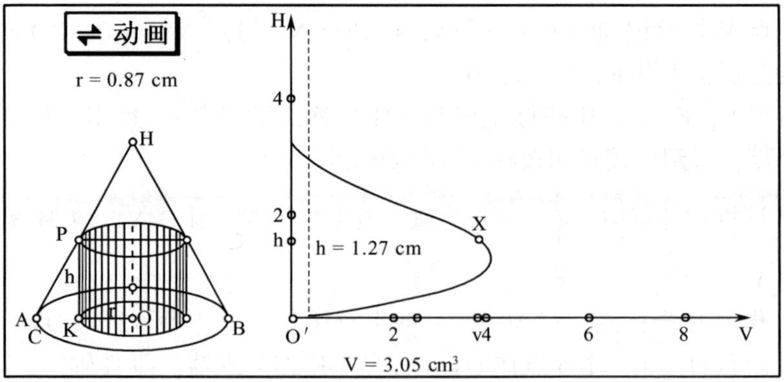

图 5. 37

线段连接点 A，B，H，得圆锥 HAB.

（2）作圆锥内接圆柱.

①在椭圆上取一动点 C，连接 OC，CH，在 OC 上取点 K，选中点 C，K 作轨迹，得小椭圆，即内接圆柱的下底.

②过点 K 作 OH 的平行线，交 CH 于点 P，作线段 KP 并隐藏平行线. 选中点 C，P 作轨迹，得小椭圆，即内接圆柱的上底.

③选中线段 KP 和点 C 作轨迹，得内接圆柱的侧面. 使点 C 移至点 A.

（3）度量 OK 的值改为 r，度量 KP 的值改为 h，计算 $V=\pi r^2 h$ 的值，计算

$V'=V/1cm^2$，并标记该度量值.

(4) 作 H-V 坐标系：在 OB 的延长线上截取线段 O′V 作为横轴，即 V 轴，过点 O′作 O′V 的垂线，在垂线上方取一点 H，连接 O′H 作为纵轴，即 H 轴，隐藏垂线及延长线.

作 v-h 曲线：将 O′点按标记向量 KP 移动，得 h 点，将 O′ 点按标记值 V′水平移动，得点 v，将 h 点按标记值 V′水平移动，得点 x；选中点 K，x 作轨迹，得 h，v 关于 r 的函数曲线.

(5) 作动画按钮：选定点 K 作动画按钮，并追踪点 x.

问题：考虑在什么情况时，圆锥内接圆柱的体积达到最大值?

拖动点 H 或点 B，可以方便的改变圆锥的大小. 拖动点 K 或单击“动画”按钮，屏幕将动态地呈现相应的内接圆柱及内接圆柱的高与体积同步变化的曲线图，能够从图中清楚地看到最大内接圆柱体积所在的位置.

将上面的函数曲线用直方图表示，会更加形象直观，更容易理解. 把上面第 (4) 和第 (5) 步作图改为：

(4′) 作基准线：过点 O、B 作射线，在射线上截取线段 OX 作为作基准线，过点 O 作 OX 的垂线，在垂线上方取一点 Y，连接 OY 作为纵轴，并标上数量单位，隐藏垂线及射线.

(5′) 作直方图：在 OX 轴上取三点 1、2、3，并水平移动 1cm，得点 1′、2′、3′. 让点 1、1′按标记的 h 值向上移动，得到两点，依次选中这四个点取内部，标上大字母 h，得到关于高 h 的直方图，并把 h 的值拖拽到直方图下面. 类似的方法，可以作出关于半径 r 和体积 V 的直方图. 如图 5.38 所示.

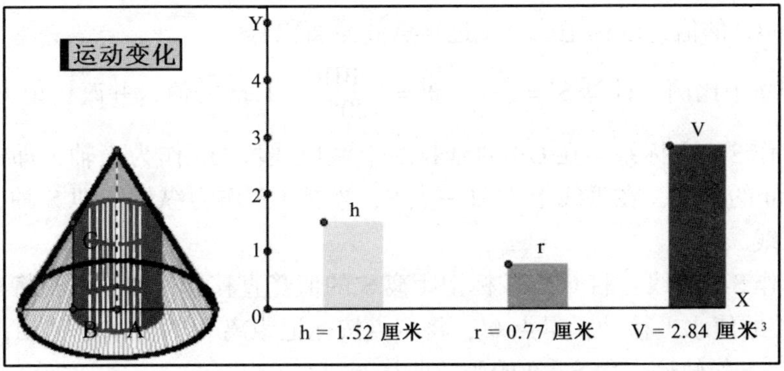

图 5.38

例 5.27 过圆锥顶角的最大截面问题.

(1) 圆锥：如图 5.39 所示，利用两个同心圆作椭圆，椭圆的长半轴为 OA，过点 O 作 OA 的垂线，在垂线上方任取一点 H，作线段 OH 并隐藏垂线，用线段连接点 A，B，H，得圆锥 HAB.

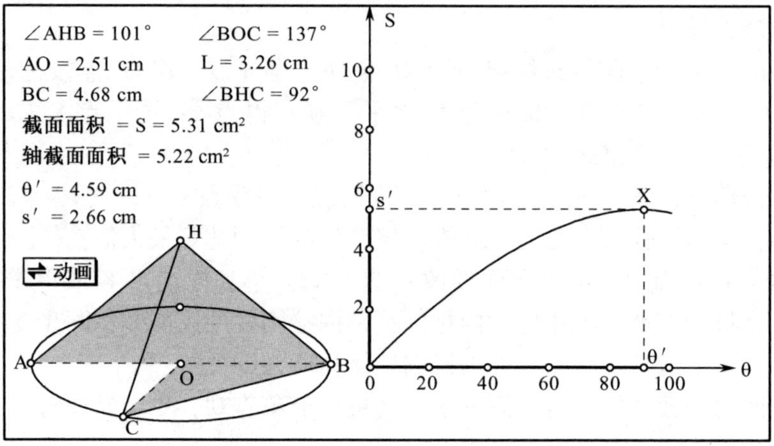

图 5.39

（2）在椭圆上取一动点 C，连接 OC，BC，HC. 分别取三角形 HAB 和三角形 HBC 的内部，并着上不同的浅颜色.

（3）分别度量∠AHB，∠BOC，线段 AO 的值，计算 $BC = 2 \cdot AO \cdot \sin\dfrac{\angle BOC}{2}$的值，度量 SH 的值，改标记为 L，计算 $\angle BHC = \arccos\left(\dfrac{L^2 + L^2 - BC^2}{2 \cdot L \cdot L}\right)$，计算 $0.5 \cdot L^2 \cdot \sin(\angle AHB)$ 的值，改标记为轴截面面积；计算 $0.5 \cdot L^2 \cdot \sin(\angle BHC)$的值，改标记为 S（过顶点截面面积）.

（4）缩小比例：计算 $S' = \dfrac{S}{2cm}$，$\theta' = \dfrac{\angle BHC}{20°} \cdot 1cm$ 的值，并改标记为 S′，θ′；

（5）作 S-θ 坐标系：在 OB 的延长线上截取线段 Oθ 作为横轴，即 θ 轴，过点 O 作 Oθ 的垂线，在垂线上方取一点 S，连接 OS 作为纵轴，即 S 轴，隐藏垂线及延长线.

（6）作 S-θ 曲线：将 O 点按标记距离 S′的值竖直移动，得 s′点，将 O 点按标记距离 θ′′的值水平移动，得点 θ′，将 s′点按标记距离 θ′的值水平移动，得点 x；选中点 C，x 作轨迹，得 S，θ 的函数曲线.

（7）作动画按钮：选中点 C 作动画按钮，并追踪点 x.

问题：考虑是否在所有情况下，轴截面都是最大的截面呢？

拖动点 H，可以方便的呈现出锥顶角为锐角、直角、钝角几种不同的圆锥，动态模拟过顶角的所有截面及同步变化截面面积的曲线图，观察其中的最大值，可以发现当锥顶角是钝角时，最大截面是腰长等于圆锥母线的等腰直角三角形.

5.5.4 圆柱、圆锥截面曲线

1. 圆柱截面曲线的形成

圆柱截面曲线的制作原理：关键是求作截面和圆柱面的一个交点 G.

如图 5.40 所示，因为直线 b 平行于 OP，所以直线 b 在平面 POO′P′上，又已知截面是直线 a，c 所确定的平面，所以直线 c 在截面上．则直线 b 与直线 c 的交点 R，即在截面上又在平面 POO′P′上．又因为点 C 也是截面和平面 POO′P′的交点，所以由点 R，C 确定的直线 d 是截面和平面 POO′P′的交线．则直线 d 与线段 PP′的交点 G 就是截面与圆柱面的一个交点，即为所求的圆柱截面曲线上的点．具体作法如下：

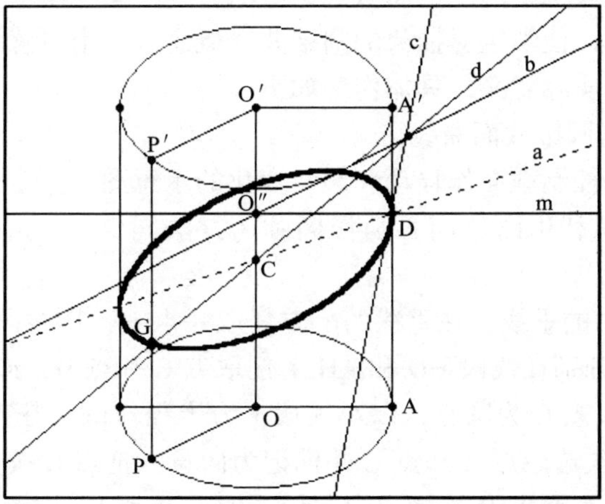

图 5.40

(1) 作椭圆：利用两个同心圆作椭圆，椭圆的长半轴为 OA,，短半轴为 OB.

(2) 在椭圆上任取一点 P，用线段连接 OP．同时选定点 P，O，A，单击〈变换/平移〉选项，输入固定距离 5cm 和固定角度 90 度，得点 P′，O′，A′．连接 PP′，OO′，AA′.

(3) 作 P′轨迹：选中点 P 和 P′，单击〈构造/轨迹〉选项，求得圆柱的上底椭圆.

(4) 在 AA′上任取一点 D，在 OO′上任取一点 C，过点 D、C 作直线 a，作为截面的轴线.

(5) 以点 D 为旋转中心，让直线 a 旋转 60 度，得直线 c．作为截面的另一条边. 这样截面就是直线 a，c 所确定的平面.

(6) 过点 D 作 AO 的平行线 m，交线段 OO′于点 O″；过 O″作 OP 平行线 b，交直线 c 于点 R.

(7) 过点 R，C 作直线 d，交线 PP′于点 G，G 是轨迹上动点，即截面与圆锥面的一个交点.

(8) 作截面曲线：选中点 P 和 G，单击〈构造/轨迹〉选项，构造轨迹.

用线段连接 GC，同时选中线段 GC 和点 P，单击〈构造/轨迹〉选项，构造出圆锥截面.

2. 圆锥截面曲线的形成

圆、椭圆、抛物线、双曲线这四种曲线可以看作不同的平面截圆锥面所得到的截线，故它们统称为圆锥曲线.

利用几何画板模拟不同的平面截圆锥面的过程，动态演示不同圆锥曲线及截面的形成. 这样设计使学生对抽象的圆锥曲线概念有一个更感性的认识，便于学生理解圆锥曲线的实际意义. 具体作法如下.

例 5.28　构造圆锥截面曲线.

(1) 构造能够控制截面作移动和倾斜变化的示意图.

① 作小椭圆：利用两个同心圆作椭圆（方法同例 5.3），椭圆的长半轴为 OA，短半轴为 OB.

② 过 O 作 OA 的垂线，在垂线的上方任取一点 H，作线段 HO 并隐藏垂线，用线段连接 AH，分别在线段 HO 和 AH 上任取点 C 和点 D，连接 CD.

③ 作截面：以点 C 为圆心，以小线段 r 为半径作圆，在上半圆上任取一点 E，隐藏小圆. 依次选中点 E 和点 C 并标记为向量，把点 C 按标记向量平移得点 E′，再依次选中点 C 和点 D 并标记为向量，把点 E 和 E′按标记向量平移得到点 F 和 F′. 同时选中点 E，F，F′和 E′，用线段相连得截面 EFF′E′，并涂上浅黄色. 如图 5.41（a）所示.

注　①拖动点 A 或点 B，可以改变椭圆的大小；

②拖动点 C 或点 D，可以使截面 EFF′E′上下移动或上下倾斜；

③拖动点 E，可以使截面左右倾斜或翻转；

④拖动点 H，可以改变高的长短.

(2) 构造圆锥面被截面所截形成圆锥截面的过程.

① 作大椭圆：与上同法作椭圆，椭圆长半轴 $O'A'=2|OA|$，短半轴 $O'B'=2|OB|$，椭圆中心为 O′.

② 作圆锥面：依次选中点 O 和点 H 并标记为向量，把点 O′按标记向量平移两次得点 H′，使 $O'H'=2|OH|$，在椭圆上任取一点 P，用线段连接 O′P；依次

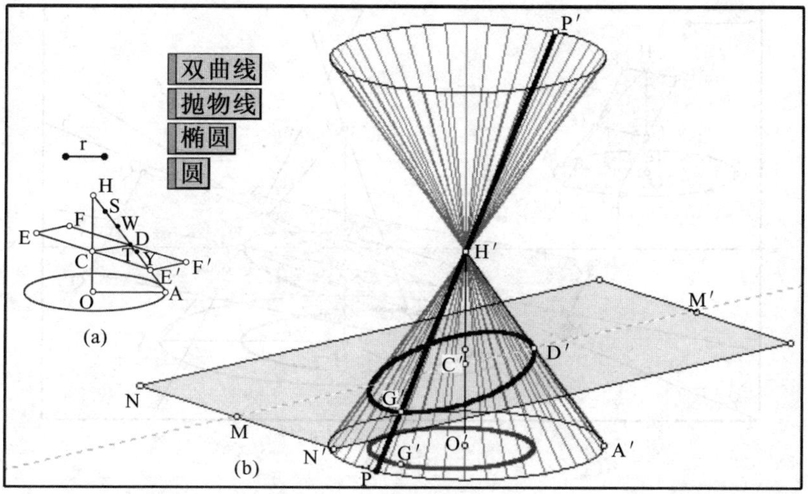

图 5.41

选中点 P 和点 H′并标记为向量，把点 H′按标记向量平移得点 P′，用线段连接 PP′和 A′H′.

作 P′轨迹，同时选中点 P 和点 P′，单击〈构造/轨迹〉选项，求得一个与原椭圆关于 H′对称的椭圆.

作 PP′轨迹，再同时选中线段 PP′和点 P，单击〈构造/轨迹〉选项，作出圆锥面，并用浅颜色表示.

③ 作截面：如图 5.42 所示，依次选中点 O 和 C 并标记为向量，把点 O′按标记向量平移两次得点 C′，使 O′C′ =2 | OC | ，过点 C′作平行于 CD 的直线 a 交 H′A′于点 D′. 在直线 a 上任取一点 M，选中点 M 和 C′并标记为向量，把点 C′按标记向量平移得点 M′；过点 M 作 EE′平行线 d，在 d 任取一点 N，选中点 N 和 M 并标记为向量，使点 M 按标记向量平移得点 N′，依次选中点 M 和 M′并标记为向量，使点 N，N′按标记向量平移得点 Q 和 Q′，隐藏直线 d，用线段连接 N，N′，Q′，Q 得截面 NN′Q′Q，并涂上浅黄色.

④ 作圆锥曲线：如图 5.42 所示，先求作截面 NN′Q′Q 与棱 PP′的交点 G. 过点 D′作 O′A′平行线交 O′H′于 O″点. 分别过点 O″和 D′作线段 O′P 和 FF′的平行线 b 和 c，并交于点 R. 作直线 RC′，求得 RC′与 PP′的交点 G，即为截面与棱 PP′的交点. 隐藏除直线 a 外的所有直线.

求 G 轨迹，同时选中点 G 和点 P，单击〈构造/轨迹〉选项，求得截面与锥面相交的圆锥曲线，根据截面不同位置，G 轨迹可分别形成椭圆、抛物线、双曲线等，如图 5.41（b）所示.

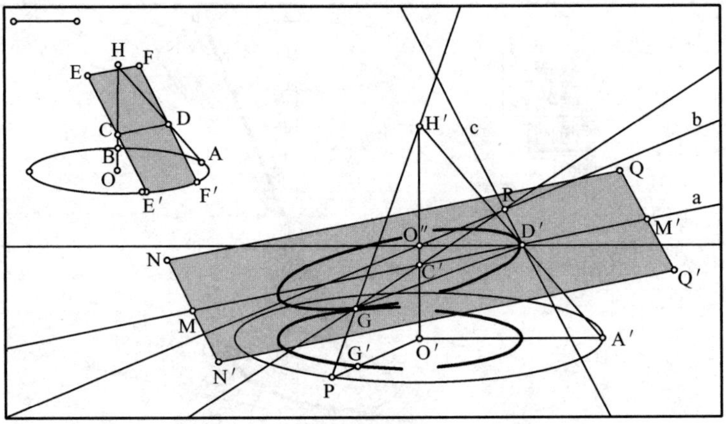

图 5. 42

用同样方法，可以求得圆锥曲线在水平面上的投影，即过 G 点作 A′O′的垂线与 PO′交于点 G′，求点 G′的轨迹即可.

另外我们还可以在线段 AH 上由上至下取点 S，W，T，Y，调整好位置. 分别作点 D 到这四个点“移动”按钮，改标签为“双曲线”、“抛物线”、“椭圆”和“圆”. 作好后隐藏这四个点.

注意，作圆锥截面：同时选中线段 GC′和点 P 作轨迹，产生椭圆形截面.

5. 5. 5　圆柱截面曲线的展开

例 5. 29　构造圆柱截面曲线的展开.

(1) 构造能够控制截面作移动和倾斜变化的示意图

① 作小椭圆：利用两个同心圆作椭圆（方法同例 5. 6），椭圆的长半轴为 OA，短半轴为 OB.

② 过 O 作 OA 的垂线，在垂线的上方任取一点 H，作线段 HO 并隐藏垂线，点 A 按标记向量 O- > H 平移得点 J，连接线段 AJ，HJ，分别在线段 HO 和 AJ 上任取点 C 和点 D，连接 CD.

③ 作截面：以点 C 为圆心、线段 a 为半径作圆，在上半圆上任取一点 E，隐藏小圆. 依次选中点 E 和点 C 并标记为向量，把点 C 按标记向量平移得点 E′，再依次选中点 C 和点 D 并标记为向量，把点 E 和 E′按标记向量平移得到点 F 和 F′. 同时选中点 E，F，F′和 E′，用线段相连得截面 EFF′E′，并涂上浅黄色. 如图 5. 43 所示.

注　①拖动点 A 或点 B，可以改变椭圆的大小；

②拖动点 C 或点 D，可以使截面 EFF′E′上下移动或上下倾斜；

③拖动点 E，可以使截面左右倾斜或翻转.

（2）构造圆柱面被截面所截形成圆柱截线的过程

① 作大椭圆：取点 O′，依次选中点 O 和点 A 并标记为向量，把点 O′按标记向量平移两次得点 A′；依次选中点 O′和点 A′作圆 c1，并在圆上取一点 G，依次选中点 O 和点 B 并标记为向量，把点 O′按标记向量平移两次得点 B′；依次选中点 O′和点 B′作圆 c2，作点 G 的斜二侧投影点 R，依次选中点 G，R，作轨迹.

② 作圆柱：依次选中点 O 和点 H 并标记为向量，把点 O′，A′，R 按标记向量平移两次得点 H′，J′，R′，标记镜面 O′H′，选中点 A′，J′作反射，得点 A″，J″，连接线段 A′J′，A″J″，RR′，依次选中点 G，R′，作轨迹，隐藏所有辅助点. 如图 5.43 所示.

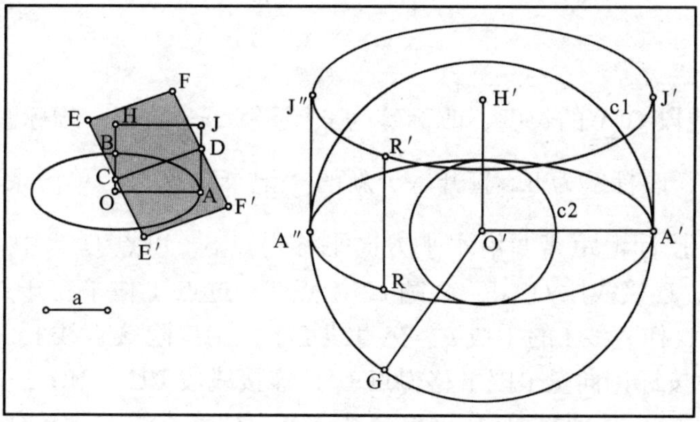

图 5.43

③ 作圆柱截线：如图 5.44 所示. 依次选中点 O 和 C 并标记为向量，把点 O′按标记向量平移两次得点 C′，过点 C′作平行于线段 CD 的直线 a 交 J′A′于点 D′；过点 D′作平行于线段 O′A′的直线 b 交 O′H′于点 K；连接线段 O′R，过点 K 作平行于线段 O′R 的直线 c 交 R′R 于点 L；过点 D′作平行于线段 EE′的直线 d 交直线 c 于点 M，选中点 M，C′作直线 e，交线段 RR′于点 N，依次选中点 G，N 作轨迹，隐藏直线 a，b，c，e，点 M.

（3）圆柱曲线的展开

① 取一点 Q，依次度量线段 RN，NR′，O′H′的长度，计算并标记

$$\frac{\overline{NR}\times\left(1+\operatorname{sgn}\left(\overline{O'H'}-\overline{R'N}\right)\right)\times\operatorname{sgn}\left(\overline{O'H'}-\overline{NR}\right)\times\left(1+\operatorname{sgn}\left(\overline{O'H'}-\overline{NR}\right)\right)}{4}$$

的值，让点 Q 按标记的距离延 90 度平移，得点 Q′，隐藏除 H′O′外的所有度量

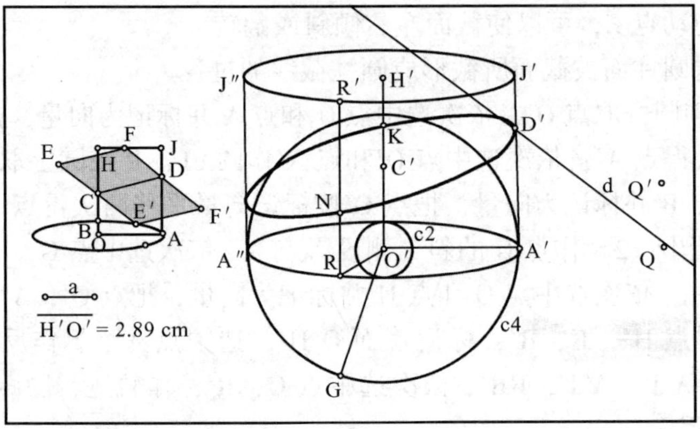

图 5.44

值.

② 度量线段 O′A′的长度，改标签为 r，计算 2πr 的值，改标签为底面周长，计算$\frac{2\pi r}{36}$的值，改标签为 b. 打开一个新的“记录”窗口，单击录制；标记度量值 b，让点 Q 按标记距离 b 沿水平方向平移得点 S，以点 O′为中心，点 G 旋转 10 度得点 G′，连接线段 O′G′，交圆 c2 于点 T，过点 T 作平行于线段 O′A′的平行线 f，过点 G′作直线 f 的垂线 g，交直线 f 于点 U. 隐藏直线 f，g，线段G′O′，点 T；让点 U 按标记向量 RR′平移得点 U′，连接线段 UU′，UO′，过 K 作与线段 UO′平行的直线 h，交直线 d 于点 W，过点 W，C′作直线 i，交线段 UU′于点 N′，隐藏直线 h，i，点 W，依次度量线段 UN′，N′U′的长度，计算并标记

$$\frac{\overline{N'U}\times(1+\mathrm{sgn}(\overline{O'H'}-\overline{U'N'}))\times\mathrm{sgn}(\overline{O'H'}-\overline{N'U})\times(1+\mathrm{sgn}(\overline{O'H'}-\overline{N'U}))}{4}$$

的值，让点 S 按标记的距离沿 90 度平移，得点 S′，连接线段 Q′S′，作多边形 QSS′Q′，隐藏除度量值 b、H′O′、底面周长以外的所有度量值、圆 c4、线段 N′U、N′U′、UU′、UO′点 N′；如图 5.45 所示.

依次选中点 S、度量值 b、点 G′、点 O′、圆 c2、线段 O′A′、点 U、点 U′、点 K、直线 d、点 C′、度量值 H′O′、点 S′，依次单击“循环”、“停止”；单击“快进”，循环深度为 35（正好一个周期），隐藏所有辅助线、点，作点 R 在其所在椭圆上的“动画”按钮，如图 5.46 所示.

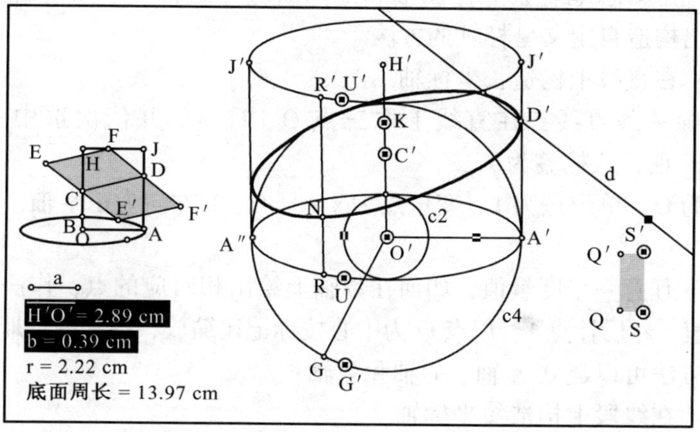

图 5.45

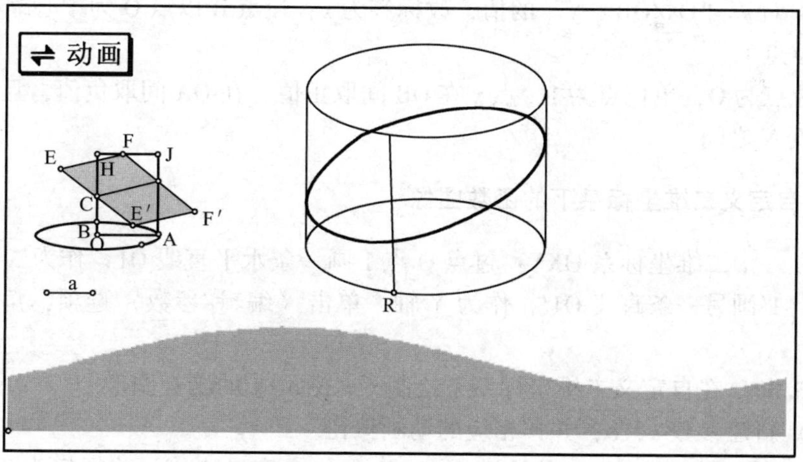

图 5.46

5.6 自定义坐标系的构造与应用

5.6.1 构造自定义坐标轴的方法

几何画板提供的直角坐标系和极坐标系，可以方便地绘制函数图像. 但仅限于二维空间的函数作图，且坐标轴只能上下或左右平行移动，使用上有一定的局限性. 为了拓宽坐标轴的功能，使坐标系既能任意平移又能任意转动，将二维工具扩充到三维空间中去. 便于制作各种立体几何、空间曲线和空间曲面的课件，实现从不同视角动态地观察立体图形和空间曲线. 这就要求用户自己定义坐标系, 下面给出构造自定义坐标轴的方法.

方法一: 在直线上构造长坐标轴.

(1) 先画一条直线, 在直线上取三点 O、1、x, 并依次选中三点, 单击〈度量/比〉选项, 改标签为 x.

则原点为 O, 单位点为 1, 变量点为 x, 且 O、1 方向为正半轴, 另一方向为负半轴.

(2) 对于任意一个度量值, 如何在数轴上绘出相对应的点, 作法是: 先将度量值标记比值, 然后让点 1, 以点 O 为中心按标记比缩放, 得到的点即为所求.

用这种方法可以建立 X 轴、Y 轴和 Z 轴.

方法二: 在线段上构造短坐标轴.

有时需要构造 $x \in [-N, N]$ 区间的坐标轴, 以便控制函数取值范围.

(1) 画一条线段 AB, 取中点 O 和任点 x, 依次选中点 O、B、x, 并度量比. 再新建参数 N, 精度取单位.

(2) 计算 "Ox/OB * N" 的值, 改标签为 x; 让点 B 以点 O 为中心缩小 N 倍得到单位点 1.

则原点为 O, 单位点为 1, 点 x 在 OB 间取正值, 在 OA 间取负值, 且取值范围在正负 N 之间.

5.6.2　自定义二维坐标系下的函数图像

建立一个二维坐标系 OXY: 过点 O 点 1 画一条水平直线 O1, 作为 X 轴, 过点 O、点 1′画另一条直线 O1′, 作为 Y 轴. 单击〈编辑/参数〉选项, 角度选择弧度制.

例 5.30　在自定义二维坐标系下绘制 $y = ax\cos bx$ 的函数图像.

(1) 新建参数 a, b, 并作相应的动画按钮.

(2) 在 X 轴上取点 x, 依次选中点 O、1、x, 度量比值, 改标签为 x (为自变量 x 的值), 其中 O1 为 X 轴单位长.

(3) 度量 O1′的值, 改标签为 I, 为 Y 轴单位长.

(4) 计算 y1 = a * x * cos (b * x) 的值, 并计算 y = y1 * I/1 厘米, 使其转化为对应 Y 轴长度.

(5) 将 y 计算值标记比, 让点 1′以点 O 为中心按标记比缩放, 得点 y.

(6) 让点 y 按标记向量 Ox 平移, 得点 y′, 则点 y′ (x, y) 在 f (x) 上, 用线段连接 y′y.

(7) 选中线段 y′y 和度量值 y, 作颜色参数. 选中点 x 和点 y′作轨迹, 如图 5.47 所示.

重新编辑计算 y1 = f（x）函数式，可以得到不同曲线. 拖动点 1 或点 1′，可以从不同角度观察函数曲线.

在操作过程中，可双击参数值，重新输入所需要的定值，将参数改变，图像也随之改变.

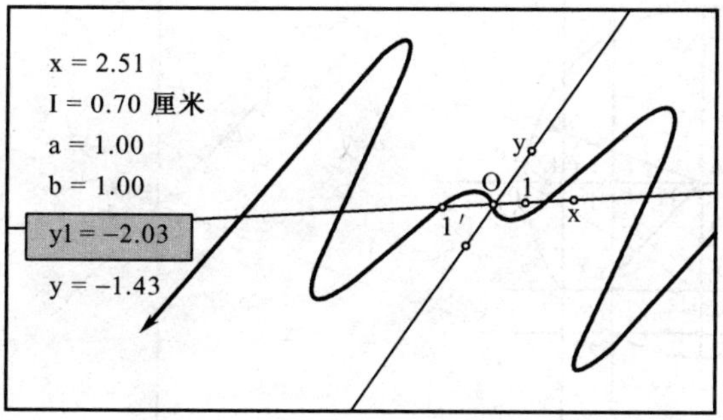

图 5.47

5.6.3　构造任意旋转的三维坐标系

几何画板仅仅提供解决二维 OXY 坐标系中的几何关系问题，而实际应用中存在着大量的三维问题，如空间曲线、空间曲面和三维物体的运动等等，如何将二维工具扩充到三维空间中去，下面给出一种行之有效的方法.

方法一：先在圆上构造能够控制坐标系的关键点和线段，然后在此基础上定义三维 O－XYZ 坐标系.

（1）如图 5.48 所示，过点 A，B 作圆 c1，在圆上取点 C，过点 A，C 作直线 j.

（2）让点 C 以点 A 为中心旋转 90 度，得点 C′. 让点 A 按标记向量 C′A 平移，得到点 A′，连接 C′A′.

（3）圆上取一点 D，过点 D 作 C′A′和直线 j 的垂线，得垂足 E，F.

（4）在圆 c1 上取一点 G，过点 G 作 C′A′和直线 j 的垂线，得垂足 H，I；连接 HC，过点 F 作 HC 平行线，交 C′A′于点 J.

（5）让点 E 以点 A 为中心旋转 90 度得点 E′，过点 E′作 HC 平行线，交 C′A′于点 K.

（6）让点 F 按标记向量 AK 平移得点 F′，连接 AF′；让点 E′按标记向量 JA 平移得点 E″，连接 AE″.

（7）让点 I 以点 A 为中心旋转 90 度得点 I′.

（8）另画一点 O，让点 O 按标记向量 AE″平移两次得点 X，让点 O 按标记向量 AF′平移两次得点 Y，让点 O 按标记向量 AI′平移两次得点 Z.

（9）以点 O 为中心，分别让点 X，Y，Z 旋转 180 度，得点 X′，Y′，Z′.

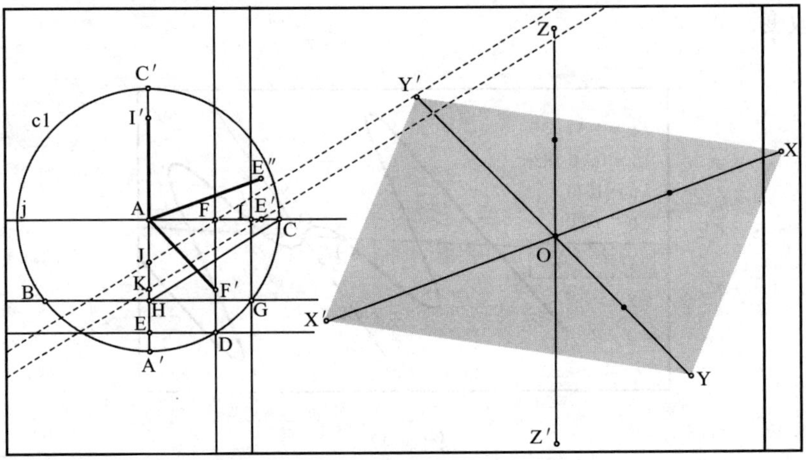

图 5.48

（10）连接 Z′Z，X′X，Y′Y，构成 O-XYZ 坐标系.

说明：拖动点 D，O-XYZ 坐标系绕 OZ 轴旋转；拖动点 G，O-XYZ 坐标系绕 OX 轴旋转；拖动点 C，O-XYZ 坐标系绕点 O 旋转；拖动点 B，放大 O-XYZ 坐标系.

在这种方法定义的 O-XYZ 坐标系下，我们可以制作各种立体几何、空间曲线和曲面的课件.

方法二：先在圆上构造能够控制坐标系的关键点和线段，然后在此基础上定义三维 O-XYZ 坐标系.

（1）如图 5.49 所示，画一条线段 AB，以 A 为圆心 AB 为半径画圆 c1，过点 A 作 AB 的垂线 j；

（2）在圆 c1 上画一点 C，让点 C 绕点 A 旋转 90 度，得到点 C′，过点 C 和点 C′作线 j 的垂线，分别交直线 j 于点 D 和点 E，用粗线连接 AE；

（3）选中点 A 和点 D 作圆 c2，在圆 c1 上画一点 F，用线段连接 AF，交圆 c2 于点 G，以点 A 为中心，让点 F 和点 G 旋转 90 度，得到点 F′，G′；

（4）过点 F，F′作直线 j 的平行线 k，l，过点 G 和点 G′作直线 j 的垂线 m，n，直线 k，m 交于点 H，直线 l，n 交于点 I，分别用粗线连接 AH 和 AI；

（5）新建参数 n，并取初值 2，选中参数 n，标记比值；

（6）以点 A 为中心，让点 E，H，I，按标记比缩放，得到点 E′，H′，I′；

（7）另画一点 O，让点 O，分别按标记向量 AE′，AH′，AI′平移，得到点 Z，Y，X，选中点 O 标记中心，选中点 X，Y，Z 按标记中心旋转 180 度，得到点 X′，Y′，Z′；

（8）用线段分别连接 XX′，YY′，ZZ′，并选中点 X，Y，X′，Y′取内部，得到三维坐标系.

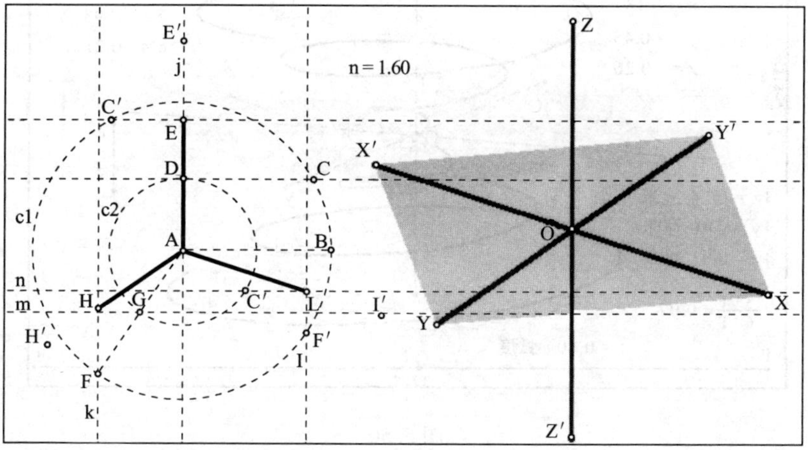

图 5.49

5.6.4 三维曲线的制作

我们可以在已定义好的 O-XYZ 坐标系中，再构造一个自变量参数 t，利用空间曲线的参数方程：x = f（t）；y = Φ（t）；z = Ψ（t）；构造空间曲线. 实现从不同视角动态的观察空间曲线.

例 5.31 绘制参数方程：

$$\begin{cases} x = a * t * \cos t \\ y = b * t * \sin t \\ z = c * t \end{cases}$$

的曲线.

（1）如图 5.50 所示. 用线段法，构造系数参数 a，b，c 的值；分别在 X 轴、Y 轴、Z 轴的正向取点 1，1′，I，并度量它们到原点 O 的距离，改标签为 1x，1y 和 1z（为各轴单位长）.

（2）构造参数 t［−6π，6π］：画线段 PT，取中点 O′和任点 t，依次选中点 O′，T，t 度量比，再乘以 6π 弧度，改标签为 t.

（3）计算参数方程

x = a * t * cos（t） * 1x/1 厘米/1 弧度

y = b * t * sin（t） * 1y/1 厘米/1 弧度

z = c * t/ * 1z/1 厘米/1 弧度

使 x，y，z 变为无单位的值.

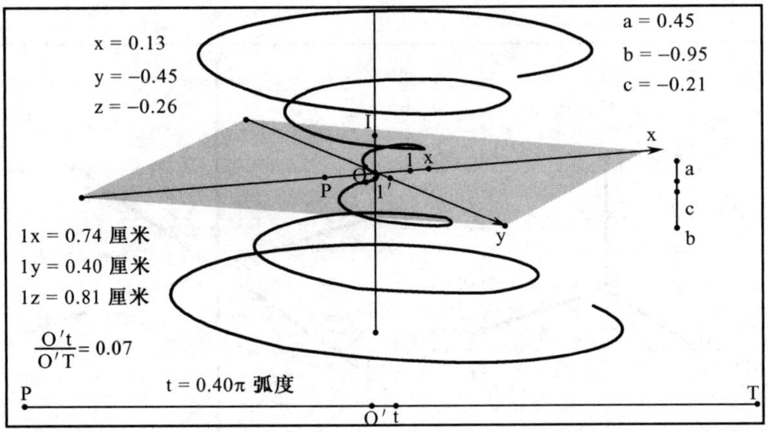

图 5. 50

（4）在数轴上构造 x，y，z 点：

让 X 轴上点 1，以点 O 为中心，按标记比 x 缩放，得 x 点；

让 Y 轴上点 1′，以点 O 为中心，按标记比 y 缩放，得 y 点；

让 Z 轴上点 I，以点 O 为中心，按标记比 z 缩放，得 z 点.

（5）构造空间点 P（x，y，z）：让点 x 按标记向量 Oy 平移，得点 M，再让点 M 按标记向量 oz 平移，得点 P.

（6）选中线段上点 t 和点 P，作轨迹；即得到空间的曲线.

拖动点 D 或点 H 或点 B（见图 5. 48），可以从不同视角观察空间曲线. 重新编辑参数方程计算式，可以绘制出各种空间曲线.

5. 6. 5　三维曲面的制作

几何画板提供了方便的绘制二维函数图像工具，能否将二维工具扩充到三维空间中去，实现三维函数图像动态显示效果，通过以下方法可以显示空间曲面的动态图像.

建立一个三维坐标系 O-XYZ，过点 O 画一条竖直向上的直线 OZ，作为 Z 轴，以点 O 为中心，让 OZ 旋转 120 度，作为 Y 轴，再旋转 120 度，作为 X 轴. 单击〈编辑/参数〉选项，角度选择弧度制.

例 5.32 在自定义三维坐标系下绘制 $z=ae^{-b(x^2+y^2)}$ 的函数图像.

(1) 如图 5.51 所示，新建参数 a，b，并作相应的动画按钮.

(2) 在 X 轴上取点 1，x，依次选中点 O，1，x，度量比值，改标签为 x（为自变量 x 的值），其中 O1 为 X 轴单位长.

(3) 在 Y 轴上取点 1′，y，依次选中点 O，1′，y，度量比值，改标签为 y（为自变量 y 的值），其中 O1′为 Y 轴单位长.

(4) 在 Z 轴上取点 I，度量 OI 长度（为 Z 轴单位长），改标签为 I，其中 OI 为 Z 轴单位长.

(5) 计算 z1 = f（x，y）的值（如：$z1=ae^{-b(x^2+y^2)}$），并计算 z = z1 * I/1 厘米，使其转化为对应 Z 轴长度.

(6) 将 z 计算值标记比，让点 I 以点 O 为中心按标记比缩放，得点 I′.

(7) 让点 y 按标记向量 Ox 平移，得点 y′，让点 y′按标记向量 OI′平移，得点 y″，则点 y″（x，y，z）在 f（x，y）上，用线段连接 y′y″.

(8) 选中线段 y′y″和度量值 y，作颜色参数. 选中点 y 和点 y″，作轨迹，再选中点 y 和线段 y′y″，作轨迹.

(9) 选中轨迹，作追踪.

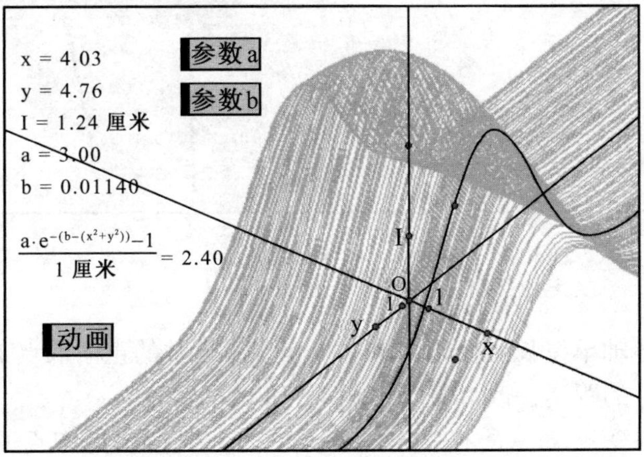

图 5.51

(10) 作点 x 的“动画”按钮，动画参数方向选“向前”，速度选“快速”，播放选“一次”.

通过拖动点 x 来改变自变量 x 的值，实现图形平移. 单击“动画”按钮，函数的三维立体图形便可清晰地展现在我们眼前.

点击参数按钮改变 a，b 的值（其中 b 值尽量取为小数）. 拖动点 I 或点 1 或点 1′可改变各轴的单位长，其中拖动点 I 可改变图形隆起的高度. 由此来调试图形，使图形显示效果达到最优.

重新编辑计算 z1 = f（x，y）函数式，可以得到不同曲面图像. 如：马鞍面 z1 =（$x^2/a^2-y^2/b^2$），椭圆抛物面 z1 =（$x^2/a^2+y^2/b^2$），山包面 z1 = $ae^{-b(x^2+y^2)}$ 等.

例 5.33　在图5.49所定义的三维坐标系下，绘制空间曲面“马鞍面”.

（1）构造参数 a，b，c. 如图 5.52 所示，画一条线段，取中点 0，另取四点 1，a，b，c，依次选中点 0，1，a，单击〈度量/比〉选项，将该比值改标签为 a. 同样方法选中点 0，1，b 或点 0，1，c，将度量比值改标签为 b，c.

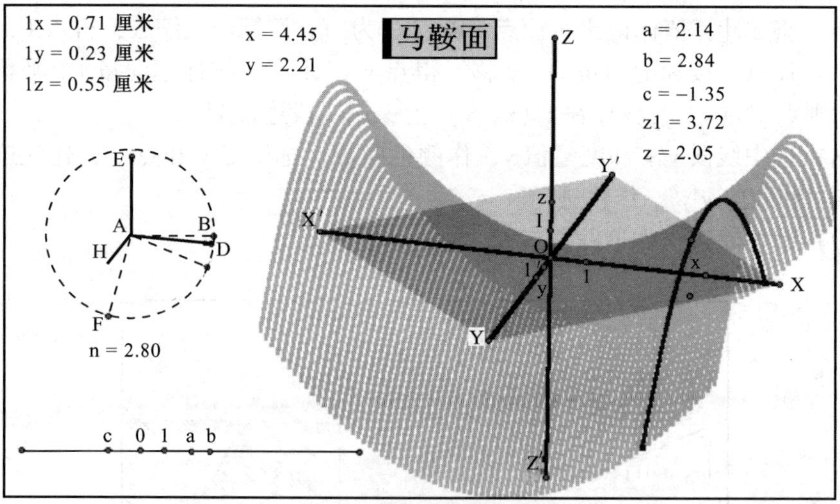

图 5.52

（2）度量各轴单位长. 分别在 X 轴、Y 轴、Z 轴的正向取点 1，1′，I，并度量它们到原点 O 的距离，改标签为 1x，1y 和 1z.

（3）构造自变量 x，y. 在 X 轴上任取一点 x，依次选中点 O，1，x，单击〈度量/比〉选项，将该比值改标签为 x. 在 Y 轴上任取一点 y，依次选中点 O，1，y，单击〈度量/比〉选项，将该比值改标签为 y.

（4）计算函数值. 计算 $x^2/a^2-y^2/b^2$ 的值，改标签为 z1. 计算 z = z1 * 1z/1 厘米，使其转化为对应 Z 轴长度.

（5）构造因变量 z. 将 z 计算值标记比，让点 I 以点 O 为中心按标记比缩放，得点 I′，改标签为 z.

（6）构造点（x，y，z）. 让点 y 按标记向量 Ox 平移，得点 y′，让点 y′按标记向量 Oz 平移，得点 y″，则 y″为马鞍面上一点.

(7) 作轨迹. 选中点 y 和点 y″，作轨迹.

(8) 作“动画”按钮. 作点 x 的“动画”按钮，动画参数方向选“向前”，速度选“快速”，播放选“一次”，并改标签为“马鞍面”. 选中轨迹，作追踪.

通过拖动点 x 来改变自变量 x 的值，实现图形平移. 单击“动画”按钮，函数的三维立体图形便可清晰地展现在我们眼前.

拖动点 a，b，改变 a，b 的值. 拖动点 I 或点 1 或点 1′可改变各轴的单位长，由此来调试图形，使图形显示效果达到最优.

重新编辑计算 z1 = f（x，y）函数式，可以得到不同曲面图像.

例 5.34 下面给出另一个通用的绘制3D空间曲面的画板文件“3D 空间曲面 GSP”，该文件可以作为绘制空间曲面的工具使用.

用户只要在度量结果“z = × × × ×”上单击右键，在弹出的快捷菜单上选择“编辑计算”选项，在“编辑计算”对话框输入新的 z = f（x，y）函数式，就可以绘制出相应的空间曲面图像. 如输入抛物面 $z=(x^2+y^2)/2$ 或马鞍面 $z=x^2/3-y^2/2$ 或山包面 $z=ae^{-b(x*x+y*y)}$ 等.

若增大参数 n 的值，可以加大曲面网格线的密度. 如图 5.53 所示.

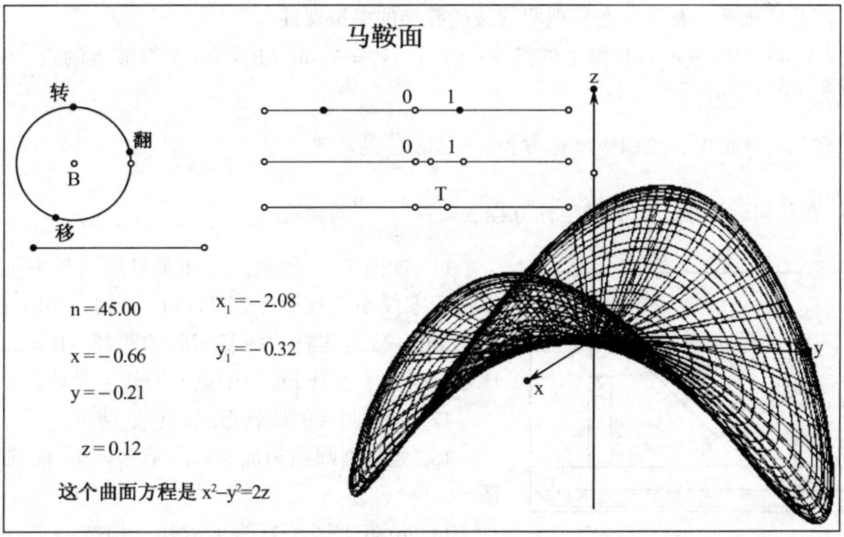

图 5.53

上例的空间曲面是通过追踪轨迹得到的，不便于整体把握空间曲面的变换. 而本例的空间曲面是通过作轨迹生成的，便于整体动态的控制空间曲面的缩放、旋转和移动等变换操作，便于从不同的视角去观察空间曲面.

注　“3D 空间曲面. GSP”文件，存放在光盘的画板范例“第 5 章例题”文件夹中.

习　题　5

1. 由定义作外摆线：设小圆的半径为 j，大圆的半径为 3j. 当小圆沿大圆外侧作旋转运动时，则小圆上某点的轨迹是什么？

2. △ABC 是等腰直角三角形，∠B 为直角，腰长为 a，顶点 A，B 分别在两个坐标轴上滑动，求第三个顶点 C 的轨迹方程.

3. 经过定点 A（x_0，y_0）的一条动直线，分别交 x 轴、y 轴于 M、N 两点，Q 为 MN 中点，连接 OQ 并延长到 P，使 QP = 2OQ，求 P 点轨迹.

4. A 为圆 O 内一定点，B 点是圆上一动点，过点 A 作 AB 垂线与 BO 延长线交于 P 点，求 P 点轨迹.

5. 长为 b 的线段两端点在边长为 a 的正方形的边上移动，求动线段的中点的轨迹. 若连续改变 a 和 b 的长度，观察轨迹的变化情况.

6. 探求方程 $(6-k)x^2+(k-1)y^2=(k-1)(6-k)$ 所表示曲线的形状. 若连续改变参数 k 的值，观察曲线的变化情况.

7. 在同一个坐标系下，绘制函数 $y=\frac{a\sin bx}{x}+c$ 和参数方程 $\begin{cases}x=a+b\sec\theta\\y=c+d\tan\theta\end{cases}$ 的轨迹.

8. 用几何画板，制作动态实现两列波的叠加的模拟课件.

$x_1=A_1\sin(B_1x+\theta_1)$ 横波上的点 (x, x_1)，$y_1=A_2\sin(B_2x+\theta_2)$ 纵波上的点 (y_1, x)，叠加的点 (x_1, y_1).

9. 在几何画板中，绘制极坐标方程 $\rho=a\sin\frac{\theta}{2}$ 的轨迹.

10. 在几何画板中，绘制极坐标方程 $\rho=\frac{a-b\cos\theta}{c-d\cos\theta}$ 的轨迹.

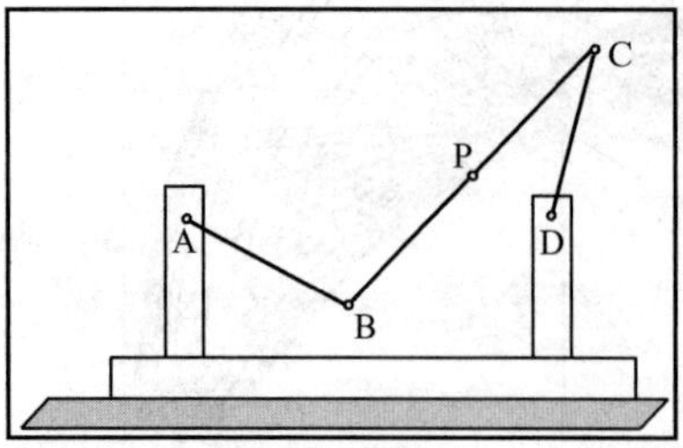

图 5.54

11. 如图 5.54 所示，已知某机床，其中 ABCD 是该机床零件中铰接反平行四边形机构，AB = CD = a，曲柄 BC = 2a 是连杆，两基座间的距离 AD = 2a，当机床运转时，求连杆 BC 的中点 P 的轨迹是什么？

12. 制作圆台的旋转形成过程的演示.

13. 绘制椭圆抛物面 $z=x^2/a^2+y^2/b^2$ 的三维曲面图形.

14. 仿照“例 5.21”的方法，构造一个有实际应用背景的极值问题.

第6章　制作技巧范例篇

6.1　按钮技术

6.1.1　系列按钮的应用

利用几何画板提供的“隐藏/显示”和“系列”等按钮功能，在同一画页上可以方便的实现不同课件之间的转换和操作，也可以实现同一课件的分步操作和演示．使得控制流程清晰、操作便捷，画面整洁、展示的内容突出准确．

1. 建立“显示/隐藏”按钮

（1）打开一个新画板，绘制第一组图形，并配有相应的文本说明．

选中“第一组图形及文本内容”所有信息，执行〈编辑菜单/操作类按钮/隐藏/显示〉选项，建立“显示/隐藏”按钮．在该按钮上单击右键，在弹出的快捷菜单选“属性”命令，弹出“操作类按钮隐藏对象的属性”对话框，单击“显示/隐藏”选项卡，在“显示/隐藏”卡中选择动作的“总是显示对象”，并在“标签”卡中改标签为[显示1]按钮．用同样的方法建立“第一组图形及文本内容”的“总是隐藏对象”按钮，改标签为[隐藏1]按钮．单击[隐藏1]按钮，隐藏“第一组图形”的所有信息．

（2）绘制第二组图形，并配有相应的文本说明．然后选中“第二组图形”所有信息，同样建立[显示2]和[隐藏2]按钮．单击[隐藏2]按钮，隐藏“第二组图形”的所有信息．

（3）重复以上作法，可以建立多组图形“显示/隐藏”按钮．

2. 建立系列按钮

（1）选中[显示1]按钮，同时选中其它组[隐藏i]按钮，执行〈编辑菜单/操作类按钮/系列〉选项，弹出“操作类按钮系列动作的属性”对话框，单击“系列动作”选项卡，在“系列动作”卡中选中“同时执行”和“清除所有轨迹”选项，并在“标签”卡中改标签为[显示内容1]按钮．

（2）用同样方法，可以建立[显示内容2]，[显示内容3]等系列按钮．

（3）对“显示/隐藏”按钮，可以任意组合，建立起满足某种目的的系列按钮；最后隐藏掉多余的信息.

（4）单击[显示内容 i]按钮即可实现显示第 i 组图形及文本，而隐藏掉其它图形信息的效果. 如图 6.1 所示.

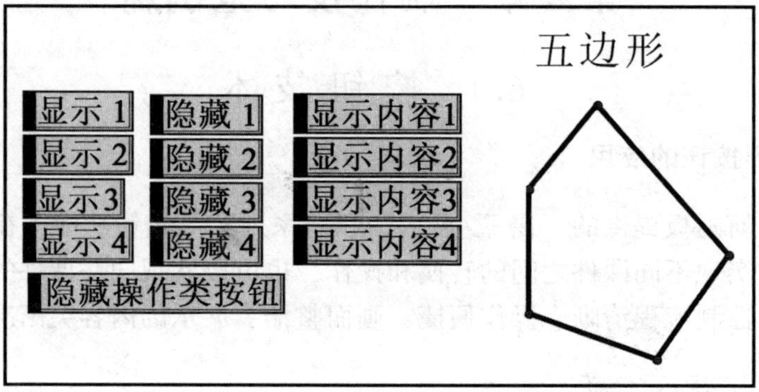

图 6.1

注意，根据需要，也可以选中所有的“显示/隐藏”按钮，再建立一个“显示/隐藏”按钮. 暂时不用时，可以将这组按钮先隐藏起来；用时，再显示出来，以保持版面的整洁. [显示内容 i]各按钮最好改成与显示内容相匹配的名称，更便于识别和操作.

6.1.2　链接按钮的制作

打开一个新画板，先在不同的页面上，制作好各个模块的课件. 然后再在各页面上设置跳转到指定页面的控制按钮，以便给使用者提供一个友好的界面.

1）建立首页的控制“按钮”

利用“文件/文档选项”命令，增加一个空白页面，并设置为第一页. 在首页输入课件的总标题和相关信息，并创建控制“按钮”如下：

（1）单击〈编辑/操作类按钮/链接〉选项，弹出“操作类按钮链接的属性”对话框，在“链接”选项卡点击“页面”按钮，在“页面”下拉菜单中选择链接的目标页（如第 2 页），并在“标签”卡中改标签为[显示内容 1]按钮（一般改为有明显意义的按钮名称，如“人物类”）.

（2）用同样方法，可以建立链接到第 3 页的[显示内容 2]按钮，链接到第 4 页的[显示内容 3]按钮……，如图 6.2 所示.

2）建立其它页的控制“按钮”

除了首页外，在其它页上一般需要建立 3 个“链接按钮”. 一个链接到第 1 页的按钮，改标签为“返回首页”按钮；一个链接到该页前 1 页的按钮，改标签为“上一页”按钮；一个链接到该页后1页的按钮，改标签为“下一页”按钮. 注意，第2页没有“上一页”按钮，最后一页没有“下一页”按钮. 如图6.3所示.

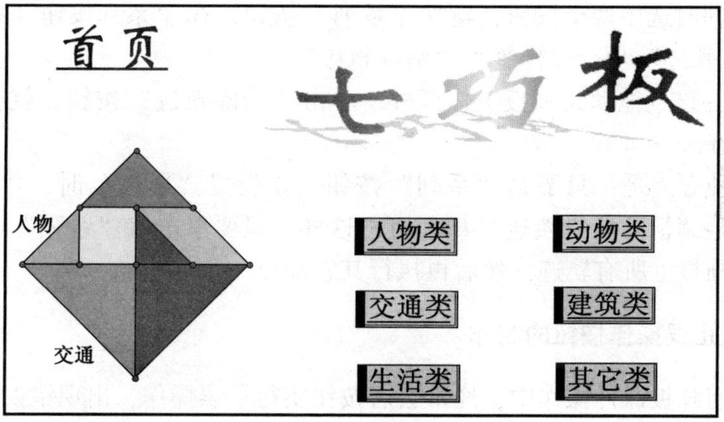

图6.2

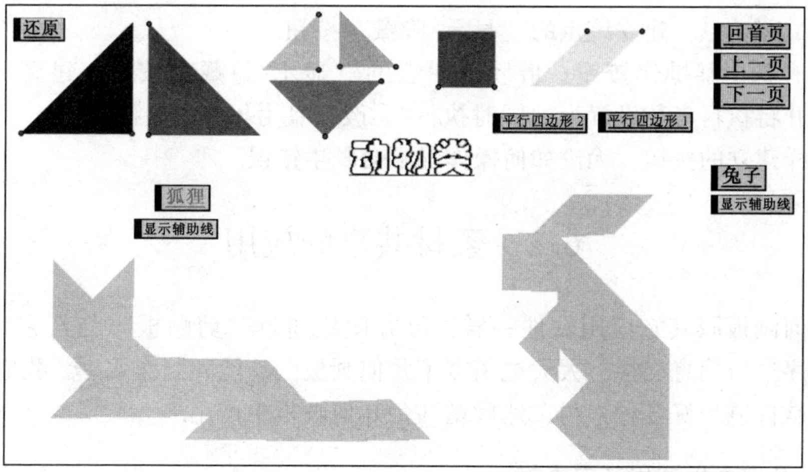

图6.3

如果完成了页面链接的控制，可以把“显示页切换”前面的对钩去掉，让使用者只能通过按钮去控制，从而减少操作的失误.

6.1.3 清除追踪轨迹按钮的制作

用“Ctrl + B”键，可以清除追踪对象留下的轨迹. 在使用中，一方面用户不了解该功能键的用法，另一方面使用起来也不方便. 如果能建立一个“清除轨迹”的按钮，操作起来会即快捷又明了. 具体作法是：

（1）任意画一个点，选中该点分别建立两个“显示/隐藏”按钮.

（2）同时选中两个按钮，建立“系列”按钮，在“系列按钮”标签中选定“清除所有轨迹”项，改标签为“清除轨迹”.

（3）将该点拖动到画板工作区外. 单击“清除轨迹”按钮，就会清除画板上所有轨迹.

另一种方法是，只要是“系列”按钮，在设置“属性”时，“系列按钮”标签中选定“清除所有轨迹”项即可. 这样，只要单击该“系列”按钮，就会首先清除画板上所有轨迹，然后再执行其它动作.

6.1.4 防止误操作按钮的制作

在几何画板课件操作中，经常会对按钮实行了误操作，出现错误信息对话框或使某一对象操作后处于被选中状态，中断了课件的正常运行和破坏屏幕显示内容. 为了避免以上问题的发生，下面给出一种解决的办法：将单独的操作按钮和任一点的“显示/隐藏”按钮一起建立“系列”按钮即可. 例如：

（1）画一点，建立该点的“显示/隐藏”按钮.

（2）选中某操作按钮，最后选中点的“显示/隐藏”按钮，建立“系列”按钮，并将执行参数设置为“同时执行”，改标签为相应的名称.

这样建立的按钮，无论如何操作都不会发生错误.

6.2 素材共享的应用

几何画板同其它应用软件一样，可方便地通过“剪贴板”与其它 Windows 应用程序进行信息交换，大大地拓宽了几何画板的功能和制作效率. 我们可以使用其它软件制作好各种素材，然后粘贴到几何画板中使用.

6.2.1 几何画板调用其它素材

1. 粘贴文本内容

（1）Microsoft Word 中编辑一段图文信息，然后复制到剪贴板中.

（2）返回到几何画板中，此时，编辑菜单的“粘贴图片”项被激活，单击〈编辑/粘贴图片〉选项，剪切板中 Word 文本信息以图形方式被“粘贴”到画板上，用鼠标拖动粘贴的内容，可放置到画板的任何位置上. 这种以图形方式粘贴占用的存储空间比较大.

另一种方法是，先在画板中用文本工具拖拽一个文本框，然后单击〈编辑/粘贴文本〉选项，剪切板中 Word 文本信息以文本方式被“粘贴”到画板上. 这种粘贴方式比较好.

2. 粘贴图形

几何画板制作的课件中经常需要使用到各种图片、艺术字和特殊字符等，这就需要借助其它软件制作好所需素材，然后粘贴到几何画板中使用. 具体作法是：

(1) 在 Word 或画图软件中作好图片（或艺术字、或特殊字符等），并复制到剪贴板中.

(2) 返回画板中，使用“编辑”菜单的“粘贴图片”命令.

①静态粘贴：直接粘贴在画板中，将图片缩放为合适大小，再拖动到指定的位置.

②动态粘贴：粘贴在一个动点上，拖动图片右下角控制点，将图片缩放为适当大小，可以实现图块的动画或移动.

③缩放粘贴：同时选中定点和动点，粘贴在这两点之间，作动点在某路径上的移动或动画，可以实现图块的缩放效果.

方法一：粘贴用户自己绘制的图形

(1) 在画图软件中，先绘制好所需的图形，再用画图中的“剪刀”工具将图形框住，单击“编辑”菜单的“复制”命令，这幅图形就会被复制到 Windows 剪切板中.

(2) 返回几何画板中，先选择好要粘贴图形的位置（一个或两个点）. 单击“编辑”菜单的“粘贴图片”命令，图形就粘贴到指定的点上.

方法二：粘贴图库中的图片

(1) 在 Word 软件中，单击“插入”菜单的“图片”命令，插入某个剪贴画（或艺术字、或图形等）. 选中插入对象，复制到剪贴板中.

(2) 返回几何画板中，先选择好要粘贴图形的位置（一个或两个点）. 单击“编辑”菜单的“粘贴图片”命令，图形就粘贴到指定的点上.

注 (1) 粘贴画板中某一点处的图形，将保持原大小，可以作为动画或移动的对象使用. 如运动中的汽车、绕太阳旋转的月亮或地球图形等.

(2) 粘贴画板中某两点处，是以该两点为对角线所确定的矩形域内的图形，可随这两个点间距离的变化实现图形的放缩变换. 如模拟弹簧的拉伸和压缩，蜡烛图形在凸透镜中的成像放大或缩小等. 若两点间保持固定的距离，则嵌入在该两点处的图形将不在变化.

例 6.1　弹簧振子.

弹簧振子简谐振动的数学模型是点在圆上作匀速圆周运动投影到直线上的结果. 用 Windows 的绘图, 先画一个弹簧, 然后粘贴到几何画板中, 既可十分方便快捷制作弹簧振子的模拟演示.

(1) 打开一个新画板, 以点 A 为圆心, 过点 B 画一个圆.

(2) 在圆 A 的右侧画一条竖直线段 CD. 在圆上取一点 E, 过点 E 作线段 CD 的垂线 k, 垂足为点 F.

(3) 选中点 E, 单击〈编辑/按钮/动画〉选项, 建立“动画”按钮. 让点 F 按 30°平移 1 厘米, 得到点 F′, 让点 C 按-135°平移 1 厘米, 得到点 C′.

(4) 启动 Windows 的“绘图”软件, 在绘图中, 用画线工具绘制一个简易弹簧, 用绘图中的剪刀工具将弹簧框住, 单击〈编辑菜单/复制〉选项, 弹簧图形就会被复制到剪贴板中.

(5) 然后返回几何画板中, 选中点 C′和点 F′, 单击〈编辑/粘贴〉选项, 这时弹簧图形就可以清楚的附着在指定的点上了.

(6) 画一条小半径 r, 以点 F 为圆心, r 为半径作圆, 并取内部, 作为弹簧底下坠的铅锤.

(7) 作点 C′关于 CD 的反射点 C″, 依次选中点 C, C′, C″取内部, 着上颜色, 作为弹簧的吊顶.

(8) 将“动画”按钮改名为“开始振动”, 将圆和线全部选中, 单击〈编辑/按钮/显示隐藏〉选项, 建立“显示/隐藏”按钮. 如图 6.4 所示.

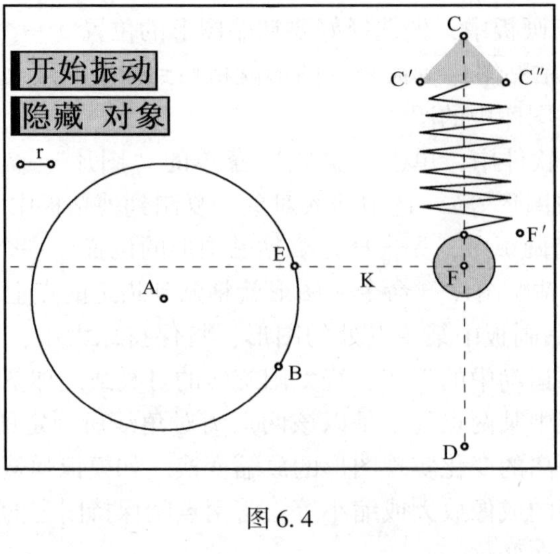

图 6.4

3. 粘贴电影、Flash 动画、声音、媒体剪辑等应用文件

(1) 在几何画板中，先选择好要链接其它应用文件的页面.

(2) 单击〈编辑/操作类按钮/链接〉选项，在弹出的“链接属性”对话框的“链接”卡中，单击“超级链接”选项，在文本框输入要链接的应用文件的路径及文件名（含扩展名如：c：\ windows \ desktop \ music01. avi），单击“确定”，得到一个“链接”按钮.

(3) 在这个“链接按钮”上单击右键，在弹出的快捷菜单中选择“属性”选项，在“标签”卡中输入新的标签名，如“播放电影剪辑”.

(4) 单击几何画板中“播放电影剪辑”按钮，即可播放电影文件.

4. 在几何画板中链接某个网页

(1) 在几何画板中，先选择好要链接某个网页的页面.

(2) 单击〈编辑/操作类按钮/链接〉选项，在弹出的“链接属性”对话框的“链接”卡中，单击“超级链接”选项，系统默认链接到 http：//www. keypress. com（美国几何画板资源中心网站），如果想链接其它网页，则可以修改这个网址. 如修改成http：//www. pku. edu. cn（北京大学的网页），单击“确定”，得到一个“链接”按钮.

(3) 在这个“链接按钮”上单击右键，在弹出的快捷菜单中选择“属性”选项，在“标签”卡中输入新的标签名，如“北京大学主页”.

(4) 如果你的计算机正在上网，单击几何画板中“北京大学主页”按钮将进入北京大学网站的主页.

6.2.2 在 PowerPoint 中链接几何画板文件

用 PowerPoint 作为多媒体课件制作平台，将几何画板结合起来使用，能够制作出令人满意的数学演示幻灯片. 具体作法如下：

(1) 打开 PowerPoint 演示文稿，在幻灯片视图方式下，选择要链接几何画板文件的某张幻灯片.

(2) 在该幻灯片要链接几何画板的位置上，使用下面方法之一：

①利用“文本框”工具，插入一段文字如：“演示课件一”. 在该“文本框”上单击右键，在弹出的快捷菜单中选择“超级链接”命令，在“插入超级链接”对话框中，单击“文件”按钮，在“链接到文件”卡中查找到要链接的几何画板文件，最后单击“确定”按钮，关闭对话框.

②利用“幻灯片放映”菜单中的“动作按钮”，建立一个自定义按钮，并输入名称“演示课件一”. 在该“按钮”上单击右键，同方法①操作一样，将几何

画板文件链接到按钮上.

③利用“插入”菜单中的“图片/剪贴画”命令，插入一张剪贴画，拖动剪贴画的控制点，将剪贴画缩放成合适的大小，拖动到要连接链接几何画板的位置上. 在该“剪贴画”上单击右键，同方法①操作一样，将几何画板文件链接到剪贴画上.

至此，在 PowerPoint 中调用几何画板的工作已经做好了.

(3) 单击“幻灯片放映”，在进入幻灯片放映状态后，再单击已链接几何画板文件的“对象”(如：文本框或按钮或图片等)，就会调出预先制作好的几何画板课件的画面. 演示完几何画板课件后，退出几何画板会自动返回 PowerPoint 放映状态.

6.3　如何控制全等多边形的翻转

利用几何画板的镜面反射和移动功能，实现控制全等多边形的翻转效果. 具体作法如下：

(1) 绘制任一多边形，取内部，选中内部，构造多边形上一点 P.

(2) 任意绘制线段 j 作为镜面，作点 P 的反射点 P′，用线段连接点 P，P′.

(3) 在线段 PP′上任取一点 G，同时选中点 P 和点 G 作轨迹.

(4) 在轨迹上任取两点 A，B 并连线，同时选中其中一点和连线 AB 作轨迹，即可为该轨迹内部涂上颜色.

(5) 分别作点 G 到点 P′、点 G 到点 P 的移动按钮，并分别将标签改为“翻转”、“重合”按钮.

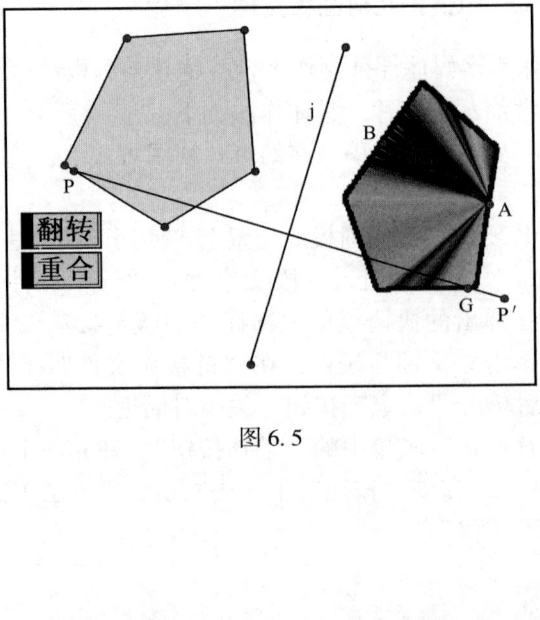

图 6.5

（6）最后隐藏多余的点和线，如图 6.5 所示.

在使用过程中，可改变镜面 j 的位置和角度以及原多边形的形状，从而得到不同的翻转效果.

6.4 如何实现对象的闪烁效果

在演示过程中，为了强调图形或文字的重要性，引起学生的注意，我们通常要使该图形或文字有闪烁效果. 具体作法如下：

方法一：构造系列“隐藏/显示”按钮.

（1）选中需闪烁的对象，反复建立“隐藏/显示”按钮偶数个（想闪烁几次就建几对，若要闪烁 3 次，建 6 个）；

（2）在选中的对象外任意绘制一点，对该点建立“隐藏/显示”按钮；

（3）选中所有“隐藏/显示”按钮（最后选点的“隐藏/显示”按钮），建立“系列”按钮，在“系列按钮”标签中选定“依次执行”项，改标签为“闪烁”；

（4）隐藏所有“隐藏/显示”按钮，并将任意绘制的点移至界面之外.

单击“闪烁”按钮，达到闪烁效果.

方法二：交替改变图形的参数颜色.

（1）新建参数 t，精度取“单位”，选中参数 t 建动画按钮，在按钮属性对话框中，方向选“双向”，改变数值选“不连续”，范围取 0 至 1 之间，改标签为“闪烁”；

（2）选中图形对象和参数 t，设置参数颜色 .

单击“闪烁”按钮，图形用两种颜色交替显示，起到闪烁效果.

方法三：让对象在短线上振动起来.

（1）如图 6.6 所示，画一条线段 EF，并选中点 E，F 标记向量；

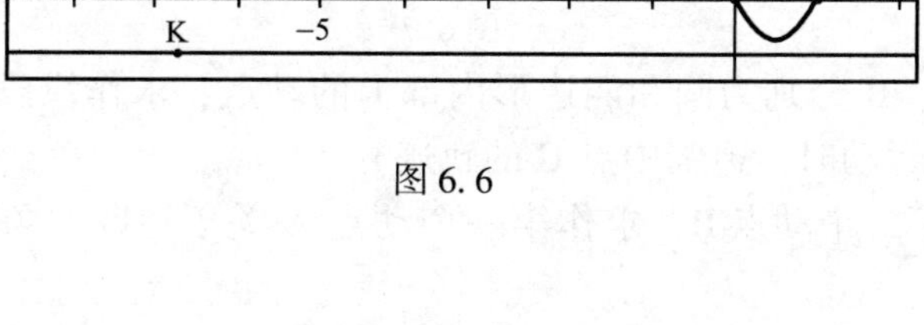

图 6.6

（2）在需闪烁的对象上（如：线、圆、弧、多边形内部、轨迹等）任取一点 G，让点 G 按标记向量平移，得到点 G′；

（3）连接 GG′，在 GG′上取一点 K，同时选中点 G 和点 K 作轨迹；

（4）选中点 K，作快速的“动画”按钮，并改标签为“闪烁”；

（5）拖动点 F，使线段 EF 尽量短，隐藏不必要的对象，单击“闪烁”按钮，对象就开始闪烁，再单击就停止闪烁.

6.5 如何构造两个控制点的轨迹

几何画板的轨迹功能，只能针对一个动点才能作出轨迹. 对于两个动点，轨迹功能就失效了，只有通过追踪功能来实现. 有没有一种方法能够解决两个动点的轨迹问题，下面给出的作法可以实现这个目的，具体方法如下：

（1）通过第二个动点，利用几何作图绘制第一个动点关于追踪对象点的轨迹；

（2）选中第二动点和轨迹，利用“构造/轨迹”功能制作轨迹，即为两个动点产生的轨迹.

例 6.2 A，B 分别为两个圆上的动点，求作线段 AB 中点 I 的轨迹.

（1）通过第二个动点 B，求作第一个动点 A 关于追踪对象点 I 的轨迹 C1. 具体作法是：连接 B，C，作 BC 中点 O，连接 OI，以 O 为圆心，以 OI 为半径作圆，即为轨迹 C1；

（2）选中此轨迹和第二个动点 B 再作轨迹，即为两个动点产生的轨迹，如图 6.7 所示.

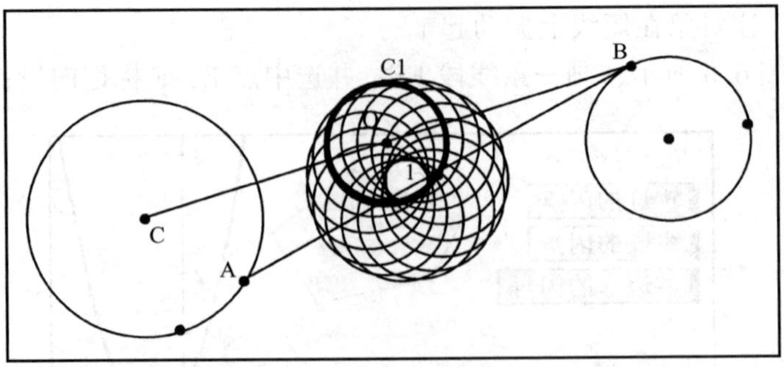

图 6.7

例 6.3 A，B 分别为圆和四边形内部上的动点，求作线段 AB 中点 C 的轨迹（A，B 同时运动时，追踪中点 C 的轨迹）.

（1）通过第二个动点 B，求作第一个动点 A 关于追踪对象点 C 的轨迹 C1.

具体作法是：用线段连接 DB，取中点 F，用线段连接 EB，取中点 G，用线段连接 GF，取中点 H，选定点 H 和点 C 作圆 C1.

（2）选中第二个动点 B 和轨迹 C1，再作轨迹，即为两个动点产生的轨迹，如图 6.8 所示.

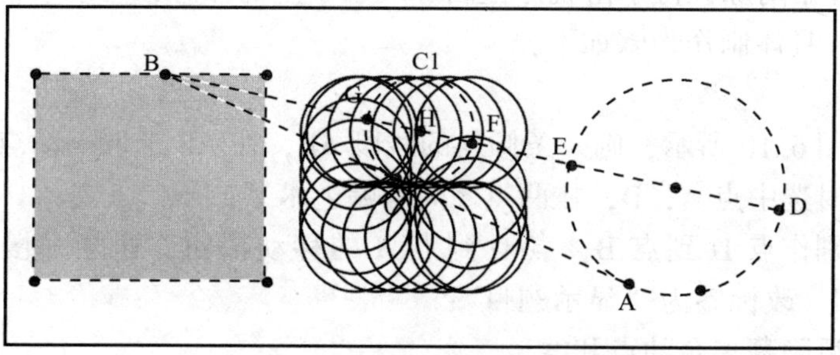

图 6.8

6.6 如何实现运动中图形的变化

在制作演示课件中，经常会遇到在不同的位置、不同的时段出现运动中的不同图形的情况，为了实现这一效果，具体作法如下：

（1）如图 6.9 所示，在水平直线 L 上取一动点 D，过点 D 作直线 L 的垂线 h；

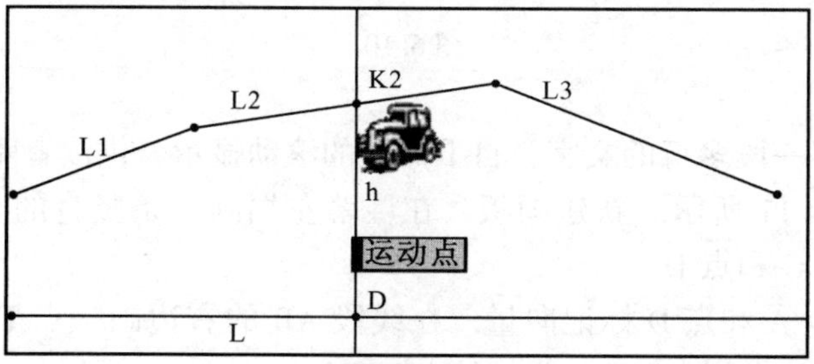

图 6.9

（2）在直线 L 上方作三条首尾相接的线段（或弧线）L1，L2 和 L3，拖动垂线 h，分别与三条线段交于点 K1，K2 和 K3；

（3）通过移动垂线 h，分别在点 K1，K2，K3 上粘贴不同的图形；

（4）作点 D 的“动画”按钮，最后隐藏多余的点和线.

单击“运动点”按钮，即可实现图形在运动中变化.

在制作过程中，可根据教学需要将线段改为任意弧线或轨迹.

6.7　如何制作动态字幕的演示

为了使文字对象在演示过程中醒目，吸引学生的注意，动态字幕的演示就显得尤为重要. 具体制作步骤如下：

方法一：

（1）如图 6.10 所示，画一条倾斜的线段 AB，在 AB 上取一动点 D；

（2）同时选中点 A，D，在两点之间粘贴艺术字；

（3）分别作点 D 到点 B，点 D 到点 A 的移动按钮，速度一慢一快，并作“系列”按钮，改标签为“显示题目”；

（4）最后隐藏多余的点和线.

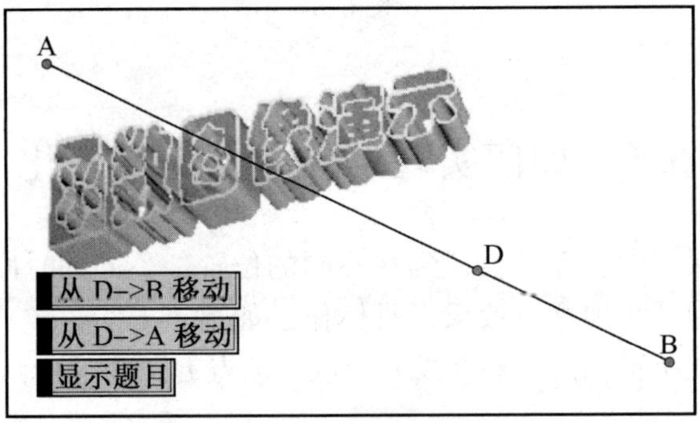

图 6.10

方法二：将一段多行的文字，自下而上的滚动显示，供读者阅读.

（1）如图 6.11 所示. 新建画板，在屏幕左端画一条竖直的长线段 AB，在线段 AB 上取点 C 和点 D.

（2）选中点 A 和点 D 标记向量. 在线段 AB 的右边画一点 E，让点 E 按标记向量 AD 平移，得到点 E′，用线段连接 EE′.

（3）在线段 AB 上任取一点 F，过点 F 作 AB 的垂线 k. 作点 F 的“动画”按钮，方向选“向后”，速度选“慢速”，并改标签为“移动字幕”.

（4）选中点 A 和点 C 标记向量. 根据显示文字的行数（假如为 6 行），让垂线 k 按标记向量 AC，反复平移 5 次，得到 6 条平行的直线.

（5）拖动点 F，从上至下分别绘出 6 条平行线和线段 EE′的交点 G1，G2，G3，G4，G5 和 G6.

（6）（配合拖动点 F 的位置）改点 G1 的标签为显示字幕第 1 行的内容；改点 G2 的标签为显示字幕第 2 行的内容；……改点 G6 的标签为显示字幕第 6 行的内容；并适当调整各行文字的位置.

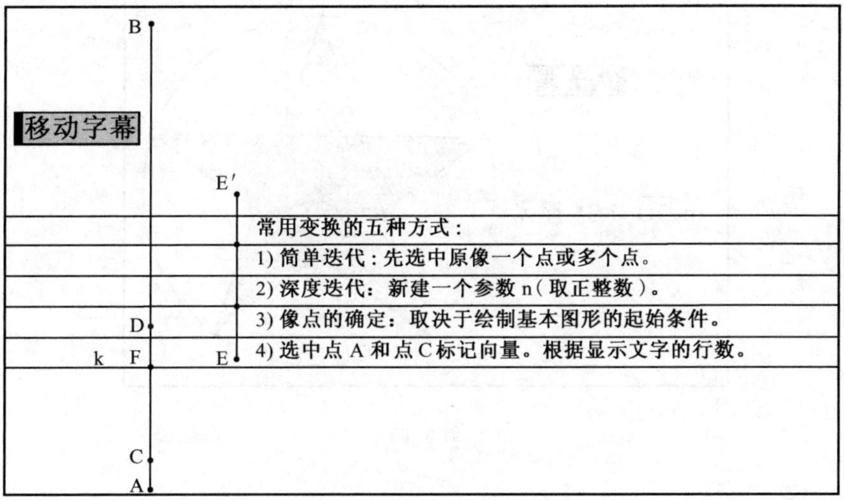

图 6.11

（7）隐藏所有的直线和线段. 隐藏点 A，B，F，E，E′.

拖动点 C，可以控制显示字幕的行间距. 拖动点 D，可以控制显示字幕的上下界.

其中第（6）步也可以利用“合并文本到点”的功能来实现，如：输入第一行文本内容，同时选中点 G1 和该文本内容，按住 Shift 键单击“编辑”菜单的“合并文本到点”命令，则文本内容合并到点 G1 上. 隐藏点 G1 和原文本内容.

6.8 如何实现动态颜色的变化

动态颜色的变化主要通过参数颜色的功能来实现.

例 6.4 闪光星.

（1）先绘制一个五角星；

（2）依次选中五角星边沿的 10 个拐点，单击〈构造/多边形内部〉，将五角星涂上颜色，在内部取一点 D；

（3）连接点 D 和五角星中心点 O，并度量其长度；

（4）选中五角星内部、线段 DO 和 DO 度量值，设置参数颜色，并选中点 D

和线段DO作轨迹；

(5) 选中点D，作“动画”按钮，改标签为“闪光星”；

(6) 最后隐藏多余的对象，如图6.12所示.

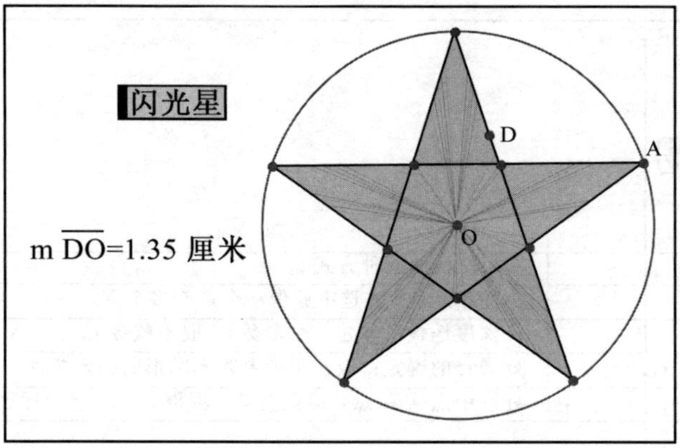

图6.12

6.9　分离与合并功能的应用

几何画板的分离与合并功能可以使若干不同的对象根据对象的属性可分为“文本的分离与合并”、“图形的分离与合并”和“合并文本到点”三类.

1. 文本的分离与合并

例6.5　利用“文本合并”功能制作“数字秒表”.

(1) 新建参数t，精度取“单位”，范围定在0至3600之间，并建立参数动画按钮，在属性面板中；选方向为“渐增”，改标签为“数字秒表”.

(2) 单击〈度量/计算〉选项，输入计算公式trunc（t/60），改标签为f，得分钟的值；输入计算公式t-f＊60，改标签为m，得秒的值；对f，m的精度取“单位”.

(3) 用“文本”工具，在工作区输入2个文本块“分”和“秒”.

(4) 依次选取参数f、文本块“分”、参数m和文本块“秒”，单击〈编辑/文本合并〉选项，在工作区显示“数字秒表”，原参数和文本块将消失.

单击“数字秒表”按钮，秒表就开始动起来. 如果再选中合并的文本，单击〈编辑/文本分离〉选项，则文本又分离开.

2. 图形的分离与合并

对于图形对象也可以实现合并或分离操作. 如选中线（或圆弧、或轨迹）以及它们以外的点，单击〈编辑/图形合并〉选项，这些点就可以移动到线上. 如果选中线（或圆弧、或轨迹）上的对象点，单击〈编辑/从线上分离〉选项，则线与点分离开.

3. 合并文本到点

文本与图形的合并或分离，画板仅限于一个文本对象和一个点的合并操作. 对于选中的一个文本对象（可以是表达式或度量值或文本注释）和一个点，按下 Shift 键不放，单击菜单〈编辑/合并文本到点〉选项，即可把文本合并到点上，原文本对象不消失. 当点运动时，合并后的文本对象（或数值或表达式）也跟着运动.

6.10 如何控制立体图形的旋转

在制作演示课件时，需要从各个角度观察立体图形这就要求对立体图形的旋转进行控制，在此以三棱锥为例，具体作法如下.

（1）如图 6.13 所示，作圆 O，在该圆上取动点 A，B，并在 AO 上取点 C.

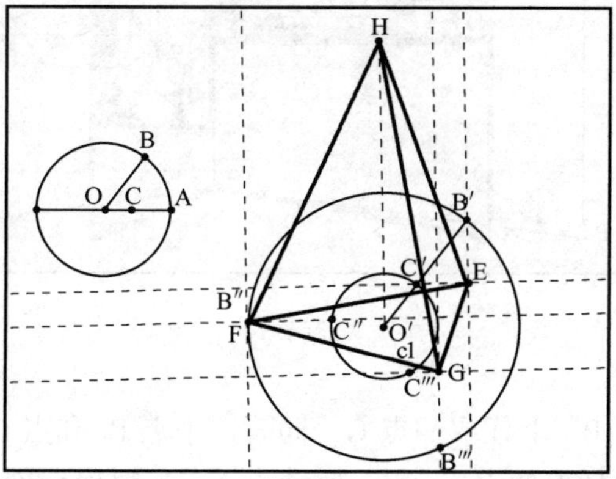

图 6.13

（2）任取点 O′，让点 O′按标记向量 OB 平移两次得点 B′，并连接 O′B′.

（3）以点 O′，B′作圆，再以 O′为圆心，二倍 OC 长为半径作圆，交 O′B′于点 C′.

（4）以点 O′为中心，让点 B′，C′旋转 120 度两次，得点 B″，C″和点 B‴，C‴.

（5）分别过点 C′，C″，C‴作 OA 的平行线，再过点 B′，B″，B‴作 OA 的垂线，得三个交点 E，F，G.

（6）以 EFG 为底，过点 O′作垂直于 OA 的垂线段 O′H 为高作三棱锥.

（7）最后隐藏不必要的圆、线和点．其中点 B 控制三棱锥左右旋转；点 A 控制三棱锥上下翻转；点 C 控制三棱锥前后旋转；点 H 控制三棱锥的高.

6.11　如何实现翻书效果的显示方式

课件的题目、简介或重要图片等内容，如果用翻书的效果来展示，这种特效会给课件增色不少.

（1）如图 6.14 所示，绘制四边形 ABCD，取内部，选中内部，构造四边形上一点 P_1，将点 P_1 拖动到 AB 上.

（2）以 CD 为镜面，作点 P_1 的反射点 $P_1{}'$，用线段连接点 P_1，$P_1{}'$.

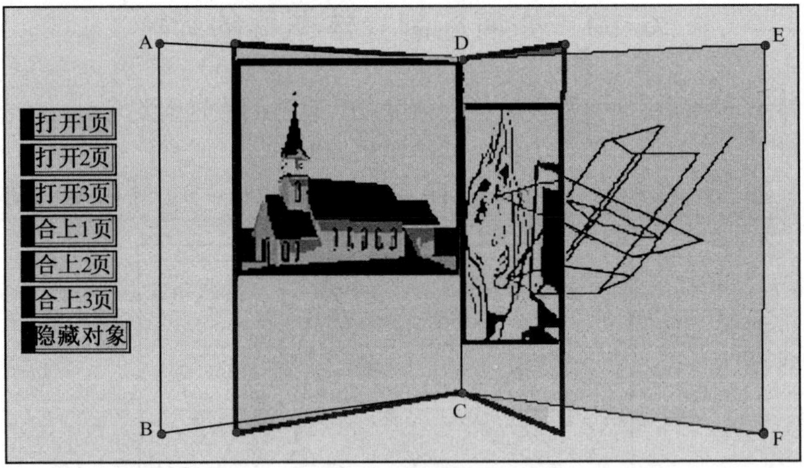

图 6.14

（3）在线段 $P_1P'_1$ 上任取一点 G，同时选中点 P_1 和点 G 作轨迹.

（4）在轨迹上任取两点 E，F，拖动点 E，F 到拐点处，同时选中点 E，F，C，D 取内部涂上颜色.

（5）分别作点 G 到点 P'_1，点 G 到点 P_1 的移动按钮，并分别将标签改为“打开 1 页”、“合上 1 页”按钮.

（6）连接 DF，在 DF 上取两点 M，N，将剪贴板中的内容（比如艺术字、图片或画板内容），粘贴在两个点 M，N 之间．调整点 M，N 的位置，使粘贴的内容合适为止.

（7）最后隐藏不必要的点和线等.

（8）再选中四边形 ABCD 内部，取一点 P_2. 以下重复 2 至 7 步，建立“打开 2 页”、“合上 2 页”按钮，并在第二页粘上相应的内容. 继续做下去可以建立多页，通过按钮控制，实现翻书的效果.

6.12 如何制作美妙的万花筒

1. 礼花筒

“礼花筒”是在 4 个大小相同、着有不同颜色的小圆的基础上，通过平移、缩放、旋转变换后得到的图形. 在“动画”按钮控制下，使图案发生绚丽多彩、美妙的变化，犹如绽放的礼花. 具体作法如下：

（1）如图 6.15（a）所示，新建一画板，以两点 A，B 作圆 c1.

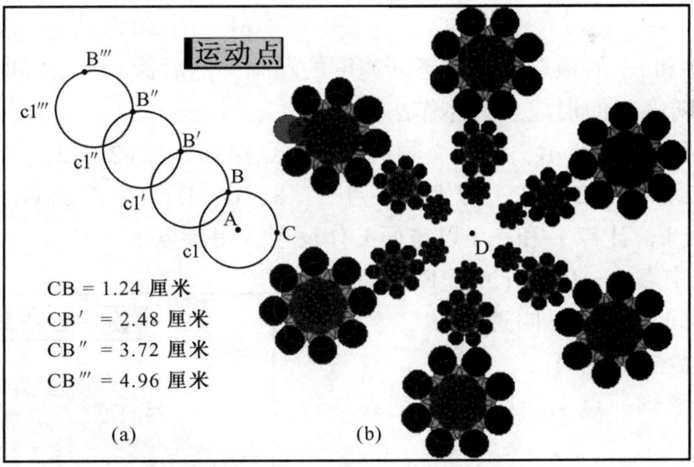

图 6.15

（2）在圆 c1 取点 C，标记向量 CB.

（3）让圆 c1 和点 B 按标记向量 CB，反复平移 3 次，得到另外 3 个圆 c1′，c1″，c1‴和交点 B′，B″，B‴.

（4）度量 CB，CB′，CB″，CB‴距离，取圆 c1，c1′，c1″，c1‴内部，并顺次以这些度量值为参数分别作圆内部的参数颜色.

（5）以点 A 为中心，让圆 c1′，c1″，c1‴反复旋转 45 度 7 次，得到八叶花瓣.

（6）选中点 C，作“动画”按钮，速度取快速. 并拖动点 B 让圆 c1 缩成适当小.

（7）另画一点 D，以点 D 为中心，让八叶花瓣反复缩放 1/2 两次，又得到两个缩小的八叶花瓣.

（8）同时选中三个大小不等八叶花瓣，让它们以点 D 为旋转中心，反复旋转 60 度 5 次，得到一个大礼花，如图 6.15（b）所示.

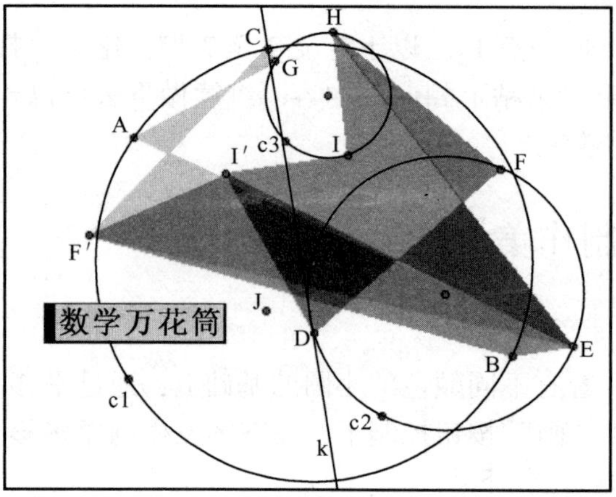

图 6.16

2. 数学万花筒

“数学万花筒”主要是以顶点在 3 个不同的圆上的五边形 p1，p2 和六边形 p3 为父对象. 先把 p1，p2 和 p3 的顶点设置成不同速度的动画，然后让 p1，p2 和 p3 绕某旋转中心反复旋转多次而形成. 具体作法如下：

（1）如图 6.16 所示，新建一画板，用两点作圆 c1，c2，c3.

（2）在圆 c1，c2，c3 上分别取三点 A，B，C；D，E，F 和 G，H，I. 过点 C，D 作直线 k，让点 F 和点 I 以镜面 k 作反射，得到点 F′，I′.

（3）选中点 A，B，C；D，E，F 和 G，H，I，作不同方向、不同速度的“动画”，改标签为“数学万花筒”.

（4）任意画一点 J，让点 J 标记为旋转中心.

（5）依次选中点 A，G，C，F′，E 作内部 p1，着上黄色. 依次选中点 H，F，D，I′，E 作内部 p2，着上蓝色. 依次选中点 B，E，H，I，I′，F′作内部 p3，着上橙色.

（6）同时选中 p1，p2 和 p3，让它们绕旋转中心 J 反复旋转 30 度 11 次，得到“数学万花筒”图形，如图 6.17 所示.

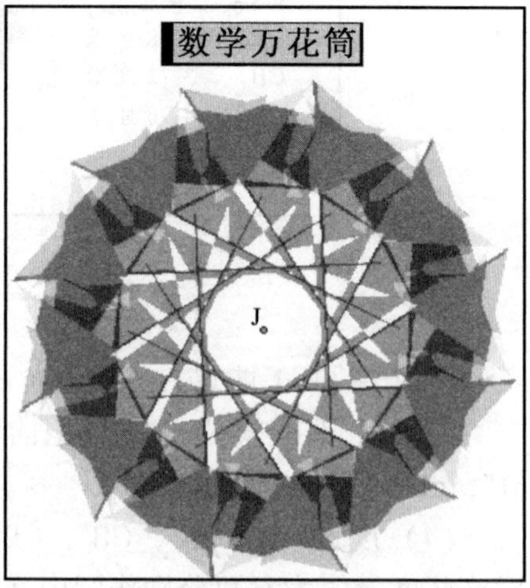

图 6.17

单击“数学万花筒”按钮，由不同几何对象、不同颜色构成的图案发生千姿百态的变化.

6.13　如何建立和使用文本模板

在制作和演示课件中，我们希望能够动态显示各种复杂的数学、物理公式，便于公式随参数的变化而变化. 文本模板的建立和使用就可以较好的实现这一功能，具体步骤如下：

1）文本模板的建立

在文本方式下，以“=”号开头，后跟文本块和{参数序号}的组合. 参数是用大括号括起来的从1开始的一组彩色序号.

2）新建参数 a，b，c，…的值

3）使用模板

顺序选中模板和参数 a，b，c，…的值，然后执行“编辑/文本合并”功能.

例如：如图 6.18 所示，建二次函数 $y = ax^2 + bx + c$ 的文本模板.

(1) 建模板：$=y=\{1\}x^2+\{2\}x+\{3\}$，其中{1}用绿色，{2}用红色，{3}用蓝色，其他符号为黑色.

(2) 建参数：$a=7$，$b=4$，$c=5$.

(3) 文本合并：顺序选中模板和参数 a、b、c 的值，然后执行“编辑/文本合并”功能，画板上立即显示彩色文本 $y=7x^2+4x+5$.

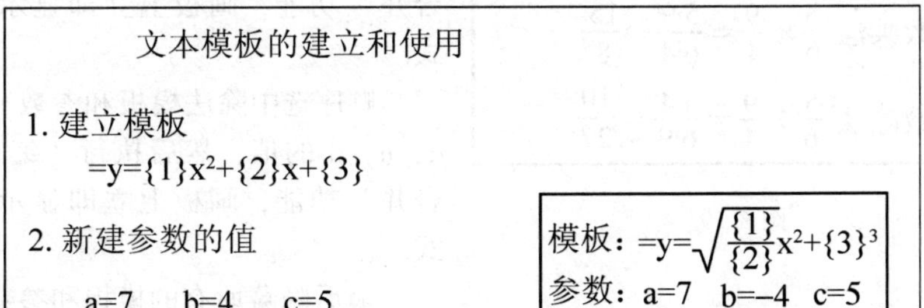

图 6.18

例 6.6　分数的运算.

(1) 建模板：分别建立两个分数的加、减、乘、除四个模板：

$$=\frac{\{1\}}{\{2\}}+\frac{\{3\}}{\{4\}}=\frac{\{1\}\cdot\{4\}+\{3\}\cdot\{2\}}{\{2\}\cdot\{4\}}=\frac{\{5\}}{\{6\}}$$

$$=\frac{\{1\}}{\{2\}}-\frac{\{3\}}{\{4\}}=\frac{\{1\}\cdot\{4\}-\{3\}\cdot\{2\}}{\{2\}\cdot\{4\}}=\frac{\{5\}}{\{6\}}$$

$$=\frac{\{1\}}{\{2\}}\times\frac{\{3\}}{\{4\}}=\frac{\{1\}\cdot\{3\}}{\{2\}\cdot\{4\}}=\frac{\{5\}}{\{6\}}$$

$$=\frac{\{1\}}{\{2\}}\div\frac{\{3\}}{\{4\}}=\frac{\{1\}\cdot\{4\}}{\{2\}\cdot\{3\}}=\frac{\{5\}}{\{6\}}$$

其中{1}用绿色,{2}用红色,{3}用蓝色,{4}用紫色,其他符号为黑色.

(2) 建参数：a = 7, b = 4, c = 5, d = 8, 并计算 a = round(a), b = round(b), c = round(c), d = round(d)的值,同时选中 a = 7, b = 4, c = 5, d = 8 的值,建立"动画"按钮,改标签为"重新出题". 隐藏 a = 7, b = 4, c = 5, d = 8 的值.

分别计算 x = a * d + b * c, y = a * d − b * c, z = b * d, m = a * c, n = a * d, p = b * c 的值.

(3) 文本合并：顺序选中加法模板和参数 a, b, c, d, x, z 的值，然后执行"编辑/文本合并"功能，画板上立即显示加法算式，如图 6.19 所示.

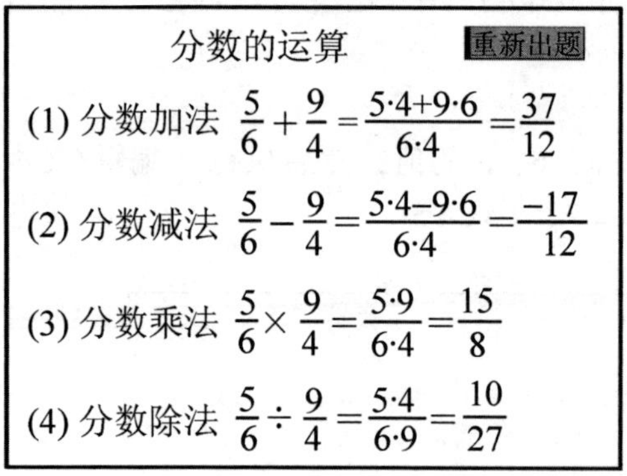

图 6.19

顺序选中减法模板和参数 a, b, c, d, y, z 的值，然后执行"编辑/文本合并"功能，画板上立即显示减法算式.

顺序选中乘法模板和参数 a, b, c, d, m, z 的值，然后执行"编辑/文本合并"功能，画板上立即显示乘法算式.

顺序选中除法模板和参数 a, b, c, d, n, p 的值，然后执行"编辑/文本合并"功能，画板上立即显示除法算式.

最后隐藏所有的模板和参数值.

6.14　如何建立参数的增减控制按钮

在制作课件中，我们经常需要对参数的变化进行有效的控制. 具体作法如下：

1. 数的增一减一控制按钮

(1) 如图 6.20 所示，建水平数轴：画一条水平线段，取中点为原点 0，在其右边任取一点改标签为 1，选中点 0 和点 1 标记向量.

（2）在线段上任取一点改标签为 x，让点 x 按标记向量平移，得 x′点. 同时选中点 0，点 1 和点 x，单击〈度量/比〉选项，得度量比值，改标签为 x.

（3）建按钮：选中点 x 和点 x′，单击菜单〈编辑/操作类按钮/移动〉选项，在移动对话框中，选速度“高速”，改标签为“增 1”；选中点 x′和点 x，单击菜单〈编辑/操作类按钮/移动〉选项，在移动对话框中，选速度为“高速”，改标签为“减 1”；选中点 x 和点 0，单击菜单〈编辑/操作类按钮/移动〉选项，在移动对话框中，选速度“高速”，改标签为“置 0”.

（4）最后隐藏线段的两个端点和点 x′.

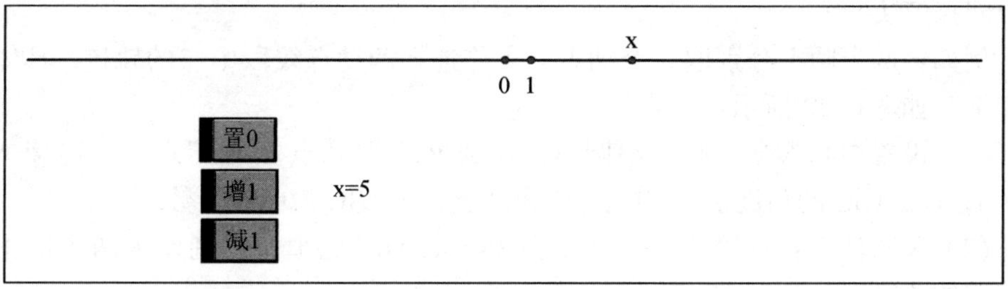

图 6.20

2. 角度增 h 减 h 度控制按钮

（1）如图 6.21 所示，建立参数 h = 12 度，选中参数 h，建立“动画”按钮，并改标签为“改变角度参数 h”.

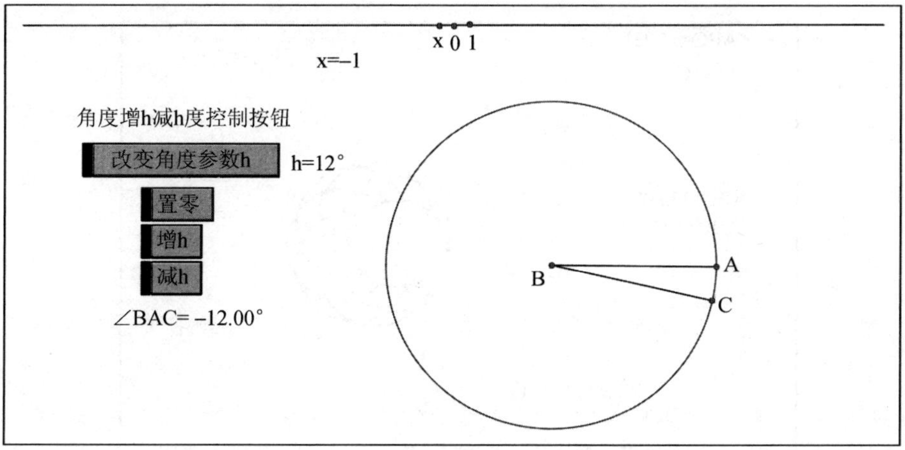

图 6.21

（2）在上例基础上，计算 x * h 的值，并标记角度，改标签为“∠ABC”.

（3）画一个大圆 B，在圆上取一点 A，让点 A 以点 B 为中心按标记角旋转，得到点 C，连接 AB，BC .

（4）改按钮“增 1”为“增 h 度”，改按钮“减 1”为“减 h 度”.

如何构造两个动点的轨迹

几何画板的轨迹功能，只能针对一个动点才能作出轨迹，对于两个动点，轨迹功能就失效了，只有通过追踪功能来实现. 也就是说几何画板只能处理单参数问题，对于两个以上参数问题就无法直接处理，那我们就可以设置一个中间参数 t，使得要处理的多个参数都和中间参数 t 发生关联，这样就转换成单参数问题，得以间接解决.

例如：两个圆上分别取一个动点，求作连接两动点线段中点的轨迹. 具体方法如下，如图 6. 22 所示：

（1）设置中间参数：画一小圆 B，在圆 B 上取动点 C 和定点 A，连接 AB、BC，度量∠ABC 的角度值. 其中点 C 为动点，∠ABC 为中间参数.

（2）关联计算：计算 3 ∗ ∠ABC 和 24 ∗ ∠ABC 的值，分别作为两个圆上动点旋转的角度.

（3）确定两个圆上动点的位置：画圆 D，在圆 D 上取定点 E，让点 E 以点 D 为中心按 3 ∗ ∠ABC 标记角旋转得圆 D 上动点 E′. 再另画圆 F，在圆 F 上取定点 G，让点 G 点 F 为中心按 24 ∗ ∠ABC 标记角旋转得圆 F 上动点 G′.

（4）作轨迹：连接两动点 E′G′，并取线段 E′G′中点 H，同时选中点 C 和点 H，单击“构造/轨迹”选项，构造出两个动点的轨迹.

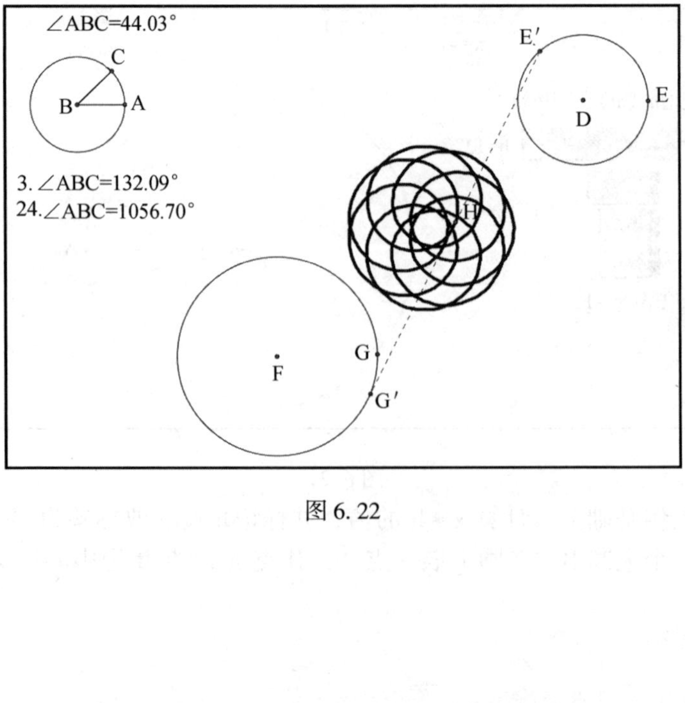

图 6. 22

第 7 章　函数技巧范例篇

7.1　如何构造动态的函数式

用“绘制函数”方法得到的函数式是静态方程，当改变参数时，函数式的形式是不变的. 那么如何得到动态的函数式呢？利用画板的文本合并功能，可以得到动态的函数式. 下面以函数 $f(x)=ax^2+bx+c$ 为例，具体作法如下.

（1）如图 7.1 所示，建参数 a，b，c，并设置各参数的动画按钮；

（2）输入函数 $f(x)=ax^2+bx+c$,绘制图形；

（3）系数参数 a，b，c，将函数式分割成三个文本块 [f(x) =]、[x^2 +] 和 [x +]，用文本工具输入三个文本块 [f(x)] = 、[x^2 +] 和 [x +]；

（4）依据函数式的顺序，从左至右依次选中文本块 [f(x) =]、参数值 a、文本块 [x^2 +]、参数值 b、文本块 [x +] 和参数 c，单击〈编辑/合并文本〉选项，得到动态的函数式.

函数式 $f(x)=ax^2+bx+c$ 中的参数 a，b，c 被其值替代.

我们通过单击 a，b，c 的动画按钮，便可以观察动态函数式及图像的变化情况.

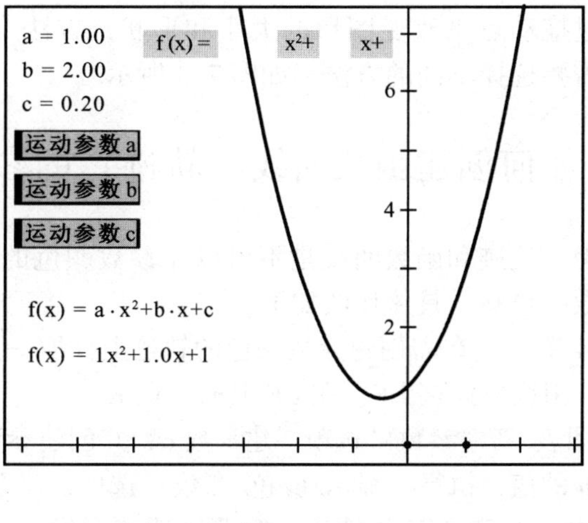

图 7.1

7.2　如何给函数曲线（轨迹）内部填充颜色

在几何画板中，轨迹和函数图形是不可以取内部的，那么如何给轨迹、函数图形内部填充颜色呢？具体作法如下.

方法一：轨迹法

（1）对于封闭的轨迹，在轨迹上任取两个点 E 和 F，并用线段连接.

（2）度量线段 EF 的长度，选中长度值和该线段，设置参数颜色.

（3）同时选中点 E 和线段 EF 作轨迹. 即可在其内部涂上艳丽的颜色，如图 7.2 所示.

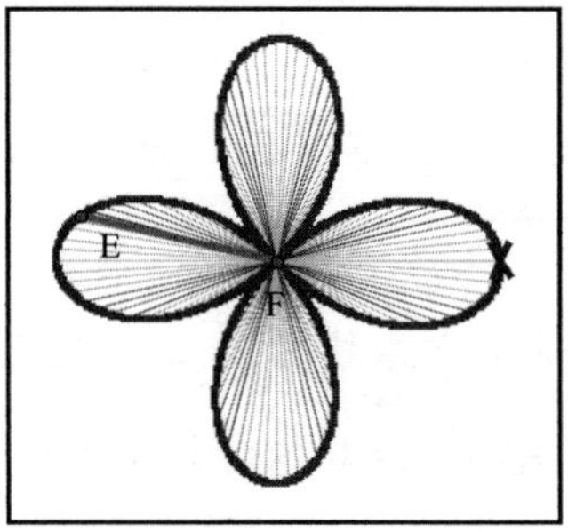

图 7.2

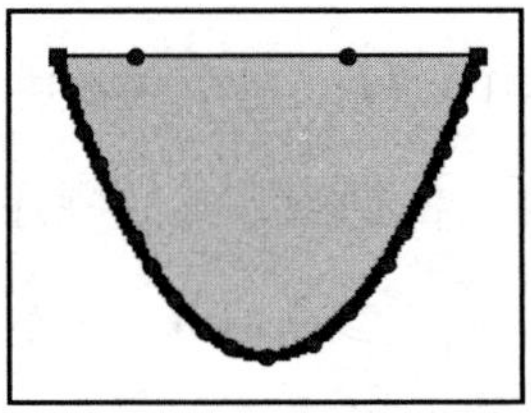

图 7.3

方法二：多边形法

在轨迹上顺次选取多点，然后取内部即可.

方法一可通过拖动点来改变图形的大小和形状，方法二则较简单. 在作图中，我们要根据需要选择不同的方法. 如图 7.3 所示.

7.3　如何创建函数曲线（轨迹）的参数颜色

在几何画板中，轨迹和函数曲线是不可以作参数颜色的，那么如何给轨迹、函数曲线创建参数颜色呢？具体作法如下.

（1）如图 7.4 所示，在需创建参数颜色的轨迹上任取一点 E，轨迹外（点 E 附近）画一点 F，用线段连接 EF，在 EF 上取一点 K.

（2）单击〈图表/新建参数〉选项，建参数 n，并创建参数 n 动画按钮. 同时选中点 K 和参数 n 的值，执行〈显示/颜色/参数〉选项，建立点 K 的参数颜色.

（3）同时选中点 E 和点 K 作轨迹，隐藏原轨迹图像，用新作轨迹替代原轨迹. 分别拖动点 K、点 F，让它们与点 E 重合，隐藏点 F，K，E.

这样就创建好轨迹的参数颜色，当单击“运动参数 n”按钮时，轨迹的颜色也随之改变.

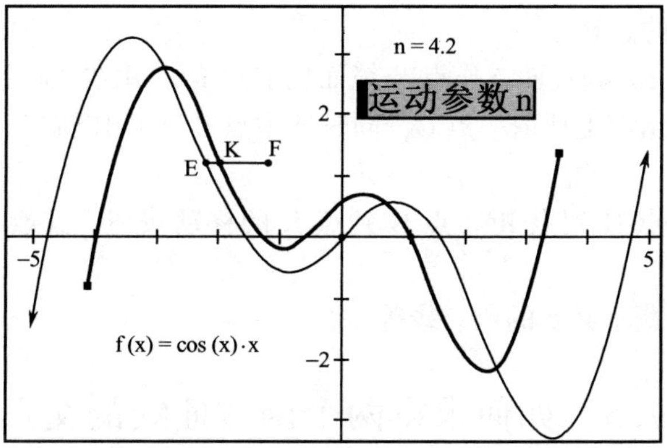

图 7.4

7.4 如何求函数扇区

有时我们要求任意一条割线段 EF 与函数曲线 f（x）围成的区域，即函数扇区，如图 7.5，具作作法如下.

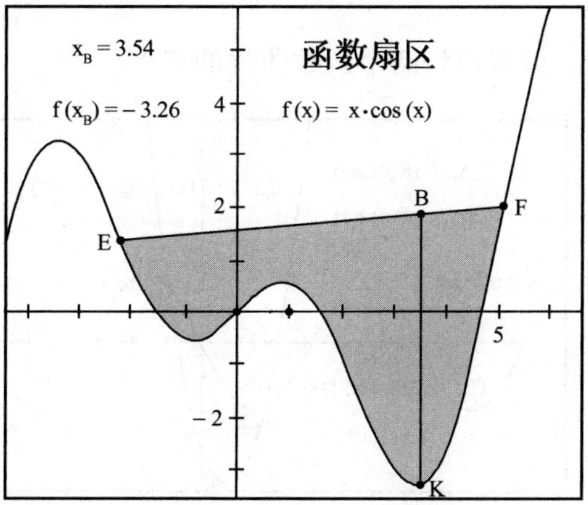

图 7.5

（1）绘制一给定函数 f（x）的图像，然后选择任意一条割线 EF.

（2）在割线 EF 上任取一点 B，度量其横坐标值 x_B，并计算 f（x_B）的值.

（3）选取 x_B 和 f（x_B）绘制点 K，用线段连接 BK，选取点 B 和线段 BK 作轨迹. 即得到割线 EF 与函数曲线 f（x）围成的区域.

作函数扇区的翻转：

（4）以割线 EF 为镜面，作点 K 镜面反射点 K′，用线段连接 KK′两点.

（5）在线段 KK′上任取一点 G，同时选中点 B 和 G 作轨迹；再同时选中点 B 和 BG 作轨迹.

（6）分别作点 G 到点 K′、点 G 到点 K 的移动按钮，并改标签为“翻转”、“还原”按钮.

（7）最后隐藏不必要的点、线等.

7.5　如何求得两个函数曲线的交点

在几何画板中，轨迹和函数是不可以取交点的，那么如何求轨迹、函数曲线的交点呢？具体作法如下.

（1）分别在两个轨迹上各取一个动点，并度量其坐标值.

（2）拖动坐标系的单位点 1，将有交点处局部放大，再分别拖动轨迹上的动点，移动到两轨迹交汇处，然后用移动键进行微调，直到两动点的坐标值相同止.

（3）根据动点坐标值，用“图表/绘制点”绘出该点. 即为所求的交点，如图 7.6 所示.

通过以上方法，就可得到两个函数曲线的交点.

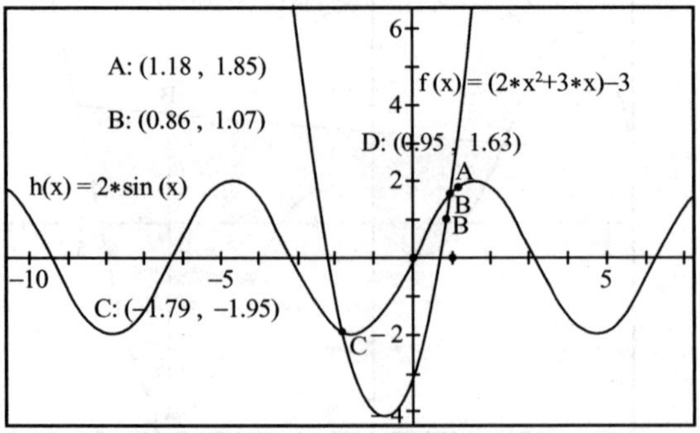

图 7.6

7.6 如何求方程f(x)=0的实根

在实际中经常遇到求高次方程或非线性方程的实根问题，这类求解问题是比较困难的. 利用几何画板的绘图和度量功能，可以直观的、有效的求得达到某精度要求的解. 具体作法如下.

(1) 单击〈图表/绘制新函数〉选项，输入函数式 f (x) 绘出函数图像. 从图像上可以直观的看到函数曲线与 x 轴的交点均为方程的实根.

(2) 在该函数曲线上任取一动点 A，并度量其坐标值. 选中点 A 坐标值，单击〈图表/制表〉选项，建立点 A 的数表.

(3) 拖动坐标系的单位点，将函数曲线与 x 轴有交点处局部放大，再拖动曲线上的动点 A 移动到曲线与 x 轴交汇处，然后用移动键进行微调，直到动点 A 的纵坐标值为 0 止，则点 A 的横坐标即为所求的一个实根.

(4) 选中点 A 的数表，单击〈图表/添加表中记录〉选项，则刚求得的实根的值就被固定在数表中，同时又添加一个活动的记录.

(5) 再将动点 A 移到下一个曲线与 x 轴交汇处，重复第 3、4 步的作法可以求出其它实根，从而得到一个该方程的实根表，如图 7.7 所示.

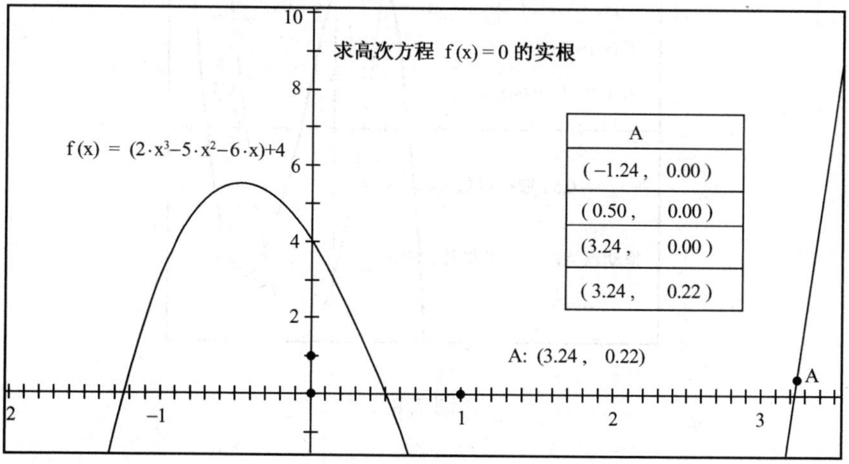

图 7.7

为了求得更精确的解，单击〈编辑/参数选项〉选项，弹出“参数选项”对话框，在单位的其它“精确度”中选“万分之一”或“十万分之一”，这样来增加解的有效位数. 同时改用“运动控制台”来控制点 A 的移动，配合按 Alt + [键，减小运动速度，使点 A 的纵坐标的值尽量地小.

7.7　如何求函数的极值和极值点

已知函数 f(x) 的函数式，可以利用“图表/导数”功能得到 f(x) 的导函数 f′(x)，并求得f′(x) =0 一个根 x_0 的值，则点(x_0,f(x_0))可能为函数 f(x)一个极值点，其极值为 f(x_0). 具体作法如下.

(1) 绘制新函数 f(x) = x * cos(x)的图像，选中该函数式，单击〈图表/导数〉选项，得 f(x)的导函数式 f′(x).

(2) 在 f′(x)函数图像上任意取一点 A，并度量它的坐标值 A(x_0,y_0).

(3) 过点 A 作 X 轴的垂线 j，拖动点 A，移动到 f′(x)与 x 轴交汇处，然后用移动键进行微调，直到点 A 的纵坐标值为 0 止.

(4) 根据点 A 横坐标值 x_0，计算 f(x_0)的值，即为所求的极值. 选中 x_0 和 f(x_0)的值利用“图表/绘制点”绘出该点 B，即为所求的极值点.

拖动点 A 移动到 f′(x)与 x 轴其它交汇处，还可得到函数曲线的其它极值点. 修改 f(x)函数，通过以上方法，还可得到其它函数曲线的极值点. 如图 7.8 所示.

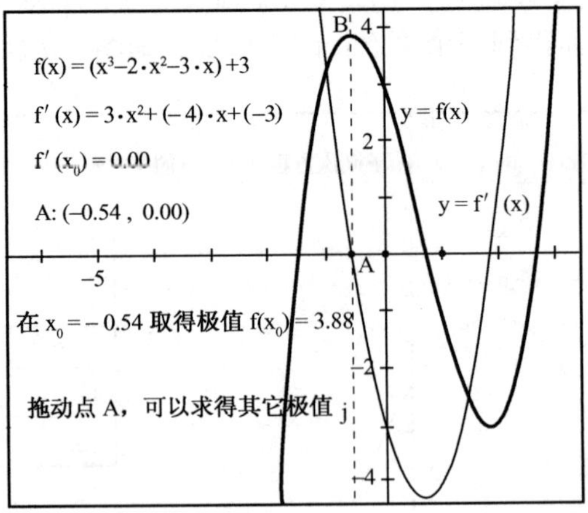

图 7.8

7.8　如何绘制函数上任意一点的切线和法线

已知函数 f(x)的函数式和 f(x)上任意一点 A(x_1,y_1)，可以利用“图表/导数”功能得到 f(x)的导函数 f′(x)，再利用切线方程：$y = y_1 + f'(x_1)(x - x_1)$绘制出 f(x)上任意一点 A($x_1$,$y_1$)的切线. 利用法线方程：$y = y_1 - 1/f'(x_1)(x - x_1)$ 绘制出

f(x)上任意一点 $A(x_1, y_1)$ 的法线. 具体作法如下.

(1) 绘制新函数 f(x) = x * cos(x) 的图像,选中该函数式,单击〈图表/导数〉选项,得 f(x) 的导函数式 f′(x);

(2) 如图 7.9 所示,在 f(x) 函数图像上任意取一点 A,并度量它的横、纵坐标值 x_1, y_1;

(3) 绘制 A 点的切线方程 $q(x) = y_1 + f'(x_1) * (x - x_1)$ 的图像;

(4) 绘制 A 点的法线方程 $r(x) = y_1 - 1/f'(x_1) * (x - x_1)$ 的图像.

拖动点 A 可以得到函数上任意点的切线与法线. 修改 f(x) 函数,可以求得任意函数任意点的切线与法线.

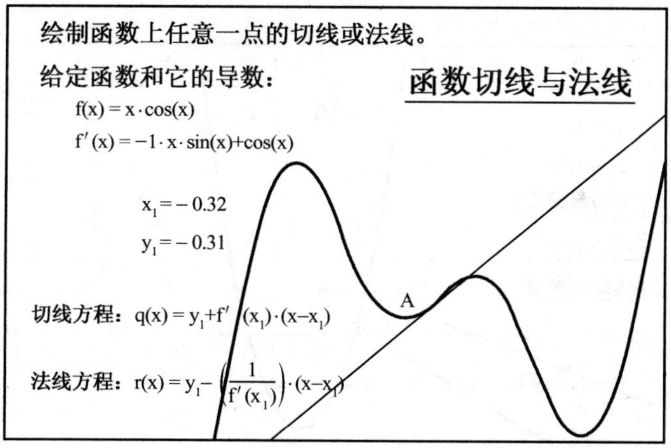

图 7.9

7.9 如何实现函数曲线的各种变换

在几何画板中, 轨迹和函数图像本身是不可以作各种变换的 (如平移、旋转、缩放、反射), 那么如何得到轨迹变换后的像呢?

具体的作法如下: 我们只要对轨迹上的任意一点 D, 按事先标记好的向量 (或角度, 或比值, 或镜面) 作变换, 得到变换后的点 D′, 然后再同时选中点 D 和点 D′作轨迹即可. 这样就可以实现对变换后的轨迹作任意平移 (或旋转、或缩放、或反射) 操作. 这四种变换是基本变换, 它们可以复合起来, 形成比较复杂的变换, 比如先平移、后旋转、再放缩, 就得到了一个于原来有联系又不同的新函数. 例如: 绘制一个二次函数曲线.

(1) 如图 7.10 所示, 新建坐标系, 新建参数 a, b, c, 并分别建立它们的动画按钮.

(2) 绘制新函数，分别标记向量 AB，标记角度 FOE、标记比值 MG/MH、标记中心 Z.

(3) 在函数曲线上任取一点 D，让点 D 按标记向量 AB 平移，得点 D′；再让点 D′按标记角度 FOE 旋转，得点 D″；最后让点 D″按标记比 MG/MH 缩放，得点 D‴.

(4) 同时选中点 D 和变换后的点 D‴作轨迹. 这样就可以实现对变换后的轨迹作任意平移（或旋转，或缩放，或反射）操作.

在作图时我们可以根据不同的需要，实现对轨迹和函数图像的任意平移、旋转、缩放、反射操作.

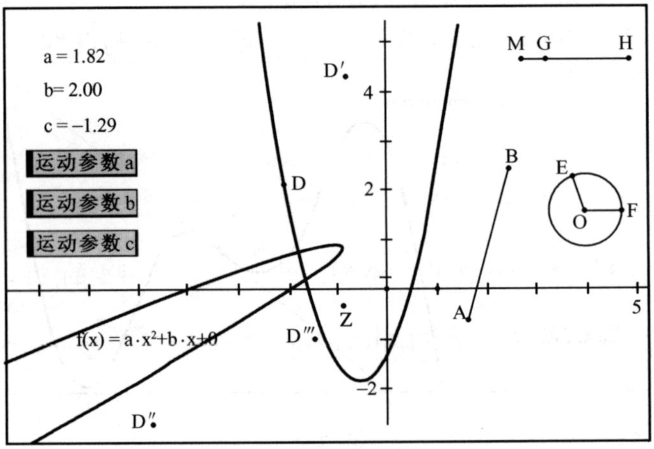

图 7.10

7.10　如何生成函数（或轨迹）的曲面图形

在几何画板中，如何通过函数图像的平移、旋转、缩放、反射变换得到两个函数图像间的轨迹呢？具体制作步骤如下：

(1) 如图 7.11 所示，用上面的方法，在函数曲线上任取一点 D，任意作平移（或旋转、或缩放、或反射）变换，得点 D′.

(2) 同时选中点 D 和点 D′作轨迹. 再连接 DD′，同时选中点 D 和 DD′作轨迹. 即得轨迹生成的曲面.

单击 a，b，c 动画按钮，观察图像的变化，根据需要做任意平移、旋转、缩放、反射变换.

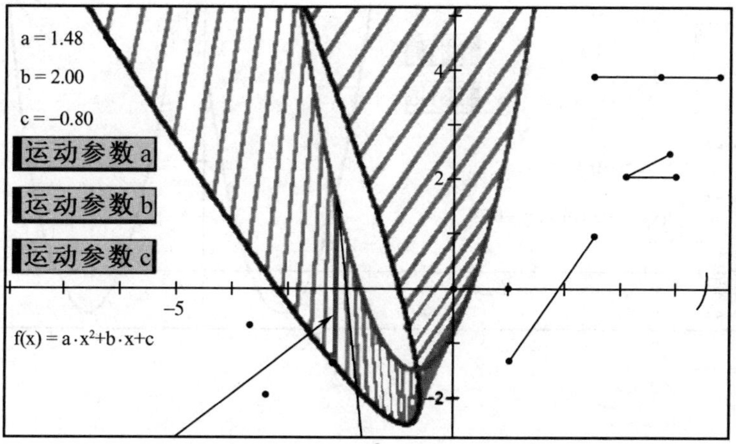

图 7.11

7.11 如何控制函数曲线的翻转

在几何画板中，实现函数曲线的翻转和还原是必不可少的．以前我们曾学过简单几何图形的翻转和还原问题，下面我们来介绍一下将函数曲线进行翻转和还原的具体作法：

方法一：制作某区间［a，b］上函数 f（x）图像的翻转.

（1）如图 7.12 所示，新建坐标系，在横坐标上任取一点作垂线，在垂线上任取三点 a，b，c，度量这三点的纵坐标，并改标签为 a，b，c；

（2）利用计算、绘点、作轨迹的方法绘制某区间［a，b］上函数 f（x）的图像；

（3）在轨迹上任取一点 D，以任一条直线 j 为镜面，作镜面反射点 D′，用线段连接 DD′两点；

（4）在线段 DD′上任取一点 G，同时选中点 D 和 G 作轨迹；

（5）分别作点 G 到点 D′、点 G 到点 D 的移动按钮，并改标签为“翻转”、“还原”按钮；

（6）最后隐藏不必要的点和线.

方法二：制作 x 轴上函数 f（x）图像的翻转.

（1）新建坐标系，在横坐上任取一点作垂线，在垂线上任取三点 a，b，c，度量这三点的纵坐标，并改标签为 a，b，c；

（2）利用绘制新函数方法绘出 f（x）的图像；

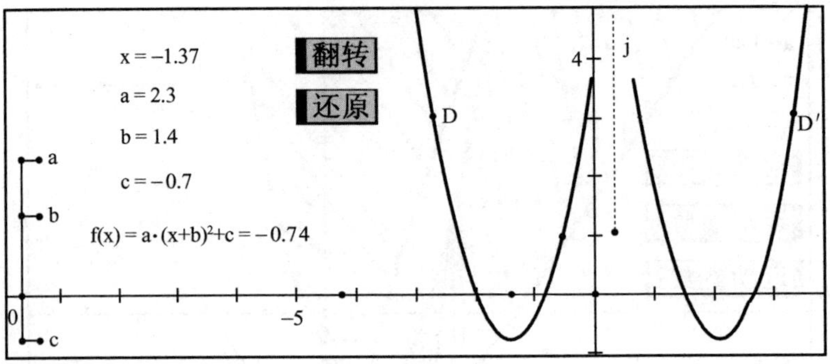

图 7.12

(3) 如图 7.13 所示，在轨迹上任取一点 D，以任一条直线 j 为镜面，作镜面反射点 D′，用线段连接 DD′两点；

(4) 在线段 DD′上任取一点 G，同时选中点 D 和 G 作轨迹；

(5) 分别作点 G 到点 D′、点 G 到点 D 的移动按钮，并改标签为“翻转”、“还原”按钮；

(6) 最后隐藏不必要的点和线.

拖动 a，b，c 三点可在纵坐标轴上相应的改变函数图像，单击“翻转”、“还原”按钮，可实现函数图像的翻转和还原. 我们还可以标记任意方向的镜面，来实现函数图像在不同方向的翻转.

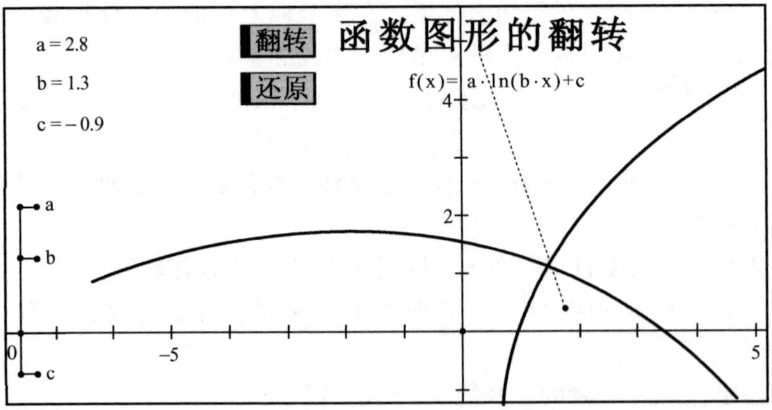

图 7.13

7.12 如何实现轨迹的移动

1. 轨迹的平移移动

作法是：在轨迹上取一点 A，让点 A 作平移变换，得到点 A′. 连接 AA′，在 AA′上取一点 B，选中点 A 和点 B 作轨迹. 拖动点 B 或作移动按钮，可以得到平移的图像，如图 7.14（a）所示.

2. 轨迹的旋转移动

作法是：在轨迹上取一点 A，让点 A 按标记中心作旋转变换，得到点 A′. 连接 AA′，在 AA′上取一点 B，选中点 A 和点 B 作轨迹. 拖动点 B 或作移动按钮，可以得到旋转的图像，如图 7.14（b）所示.

3. 轨迹的缩放移动

作法是：在轨迹上取一点 A，轨迹外画一点 B，用直线连接 AB. 在 AB 上取一点 C，选中点 A 和点 C 作轨迹. 拖动点 C 或作移动按钮，可以得到边缩放边移动的图像，如图 7.14（c）所示.

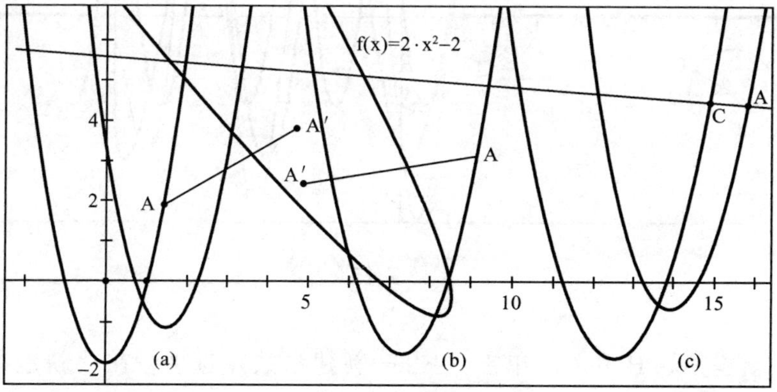

图 7.14

7.13 如何控制函数曲线的叠加

在几何画板的学习中，我们不仅能够已知函数方程绘制函数曲线，还可以将两个函数曲线进行叠加，能更好地观察出其动态叠加过程.

方法一：构造两列波 f1（x）=Asin（Bx+Q）+C 与 f2（x）=Bcos（Ax+Q）+C 在宽度为 H 区间上的叠加波 f3（x）=f1（x）+f2（x），具体制作步骤如下：

（1）建立直角坐标系. 单击〈图表/网格/方形网格〉选项；单击〈编辑/参数选项/单位/弧度制〉选项.

（2）构造系数参数. 如图 7.15 所示，在 X 轴负半轴上任取三点，过这三点分别作 X 轴的垂线段，标记其端点为 A，B，C，度量它们的纵坐标，并改标签为 A，B，C.

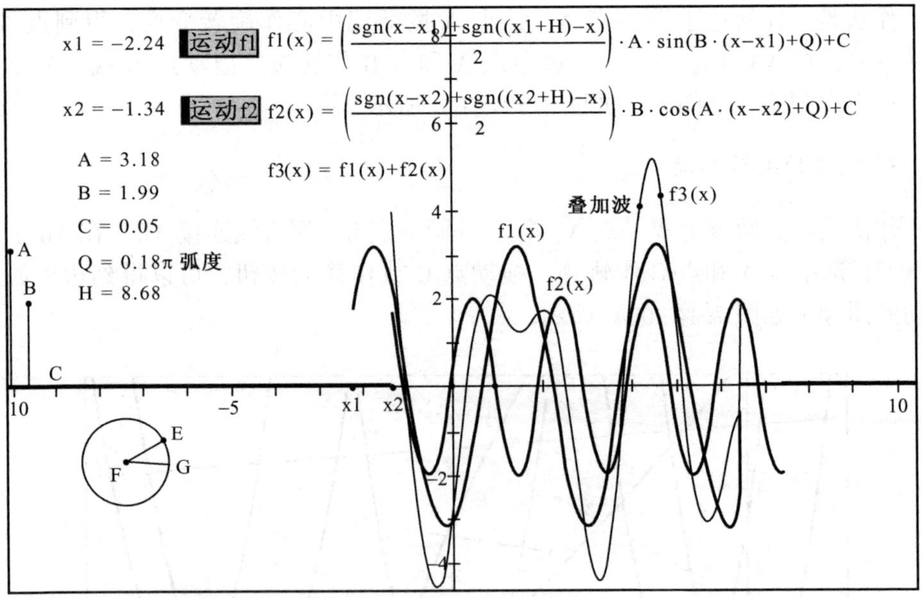

图 7.15

（3）新建参数 H 和 Q. 单击〈图表/新建参数〉选项，在“新建参数”对话框，输入参数名称 H（用 H 控制 f1（x），f2（x）两列波的宽度）；过点 F，G 作小圆，在小圆上取动点 E，度量∠GFE 的值，并改标签为“Q”.

（4）建动画按钮. 在 x 轴上取点 x1，x2，度量其横坐标，并改标签为 x1，x2. 作点 x1，x2 的“动画”按钮，分别改标签为“运动 f1”和“运动 f2”. 用 x-x1 或 x-x2 代替自变量 x 来绘制函数曲线.

（5）绘制三个新函数. 单击〈图表/绘制新函数〉选项，分别输入：f1(x)=(sgn(x−x1)+sgn(x1+H−x))/2 * A * sin(B * (x−x1)+Q)+C 选粗线和蓝

色;$f2(x)=(sgn(x-x2)+sgn(x2+H-x))/2*B*cos(A*(x-x2)+Q)+C$ 选粗线和红色;$f3(x)=f1(x)+f2(x)$ 选细线和黑色.

拖动点 x1 或 x2，或单击动画按钮，观察两列波的运动及叠加效果，改变各系数参数 A，B，C，Q，可以观看波的变化，如图 7.15 所示.

方法二：构造两函数曲线 $f(x)=\sin(x)+2$ 与 $g(x)=\cos(x)+1$ 的叠加函数曲线 $Y_1=f(x)+g(x)$，具体制作步骤如下：

（1）如图 7.16 所示，绘制函数 f（x），g（x）的曲线.

（2）在 g（x）曲线上任取一点 A，分别度量点 A 的横坐标和纵坐标的值 X_A 和 Y_A.

（3）计算 $Y_1=f(X_A)+Y_A$ 的值，依次选中 X_A 和 Y_1 的值，绘出点 B（X_A，Y_1）.

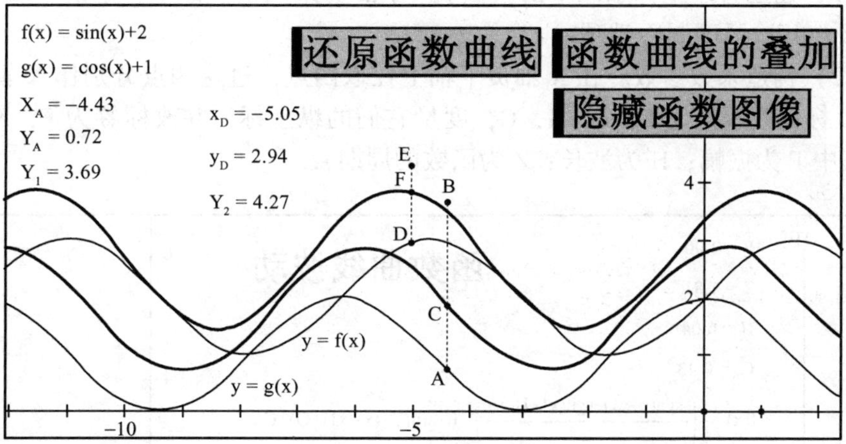

图 7.16

（4）用线段连接 AB，在 AB 上任取一点 C. 选中点 A，C 作轨迹，设置该轨迹为蓝色粗线.

（5）在 f（x）曲线上任取一点 D，分别度量点 D 的横坐标和 纵坐标的值 X_D 和 Y_D.

（6）计算 $Y_2=f(X_D)+Y_D$ 的值，依次选中 X_A 和 Y_2 的值，绘出点 E（X_D，Y_2）.

（7）用线段连接 DE，在 DE 上任取一点 F. 选中点 D，F 作轨迹，设置该轨迹为红色粗线.

（8）依次选中点对 C 和 A，F 和 D 作“移动”按钮，改标签为“还原函数曲线”. 再依次选中点对 C 和 B，F 和 E 作“移动”按钮，改标签为“函数曲线的叠加”.

（9）选中函数 f（x），g（x）曲线作“隐藏/显示”按钮.

单击“函数曲线的叠加”按钮，可以动态演示两条曲线叠加的过程，再单击“还原函数曲线”按钮，又将叠加曲线还原成原函数曲线. 重新编辑函数式 f（x)或 g（x)，可以实现任意函数的叠加.

7.14　如何控制函数曲线的波动

为了能够使函数曲线的波动更加直观地展现出来，我们在函数图像上顺序密集取若干点，当函数曲线运动时，曲线上的点也随之运动，可以让我们更清楚地看到波的传播效果. 具体制作步骤如下：

（1）建立直角坐标系. 单击〈图表/网格/方形网格〉选项；单击〈编辑/参数选项/单位/弧度制〉选项.

（2）构造系数参数. 在 X 轴负半轴上任取四点，过这四点分别作 X 轴的垂线段，标记其端点为 F，Z，H，C，度量它们的纵坐标，并改标签为 F，Z，H，C（其中 F 为振幅；H 为波长；Z 为函数的周期）.

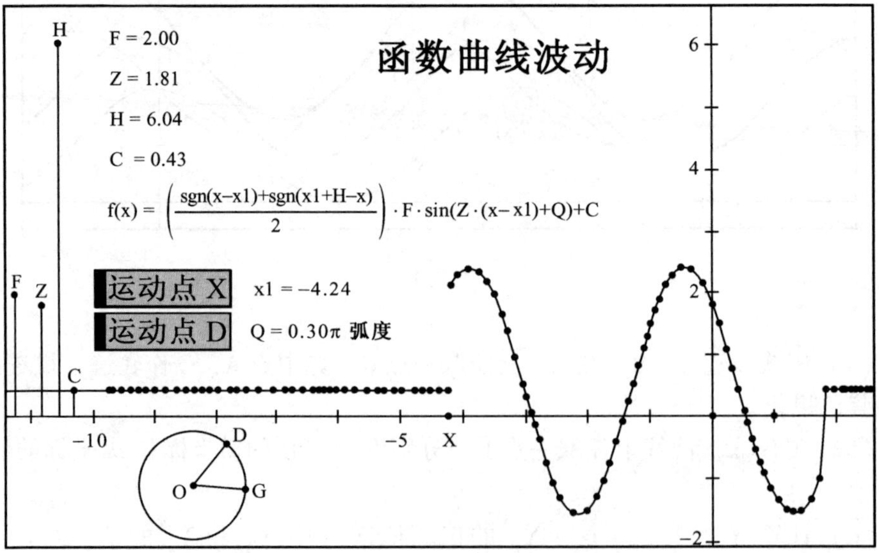

图 7.17

（3）构造参数 Q. 过点 O，G 作小圆，在小圆上取动点 D，度量∠GOD 的值，并改标签为“Q”. 作点 D 的“动画”按钮.

（4）建动画按钮. 在 x 轴上取点 X，度量其横坐标，改标签为 x1，并作点 X 的“动画”按钮.

（5）绘制新函数. 单击〈图表/绘制新函数〉选项，输入函数“(sgn(x - x1) + sgn(x1 + H - x))/2 * F * sin(Z * (x - x1) + Q) + C”,绘出图像.

拖动点 X，或单击“运动点 X”按钮，观察波的运动效果，拖动点 F，Z，H，可以观看波的变化，如图 7.17 所示.

隐藏坐标轴，在函数图像上顺序密集取若干点，拖动点 D，或单击“运动点 D”按钮，可实现波的波动效果.

7.15 如何将函数曲线限制在一个矩形区域内

有时我们希望函数曲线限制在一个矩形区域内动态演示. 为了便于比较，可以在一页中构造表示不同的函数图形的多个区域. 具体作法如下：

（1）如图 7.18 所示，建立坐标轴，新建参数 a，b，c，并建相应的动画按钮；

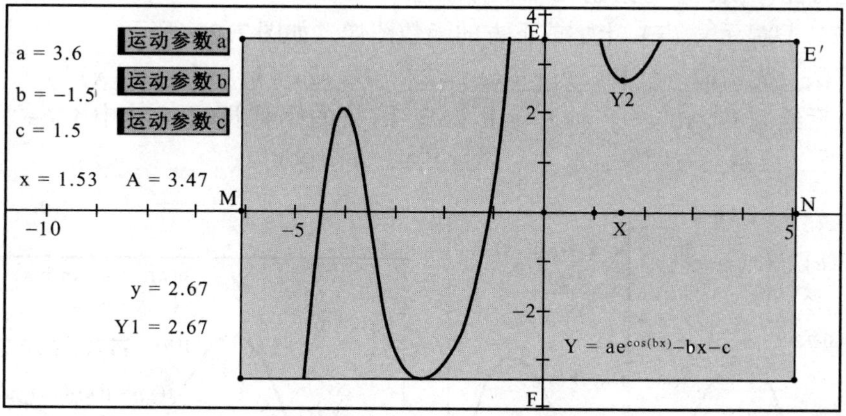

图 7.18

（2）在 X 轴上取两点 M，N，并连线段，在该线段上任取一点 X，取其横坐标的值记为 x；

（3）输入计算公式 $y = ae^{\cos(bx)} - bx - c$；

（4）在 Y 轴正半轴上取一点 E，度量其纵坐标值记为 A，作点 E 关于 X 轴的反射点 F，并度量其纵坐标值记为 B；

（5）以 MN 和 EF 为边长，作矩形，并涂上颜色；

（6）计算 y1 = y/sgn(abs(trunc(A/y)))的值，选中 x，y1 的值，绘制点 Y2；选中点 X 和 Y2 作轨迹(或 Y1 = (Y/sgn(sgn(A - y) + 1) * sgn(sgn(y + B) + 1))的

值，其中 A = Max，B = Min，B = －A).

单击 a，b，c 动画按钮，观察函数曲线的变化. 为了便于进行比较，我们还可根据不同需要，在同一窗口内建立多个矩形区域块.

7.16　如何使函数分情况显示图像

已知函数 h（x）和直线函数 s（x）＝ax + c，有时候只显示 s（x）上方或下方的函数图像，或者只显示 s（x）左侧或右侧的函数图像. 我们只要构造关于符号函数的基函数，就可以实现函数分情况显示图像.

（1）只显示 X 轴上方或下方的函数图像. 如图 7.19 所示.

方法：先构造基函数 j(x) = 2/(1 ± sgn(h(x)))，然后绘制 f(x) = j(x) * h(x) 的函数图像.

基函数 j(x) 的作用是：当 j(x) = 1 时，就绘制对应区间上函数 f(x) 的图像；当 j(x) 无定义时，对应区间上函数 f(x) 的图像就不存在. 其中 j(x) 中取“＋”号绘制 X 轴上方图像，取“-”号绘制 X 轴下方图像.

（2）只显示 s（x）上方或下方的函数图像. 如图 7.20 所示.

方法：先构造一个基函数 j（x）＝2/（1 ± sgn（h（x）－s（x）））

然后绘制 f（x）＝j（x）* h（x）函数的图像即可（其中 j（x）中取“＋”号，绘制上方图像，取“-”号绘制下方图像）.

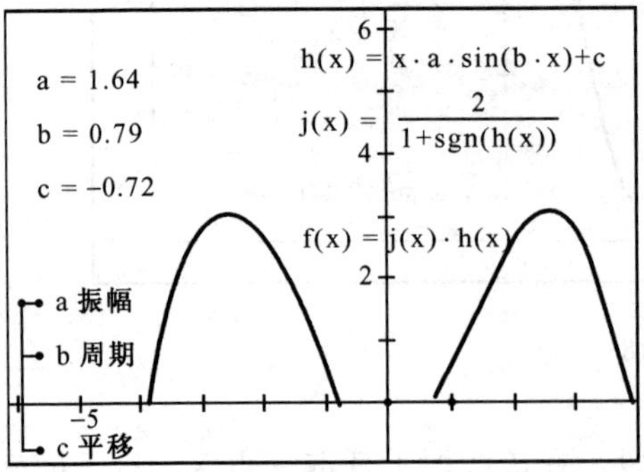

图 7.19

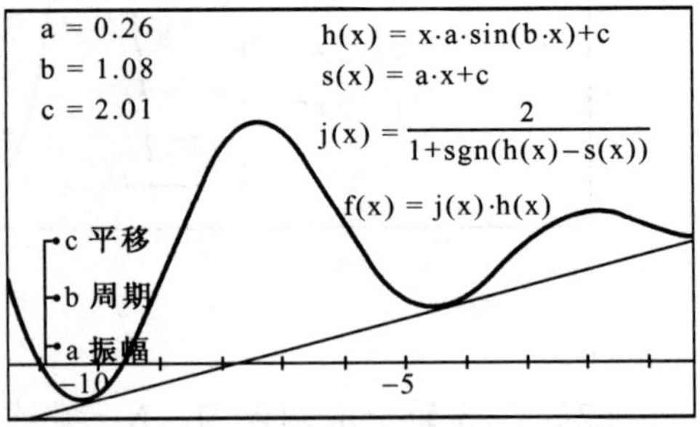

图 7.20

（3）只显示 s（x）左侧或右侧的函数图像.

方法：先构造一个基函数 j(x) = 2/(1 ± sgn(a) * sgn(h(x) − s(x))). 然后绘制 f(x) = j(x) * h(x) 函数的图像即可（其中 j(x) 中取“＋”号，绘制左侧图像，取“-”号绘制右侧图像）.

（4）有时需要 X 轴上方图像用一种颜色和线形显示，X 轴下方图像用另一种颜色和线形显示，该如何处理.

方法：用不同的颜色和线形分别绘制上方图像和下方图像即可.

我们只要重新编辑 h（x）函数，可以对任何函数进行操作.

7.17　如何实现函数图像的渐变

前面我们讨论函数图像的变换，指的是对同一个函数图像作平移、旋转、缩放或反射以及它们的复合变换，均属于一种相似变换. 实际中需要动态演示由一个函数图像渐变成另外一个函数图像的过程，如两个函数的叠加，两个函数的内积等问题. 方法是：通过第一个函数曲线上的任意点 A 计算并绘出第二个函数相对应的点 B，然后连接这两点，在所得线段 AB 上任取一点 C，选中 C、A 作轨迹，只要移动 C 点，就可以实现函数图像的渐变.

下面以 f（x）＝sin（x）图像渐变成 h（x）＝xcos（x）图像为例，具体制作步骤如下：

（1）如图 7.21 所示，绘制函数 f（x）＝sin（x）的曲线.

（2）在 f（x）曲线上任取一点 A，度量点 A 的横坐标的值 X_A.

（3）计算 $Y = X_A * \cos(X_A)$ 的值，依次选中 X_A 和 Y 的值，绘出点 B（X_A，Y）.

（4）用线段连接 AB，在 AB 上任取一点 C. 选中点 A、C 作轨迹，设置该轨迹为蓝色粗线.

（5）依次选中点 C 和 A 作“移动”按钮，改标签为“还原函数图像”. 再依次选中点 C 和 B 作“移动”按钮，改标签为“函数图像的渐变”.

（6）选中函数 f（x）曲线作“隐藏/显示”按钮.

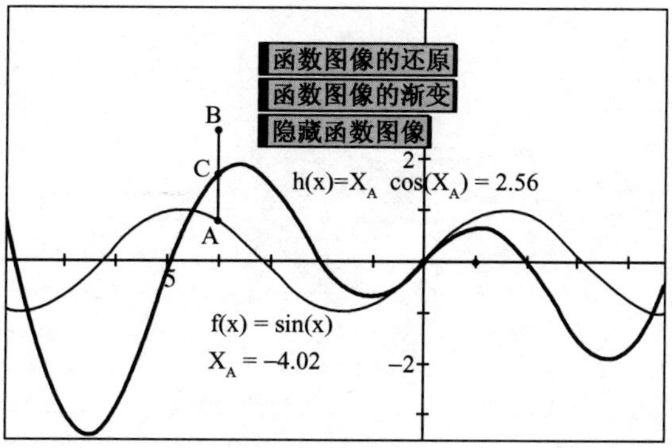

图 7.21

单击“函数图像的渐变”按钮，可以动态演示第一个函数图像渐变成第二个函数图像的过程，再单击“函数图像的还原”按钮，又将第二个函数图像还原成第一个函数图像．重新编辑函数式 f（x）或 h（x），可以实现任意函数的渐变．

习　题　7

1. 利用几何画板的绘图和度量功能，求高次方程

$$f(x)=0.08x^5-1.77x^3+3.55x^2-2.43=0$$

在区间［-6，5］之间的实根近似解．

2. 利用几何画板的绘图和度量功能，求非线性方程

$$f(x)=1.22x\sin x+0.17x^2=0$$

在区间［-6，6］之间的实根近似解．

3. 动态演示 $f(x)=a\cdot bx+c$ 函数图像关于 y 轴和 $y=x$ 的翻转过程．

4. 构造两列波 $f(x)=x\cos x/2$ 与 $g(x)=\sin 2x$ 的动态叠加过程．

附录A　记录（脚本）

说明：几何画板 4. x 板的“迭代”功能相对于几何画板 3. x 板的“记录的循环”功能来说更强大、更快捷. 但是也有它的局限性，譬如：迭代后像的关键点是不存在的，轨迹是不能迭代的等，这样为进一步作图带来不便，而这方面恰恰是“记录的循环”功能优势. 所以有保留和介绍几何画板 3. x 板的“记录的循环”功能的必要. 我们可以用 3. x 板“记录的循环”功能制作出“迭代”功能所不能绘制的课件，然后转到 4. x 板上去执行，作为 4. x 板的补充工具.

几何画板中 3. 05 板的记录，实际上是一个画图过程的文字记录器，它可以记录几何画板的作图步骤并存盘（记录文件扩展名为 . gss），而且还能将记录的步骤再重现出来. 重要的是利用脚本的播放功能，可以在画板上自动重复作图过程，作出我们原来手工制作的相似图形.

A. 1　记录的制作

用“文件”菜单中“新记录”选项，打开一个新“记录”窗口，单击“记录”窗口中的“录制”按钮，可以将我们在画板上的作图过程逐步自动转换成文字记录下来.

A. 2　记录的执行

打开一个新画板，并打开已有的记录文件. 在画板中同时顺序选中满足记录执行的前提条件，依照“记录”窗口中提供的记录，执行如下三种按钮方式之一即可.

- “阶进”按钮：每单击一次“阶进”按钮，画板就会按照记录的步骤绘制下一步图形，起到控制绘制速度的效果.
- “播放”按钮：按下“播放”按钮，画板就自动按照记录的步骤绘制其它图形.
- “快进”按钮：按下“快进”按钮，画板会省去中间绘图过程，直接显示所绘图形.

A. 3　记录的“循环”功能

作图中有规律的、并需重复多次绘制的复杂过程，可以用“记录”中的“循环”功能来实现，这样既快捷又方便.

例如，利用正方形的记录绘制立体图：

（1）打开新画板和新记录，单击“录制”.

（2）作菱形，作线段 AB，以 A 为中心，把 B 旋转 60 度得到 B′.

（3）以 B′为中心，把 B 旋转 60 度，连接四点成菱形.

（4）以 B′为中心，选中全部图形，把该菱形旋转 120 度 2 次；各菱形涂上不同颜色.

（5）选中正方体右边两点，单击记录中“循环”，再单击“停止”.

（6）存记录为“正方体 1. gss”.

(7) 再打开一个新记录，单击“录制”.

(8) 画两点并选中，单击“正方体 . gss”中“快放”，在“递归循环”对话框的深度框中输入3.

(9) 选 B″为中心，把点 B′旋转 180 度，选中点 B′和 B″.

(10) 单击记录中“循环”，再单击“停止”；存记录为“正方体 4. gss”.

(11) 选中 A、B 点，单击记录“快放”.

(12) 在“递归循环”对话框的深度框中输入 3.

A. 4　使用记录的“循环”功能绘图的一般过程

欲将圆上正 N 边形的顶点，按某种规律投影到指定的位置上. 若一个顶点一个顶点的去绘制出它所对应的投影点，显得既繁琐又复杂. 如果使用记录的“循环”功能来实现，就能起到事半功倍的效果.

具体作法是：只要把一个“循环节”的作图过程记录下来，然后利用记录的“循环”和“快进”功能，就可以迅速完成整个绘图过程. 一般分 3 步完成：第 1 步求作圆上第一个点的投影点；第 2 步录制圆上第二点的投影点，并把两个投影点连接起来；第 3 步按照“前提”条件，执行“循环”、“停止”按钮即可.

1. 初始值

打开一个新画板，画一个大圆 A，在圆上任意取一点，作为正 N 边形的第一个顶点，并绘出对应第一个顶点的投影点.

2. 录制

打开一个新记录，单击记录的“录制”按钮，开始录制：

①以圆心 A 为标记中心，把第一个顶点旋转$\frac{360}{N}$度，得到第二个顶点，作出第二顶点的投影点.

②将前两个投影点用线段连接起来，并隐藏掉其它不必要的对象.

③使用记录的“循环”功能：根据记录的“前提”条件，在画板中顺序选中满足“前提”条件的点和线（点应为第二个顶点及它的投影点），然后单击记录的“循环”按钮，再单击记录的“停止”按钮. 保存记录文件.

3. 运行记录文件

在画板中顺序选中满足“前提”条件的点和线（同上），然后单击记录的“快进”按钮，在“递归循环”对话框的深度框中输入 N-1，记录将自动绘出其它 N-1 个点的投影点，并顺次连接起来.

4. 作动画按钮

选中第一个顶点和大圆，单击〈编辑/操作类按钮/动画〉选项，得“动画”按钮，双击“动画”按钮，所有投影点都将运动起来.

例 1　用“记录”自动画出一个或多个正六边形.

(1) 初始值 打开一个新“画板”窗口，在“画板”上先画一个圆 A，并在圆上任选一点 C.

(2) 录制 打开一个新“记录”窗口，单击“录制”；选圆心 A 为标记中心，把点 C 旋转

60 度得点 C′，连接点 C 和 C′.

①在画板中顺序选中满足“前提”条件的点 C′和点 A，单击记录中“循环”按钮，再单击“停止”按钮；

②存记录为“正六边形 . gss”.

(3) 运行记录文件 .

打开一个新“画板”窗口，任画两点 A 和 B，并同时选中；单击记录中“快进”按钮，在“递归循环”对话框的深度框中输入 5，如图 A.1 所示.

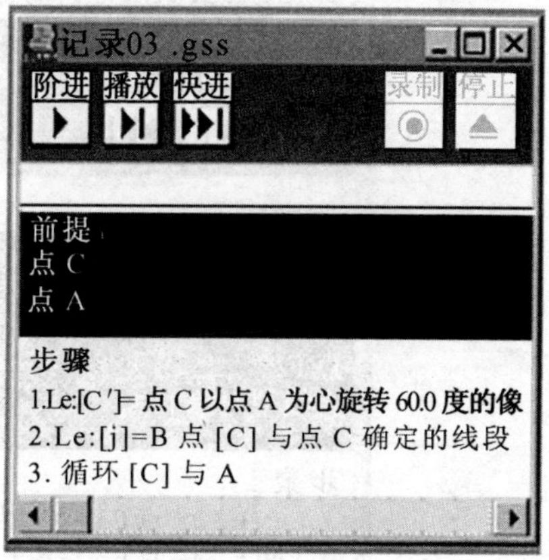

图 A.1

例 2　制作正弦波.

(1) 初始值. 新建一个画板，画直线 j 和线段 k；在直线 j 上任取一点 E，以点 E 为圆心，线段 k 为半径作圆. 在圆上取第一个点 F，单击〈变换/平移〉选项，让点 F 向右平移 1cm，得圆上第一个点 F 投影 F′点.

(2) 录制.

①打开一个新记录窗口，单击记录窗口“录制”按钮.

②双击点 E，标记为中心. 选择点 F，旋转 18 度，得到圆上第二个点 F′.

③过圆上点 F′，作直线 j 的平行线；让投影点 F′向右平移 0.5cm 得点 F″，过点 F″作直线 j 的垂线；求得平行线与垂线的交点 G；即为圆上第二个点 F′的投影点. 用线段连接两个投影点 F′和点 G；隐藏该平行线、垂线和点 F″，取消圆上各点及它们投影点的标注.

④根据记录的“前提”条件，依次选中圆上第二个点 F′、点 E、第二个投影点 G 和直线 j，单击记录中“循环”按钮（因为循环是接着圆上第二个点往下进行的，所以虽然前提中显示的是圆上第一个点 F 及它的投影点 F′，而实际选中时应换成第二个点 F′及它的投影点 G），再单击记录中“停止”按钮，如图 A.2 所示.

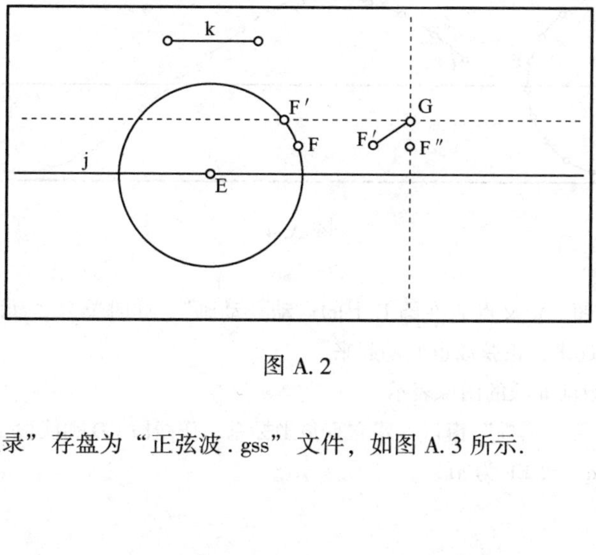

图 A.2

⑤将这个“记录”存盘为“正弦波 . gss”文件，如图 A.3 所示.

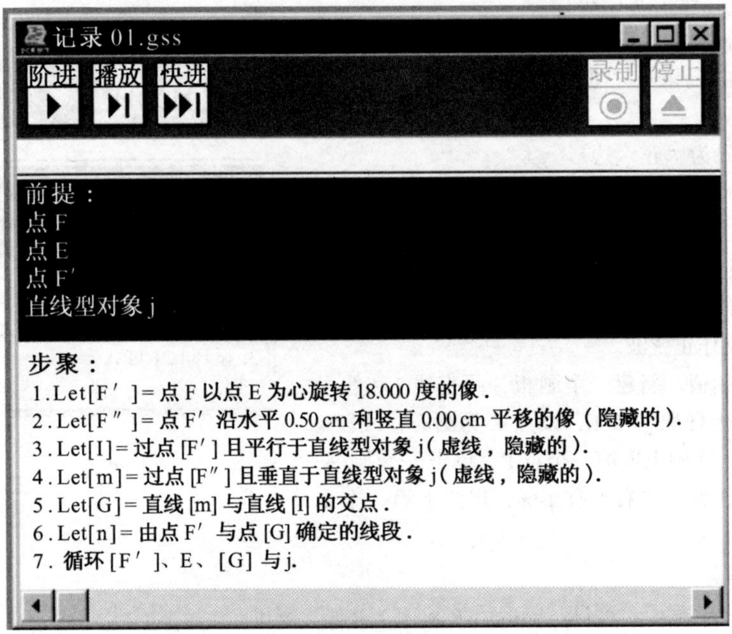

图 A.3

（3）运行记录文件. 根据记录的“前提”条件，依次选中点 F′、点 E、点 G 和直线 j，单击记录中“快进”按钮，在循环深度填写 20 次，单击“确定”按钮，即得到含 20 点的正弦波，如图 A.4 所示.

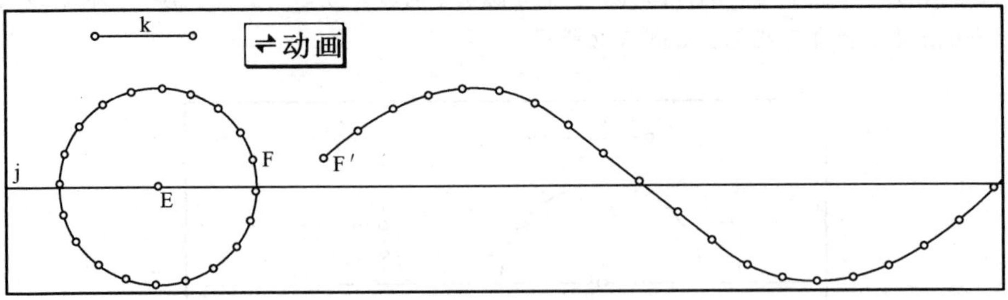

图 A.4

（4）作动画按钮. 定义点 F 在圆 E 上的运动“动画”，此时单击“动画”按钮，就会看到：圆上的点转动起来，正弦波也波动起来.

例 3　等比级数前 n 项的图像表示.

（1）打开一个新“画板”窗口，建立直角坐标系，作线段 CD 和线段 EF，并度量出它们的长度，改 CD 为 q，改 EF 为 a1.

（2）打开一个新“记录”窗口，单击“录制”按钮；选中坐标原点 A，让点 A 向右平移 0.5cm 得 A′点.

（3）先标记距离 a1，选中点 A′，让点 A′向上移动距离 a1 得点 A″，连接点 A′A″.

（4）同时选中度量值 a1 和 q，单击〈度量/计算...〉选项，输入公式 a1 * q/1cm，得公式的度量值，并改公式度量值为 a2.

（5）根据记录的“前提”条件，依次选中点 A′，度量值 a2 和 q，单击记录中“循环”按钮；再单击记录中“停止”按钮.

（6）存记录为“级数.gss”；如图 A.5 所示.

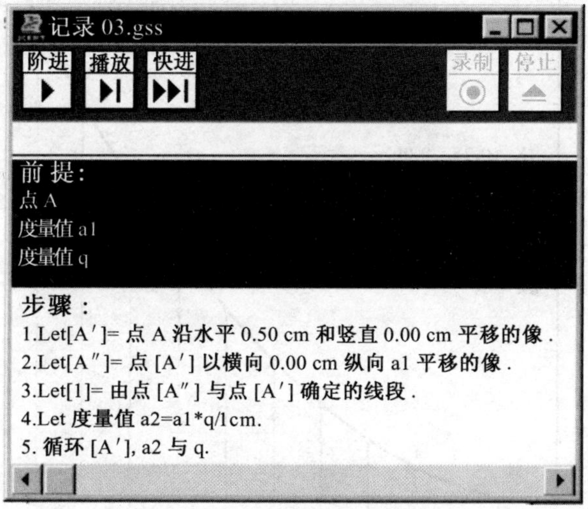

图 A.5

（7）依次选中点 A，度量值 a1 和 q.

（8）单击记录中“快放”按钮，在“递归循环”对话框的深度框中输入 20.

（9）分别拖动线段 CD 和 EF 的一端，改变 q 和 a1 的值，图像作相应的变动. 如图 A.6 所示.

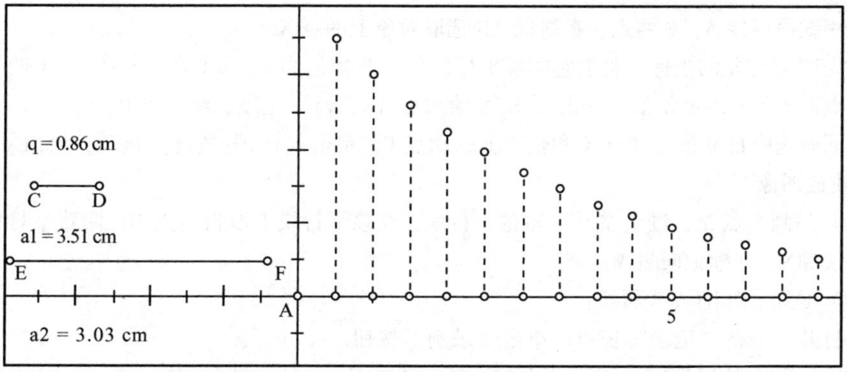

图 A.6

例 4　定积分的定义.

将积分区间若干等分后，用左矩形面积近似替代曲边梯形面积，作出它的的示意图．如作积分 $\int_0^1 (x^2+0.1)\,dx$，在区间［0，1］上的分割示意图.

（1）作 $y=x^2+0.1$ 函数在区间［0，1］上的轨迹，如图 A.7 所示.

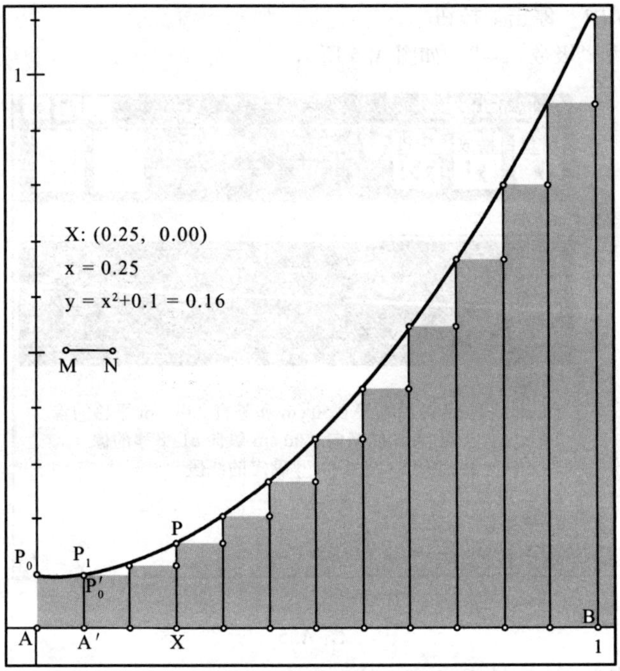

图 A.7

①打开一个新“画板”窗口，建立直角坐标系．拖动原点 A 到画板的左下角，并将单位 1（点 B）向右拖动使其放大至全屏.

②用线段连接 A，B 两点，在线段 AB 选取对象上的点 X.

③先度量点 X 的坐标，再取它的横坐标的值，改标记为 x，并计算 $y=x^2+0.1$ 的值．然后根据点对 x 与 y 的度量值，单击〈图表/绘出点（x，y）〉选项，绘出点 P.

④同时选中自变量的动点 X 和轨迹上的动点 P，单击〈作图/轨迹〉选项，绘出 $y=x^2+0.1$ 的轨迹图像.

（2）另画一点 M，过点 M 作 x 轴的平行线，在该平行线上取自由点 N，隐藏平行线，用线段连接 MN，并标记向量 MN.

（3）录制，如图 A.8 所示：

①打开一个新“记录”窗口，单击“录制”按钮.

②度量点 A 的横坐标 x_A 值，并计算 $x_A^2+0.1$ 的值．然后根据点对 x_A 与 $x_A^2+0.1$ 的度量值，单击〈图表/绘出点（x，y）〉选项，绘出点 P_0.

③同时选中点 A 和 P_0，按标记向量 MN 平移得到点 A′，P'_0，同时选中点 A，A′，P'_0，P_0，单击〈作图/多边形内部〉选项.

④度量点 A′的横坐标 $x_{A'}$的值，并计算 $x_{A'}^2+0.1$ 的值. 然后根据点对 $x_{A'}$与 $x_{A'}^2+0.1$ 的度量值，单击〈图表/绘出点（x，y）〉选项，绘出点 P_1，用线段连接 A′P_1.

⑤如图 A.8 所示，根据记录的“前提”条件，依次选中点 A′，M，N，单击记录中“循环”按钮；再单击记录中“停止”按钮.

(4) 存记录为“分割 . gss”，并运行该记录，如图 A.8 所示.

根据记录的“前提”条件，依次选中点 A′，M，N，单击记录中“快放”按钮，在“递归循环”对话框的深度框中输入 20，再单击“确定”按钮，即得到 20 个用矩形面积来替代曲边梯形面积的示意图.

(5) 拖动线段 MN 的右端点 N，改变向量的长度，示意图作相应的变动，如图 A.7 所示.

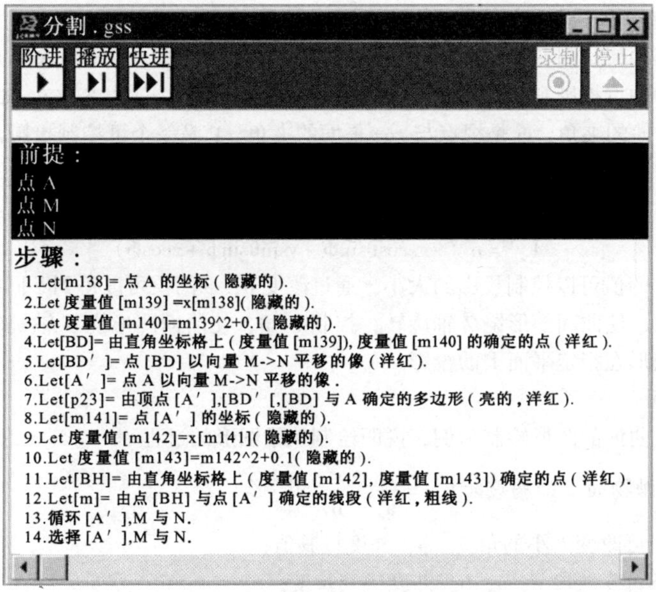

图 A.8

使用记录的“循环”功能需要注意的是：

(1) 循环的“前提”中显示的是第一个点的有关信息，实际选取时应换成第二个点的有关信息，否则将不能实现递归作图.

(2) 在录制一个循环节作图时，一定要隐藏所有的辅助线、点及标注等不必要的信息，否则将给显示画面带来混乱.

A.5　使用“生成记录”功能

将一个绘制好的图形，可以运用“工作”菜单中的“生成记录（制作脚本)”功能方便地制作成脚本记录.

例 5　先在“画板”上画一个正方形，然后用“记录”录制绘图步骤.

（1）打开一个新“画板”窗口，在“画板”上画一条线段 AB；

（2）选点 A 为标记中心，把点 B 旋转 90 度得点 B′，连接点 A 和 B′；

（3）再选点 B′为标记中心，把点 A 旋转 90 度得点 A′，连接点 A′B′和 A′B 就得到一个正方形；

（4）用选择工具选中这个正方形（包括所有的点和线）；

（5）选择“工具”菜单中的“生成记录”功能，这时就会自动出现一个记录窗口，并将正方形的制作过程记录下来；

（6）将这个“记录”存盘为“正方形 . gss ”文件，供下次播放使用.

A. 6　绘制三维曲面图形

1. 制作原理

用几何画板如何绘制三维图形，这是一个非常重要的问题. 而解决这一问题的关键是如何将三维空间中的点投影到指定二维平面上. 为此，我们选择三个参数 θ，ϕ，p. 其中 θ 是视点与 x 轴正方向的夹角，ϕ 是视点与 xoy 平面的夹角，P 是一个可控制投影大小的参数. 设曲面方程为 $z=f(x, y)$，由这三个参数可以得到将三维点投影到指定平面上的投影方程：

$$\begin{cases} x' = p(-x\sin\theta + y\cos\phi) \\ y' = p(-x\cos\theta\sin\phi - y\sin\theta\sin\phi + z\cos\phi) \end{cases}$$

通过改变 P 的值可以控制投影的大小，通过改变 θ，ϕ 的值可以得到不同视角观察得到的图形. 控制 θ 角，使曲面图形饶 Z 轴旋转；控制 ϕ 角，使曲面图形饶 X 轴旋转. 此时得到的图像即为三维图形在指定平面上的投影.

2. 制作过程

下面以二次曲面的图形绘制为例，说明绘制三维图形的过程.

例 6　双曲抛物面（即马鞍面）$z=\frac{x^2}{a^2}-\frac{y^2}{b^2}$的图形.

（1）作两个可改变大小的角 θ，ϕ，并度量其值；

（2）作三条可变线段 p，a，b，并度量其长度；

（3）计算 $a1=\sin\theta$，$a2=\sin\phi$，$a3=\cos\theta$，$a4=\cos\phi$，$a5=\cos\theta\sin\phi$，$a6=\sin\theta\sin\phi$ 的值；

（4）建立坐标系，在 x 轴上作连接（-8，0）到（8，0）的线段 q，在线段上取任意点 X，度量点 X 的坐标并分离其横坐标的值，改名为 x1；

（5）作任意点 R，将点 R 向右平移 1 个单位到 R′点，建立新记录，并开始录制；

（6）将 R′向右平移一个单位到 R″点，连接 RR″，度量其长度为 y′，计算 $y1=y'-10$ 的值.

（7）计算 $z1=\frac{x1^2}{a^2}-\frac{y1^2}{b^2}$的值；

（8）计算 x = p *（- a1 * x1 + a3 * y1），y = p *（- a5 * x1 - a6 * y1 + a4 * z1）的值；

（9）选中 x，y 的值，绘出点 G（x，y）；

（10）选择点 G 和点 X 作轨迹；

（11）隐藏 y1，z1，x，y 的度量值；

（12）按照记录前提条件，依次选中点 R″，R，度量值 x1，a，b，p，a1，a3，a5，a6，a4，点 X 和线段 q，建立循环，停止录制；

（13）执行快进，循环 20 次，即可得到马鞍面的图像.

此时改变角 θ，ϕ，参数 p，a，b 的值，可以从不同的视角和视距来观察三维图形的变化情况，如图 A.9 所示.

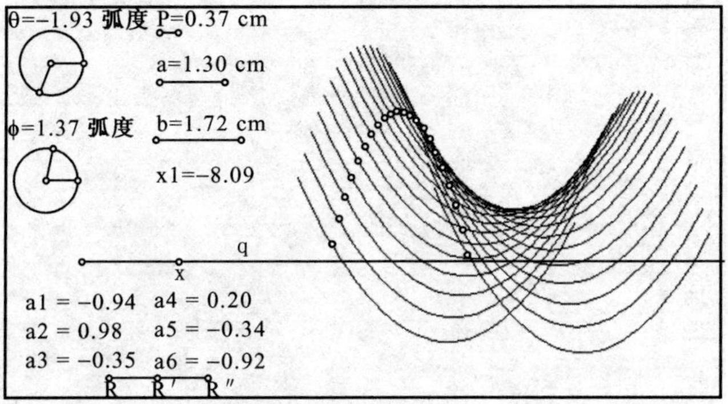

图 A.9

例 7　山包曲面 $z=a\cdot e^{-b\cdot(x^2+y^2)}$ 的图形.

（1）作两个可改变大小的角 θ，ϕ，并度量其值.

（2）作二条可变线段 p，a 并度量其长度；再作线段 AB，在 AB 上取一点 C，连接 AC，度量 AC/AB 的比值，并改标签为 b.

（3）计算 a1 = sinθ，a2 = sinϕ，a3 = cosθ，a4 = cosϕ，a5 = cosθsinϕ，a6 = sinθsinϕ 的值.

（4）建立坐标系，在 x 轴上作连接（-8，0）到（8，0）的线段 q，在线段上取任意点 X，度量点 X 的坐标并分离其横坐标的值，改名为 x1.

（5）作任意点 R，将点 R 向右平移 1 个单位到 R′点，建立新记录，并开始录制.

（6）将 R′向右平移一个单位到 R″点，连接 RR″，度量其长度为 y′，计算 y1 = y′ - 10 的值.

（7）计算 $z1=a\cdot e^{-b\cdot(x1^2+y1^2)}$ 的值.

（8）计算 x = p *（- a1 * x1 + a3 * y1），y = p *（- a5 * x1 - a6 * y1 + a4 * z1）的值.

（9）选中 x，y 的值，绘出点 G（x，y）.

（10）选择点 G 和点 X 作轨迹.

（11）隐藏 y1，z1，x，y 的度量值.

（12）如图 A.10 所示，按照记录前提条件，依次选中点 R″，R，度量值 a，b，x1，p，a1，a3，a5，a6，a4，点 X 和线段 q，建立循环，停止录制.

（13）执行快进，循环 18 次，即可得到山包面的图像.

此时改变角 θ，ϕ，参数 p，a，b 的值，可以从不同的视角和视距来观察三维图形的变化情况. 如图 A.11 所示.

3. 方法的推广

适当的改变（4）中线段 q 的两个端点值，（6）中 y1 的度量值，（7）中二次函数 z1 的计算公式和（12）中记录前提条件，即可绘出任意三维图形的投影图. 当改变 θ，ϕ 的值为特殊值时，还可以绘出任意三维图形的三视图等重要视图. 用上面方法绘制的三维图形效果十分逼真清晰，并且视角视距是可调的，可以方便地演示各种立体几何，解析曲面，二元函数图像等问题.

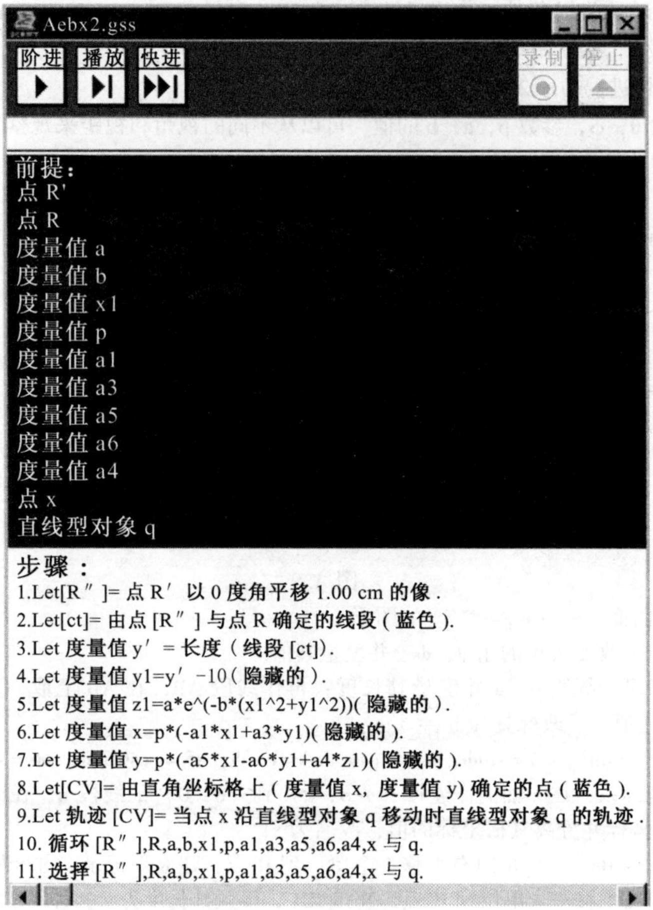

Aebx2.gss
阶进
播放
快进
录制
停止
前提：
点 R'
点 R
度量值 a
度量值 b
度量值 x1
度量值 p
度量值 a1
度量值 a3
度量值 a5
度量值 a6
度量值 a4
点 x
直线型对象 q
步骤：
1.Let[R″]= 点 R′ 以 0 度角平移 1.00 cm 的像 .
2.Let[ct]= 由点 [R″] 与点 R 确定的线段 (蓝色).
3.Let 度量值 y′ = 长度 (线段 [ct]).
4.Let 度量值 y1=y′ -10 (隐藏的).
5.Let 度量值 z1=a*e^(-b*(x1^2+y1^2))(隐藏的).
6.Let 度量值 x=p*(-a1*x1+a3*y1)(隐藏的).
7.Let 度量值 y=p*(-a5*x1-a6*y1+a4*z1)(隐藏的).
8.Let[CV]= 由直角坐标格上 (度量值 x, 度量值 y) 确定的点 (蓝色).
9.Let 轨迹 [CV]= 当点 x 沿直线型对象 q 移动时直线型对象 q 的轨迹 .
10. 循环 [R″],R,a,b,x1,p,a1,a3,a5,a6,a4,x 与 q.
11. 选择 [R″],R,a,b,x1,p,a1,a3,a5,a6,a4,x 与 q.

图 A. 10

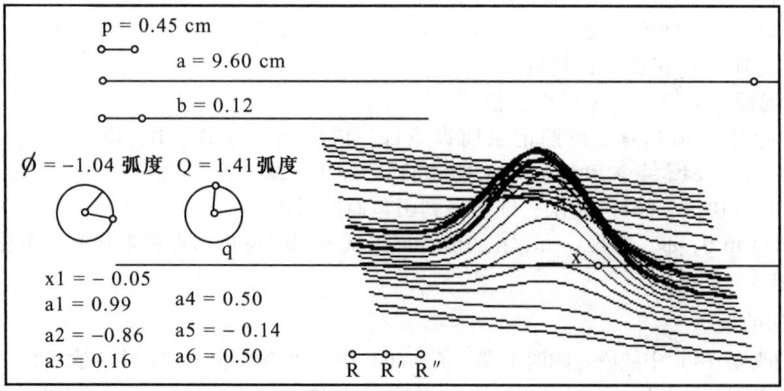

p = 0.45 cm
a = 9.60 cm
b = 0.12
ϕ = −1.04 弧度
Q = 1.41 弧度
q
x
x1 = − 0.05
a1 = 0.99
a2 = −0.86
a3 = 0.16
a4 = 0.50
a5 = − 0.14
a6 = 0.50
R
R′
R″

图 A. 11

附录B　学生课件设计

《几何画板》课件设计
——立体几何中的极值问题

作者：马玉倩　　　指导教师：刘胜利

首都师范大学数学系2000级

摘　要

几何画板是一个优秀的专业学科平台软件. 该软件短小精悍，功能强大，能动态表现相关对象的关系，适合教师根据教学需要自编课件；并能帮助学生在实际操作中把握学科的内在实质，培养其观察能力和问题解决能力，发展其思维能力. 它代表了当代专业工具平台类教学软件的发展方向.

在学习了几何画板之后，我利用有关知识制作了三大类共六个小型课件，用动态效果展示了三维图形内接图形的体积极值问题和体积一定的三维图形的表面积极值问题以及最短路径问题. 随着图形的变化过程每个小课件都有与之相应的精确的数字化描述，很好的实现了数与形的结合，并通过函数曲线、追踪轨迹和直方图三种不同的表现方法揭示图形变化的规律. 在课件操作中，拖动“调节点”可以改变参数值的大小，从而满足图形的任意性，实现几何画板强大的人机交互功能.

全文由三部分组成：

第一部分：几何画板课件制作的选题原则.

第二部分：详细介绍了我所选择制作的课件及其详细制作过程.

第三部分：我学习及应用几何画板的体会.

关键词：几何画板，轨迹，追踪，标记，隐藏，移动，曲线，直方图，侧面积，表面积，圆柱体，圆锥体，球体，五棱锥.

第一部分　几何画板的选题原则

心理学认为变动的图形、事物容易引起人们的注意，从而在人脑里形成较深刻的映像. 在传统教学中，所作的图形是静态的，缺乏操作活动，而几何中的各种关系和规律是在变化中被发现和掌握的，传统的教学没有变化过程，不能把数量关系和空间关系联系起来，从而不利于规律的发现.

用几何画板就可以解决上述问题. 几何画板是可操作的，它提供了旋转、平移、缩放、反射等图形变换功能，可度量、计算，通过拖动、移动、动画等完全可以让几何图形动起来，同时保持各种关系. 它能很好的把数和形结合起来，可以随时看到各种情况下的数量关系及其变化，它能把数和形的潜在关系及其变化动态的显现出来.

几何画板的突出特点是它能动态地保持几何关系，也就是在运动中保持给定的关系. 利用几何画板，我们可方便地在变化的几何图形中，发现恒定不变的几何规律.

总之，几何画板在教学中尤其是几何教学中有很广泛的应用，有关几何画板的课件选题原则就是要充分利用它动态几何的特点（表现图形的任意性、动态的演示图形变化、及时准确的数形结合）把在传统教学中比较难描述清楚的图形，用动态效果展现给学生.

第二部分　课件设计与制作

第一个课件：三维图形内接图形体积的极值问题.

选题：在传统教学中，极限问题一直是一个比较难解决的问题，教师在黑板上画图或使用教具，都无法展现变化图形的任意性，不能很好的以数形结合的方式体现出所求图形的变化. 利用几何画板的动画功能，就能很好的解决这一问题，能动态演示任意情况下的内接图形，并计算其体积，同时可以准确找到极值点（以正四棱锥内接正四棱柱，圆锥内接圆柱以及球体内接圆柱为例）.

小课件一：正四棱锥内接正四棱柱的体积的极值问题.

规律：正四棱锥底面边长为 a，高为 H；其内接正四棱柱高为 h，底面边长为 $(1-h/H)a$，体积

$$
\begin{aligned}
V &= (1-h/H)^2a^2h \\
&= \frac{H}{2}a^2(1-h/H)^2\frac{2h}{H} \\
&\leqslant \frac{H}{2}a^2\left(\frac{(1-h/H)+(1+h/H)+2h/H}{3}\right)^3 \\
&= 4a^2H/27
\end{aligned}
$$

当且仅当 $1-h/H=\frac{2h}{H}$时，即 $h=H/3$ 时“ = ”成立，此时正四棱锥内接正四棱柱的体积最大.

课件制作：

1. 作正四棱锥：作线段 AB，NS 并度量其长度. 分别以 AB 和 NS 作为底面棱长和高，作正四棱锥 S-ABCD，取底面中心为 M.

2. 作四棱锥的内接四棱柱：在 MS 上取一点 N，作线段 MN，并度量其长度为 h. 以 h 为高，在四棱锥 S-ABCD 内部作内接正四棱柱 EFGH-IJKL，其上底面中心为 N.

3. 计算：求 $V=(1-h/H)^2\cdot a^2\cdot h$，$V'=V/(1\text{cm})^2$.

4. 作 V－H 坐标系：过 M 作 AB 的平行线 l，在 l 上截取线段 OV 作为横轴，即 V 轴，隐藏直线 l. 过点 O 作 OV 的垂线 OH 作为纵轴，即 H 轴.

5. 作出 V－H 曲线：依次选中 M，N，标记向量，让 O 点按标记的向量平移，得到点 h. 再让 O 点按标记值 V′向右平移，得到点 v. 过点 h，v 分别作 H 轴和 V 轴的垂线，得到交点 X. 隐藏两条垂线. 依次选中点 X 和 N 作轨迹. 隐藏计算值 V′.

6. 作极值点按钮：度量线段 MS 的长度，计算 MS/3 的值并标记距离，让点 M 按标记距离平移，得到点 N′. 作点 N 到点 N′的移动按钮，改标签为“取得极值”.

7. 作动画按钮：选中点 N 作动画按钮，改标签为“运动变化”，如图 B. 1 所示.

8. 其它表现方法：

①追踪点 X，由动画生成 V—H 曲线；

②作 r，h，V 的柱状图，动态演示正四棱锥内接正四棱柱的体积 V 的变化.

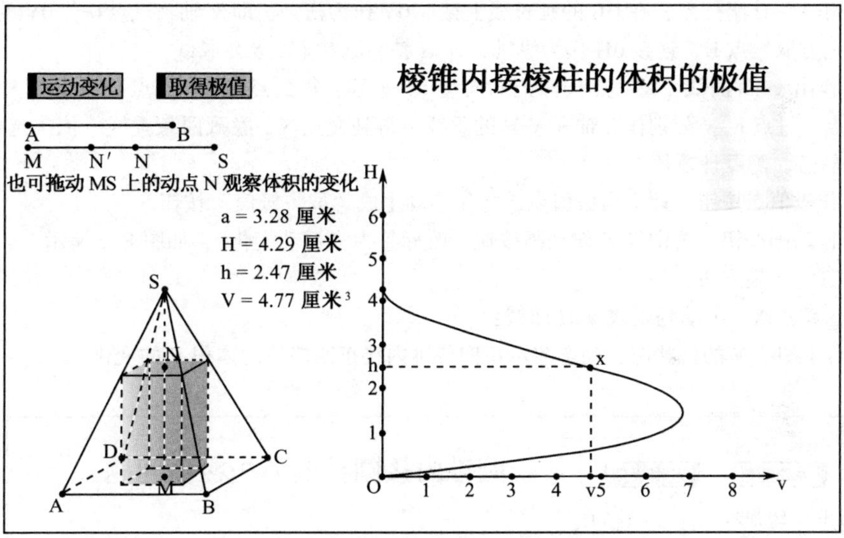

图 B. 1

小课件二：圆锥内接圆柱的体积的极值问题.

规律：圆锥底面半径为 a，高为 H；其内接圆柱高为 h，底面半径为（1 - h/H） a，体积

$$
\begin{aligned}
V &= \pi(1-h/H)^2a^2h \\
&= \frac{\pi H}{2}a^2(1-h/H)^2\frac{2h}{H} \\
&\leqslant \frac{\pi H}{2}a^2\left(\frac{(1-h/H)+(1-h/H)+2h/H}{3}\right)^3 \\
&= 4a^2\pi H/27
\end{aligned}
$$

当且仅当 $1-h/H=\dfrac{2h}{H}$ 时，即 h = H/3 时“=”成立，此时圆锥内接圆柱的体积最大.

课件制作：

1. 作圆锥：作线段 AB，OH 并度量其长度. 分别以 AB 和 OH 作为底面直径和高，作圆锥 HAB，底面中心为 O.

2. 作圆锥的内接圆柱：

(1) 在椭圆上取移动点 C，连接 OC，在 OC 上取一点 K，选中点 C，K 作轨迹，得小椭

圆，即内接圆柱的下底，使点 C 移至点 A；

(2) 过点 K 作 AB 的垂线，交 HA 于点 P，在小椭圆上取一点 G，使点 G 按标记向量 KP 移动，得点 G′，选中点 G，G′ 作轨迹，得小椭圆，即内接圆柱的上底，连接 GG′；

(3) 选中 GG′ 和点 G 作轨迹，得内接圆柱的侧面.

3. 度量 OK 的值并改标签为 r，度量 KP 的值并改标签为 h，计算 $V=\pi\cdot r^2\cdot h$ 的值，计算 $V'=V/(1\text{cm})^2$，并标记该度量值.

4. 作 V—H 坐标系：在 OB 的延长线上截取 0V 作为横轴，即 V 轴，过点 0 作 0V 的垂线，在垂线上方取一点 H，连接 0H 作为纵轴，即 H 轴，隐藏垂线及延长线.

5. 作出 v—h 曲线：将 0 点按标记的向量 KP 平移，得到点 h. 将 0 点按标记值 V′平移，得到 v 点. 过点 h，v 分别作 h 轴和 V 轴的垂线，得到交点 X，隐藏两条垂线. 依次选中点 X 和 K 作轨迹. 隐藏计算值 V′.

6. 作极值点按钮：计算出极值点，并作移动生成“取得极值”按钮.

7. 作动画按钮：选中点 K 作动画按钮，改标签为“运动变化”，如图 B.2 所示.

8. 其它表现方法：

①追踪点 X，由动画生成 V-H 曲线；

②作 r，h，V 的柱状图，动态演示正四棱锥内接正四棱柱的体积 V 的变化.

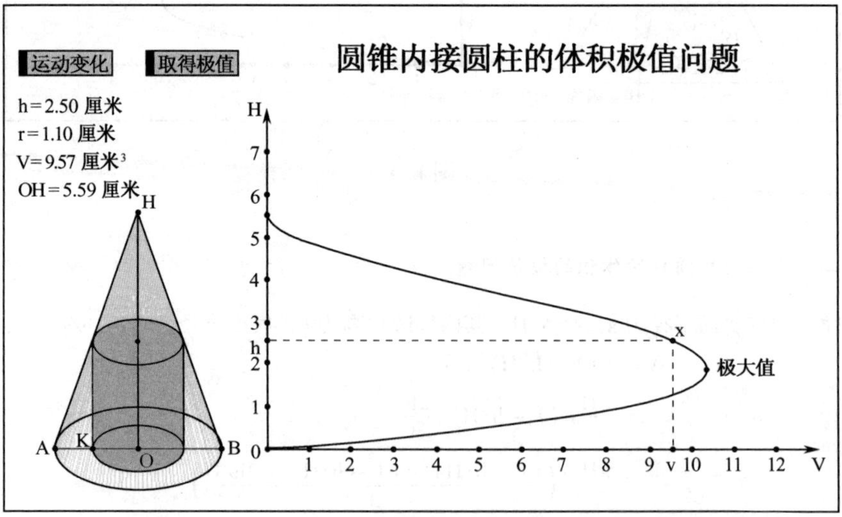

图 B.2

小课件三：球体内接圆柱的体积极值问题.

规律：球体半径为 R，其内接圆柱体的高为 h，底面半径为 $\sqrt{R^2-h^2/4}$，体积 $V=\pi(R^2-h^2/4)h$，当 $h=2\sqrt{3}R/3$ 时，圆柱体体积取得最大值.

课件制作：

1. 作球体：作线段 AB，以线段外一点 O 为圆心，以 AB 为半径作圆，并作出球体的经线和纬线增强视图效果（可用斜二侧法作椭圆）.

2. 作球体内接圆柱：

（1）在线段 AB 上取一点 C，度量 BC 的长度，并标记距离. 让点 O 以标记值分别水平向左、右移动，得到点 C′，C″；

（2）过点 C′，C″作直径 A′B′的垂线，交圆于点 M，N，M′，N′，连结线段 MN，M′N′，MM′，NN′；

（3）以 MM′中点为圆点，MM′为直径作圆⊙O′，在⊙O′上任取一点 P，过点 P 作 MM′的垂线交 MM′于点 Q，连结 PQ 并取 PQ 上一点 T（T 是点 P 关于中心交点 Q 缩放比例为 3/10 的缩放结果），选定点 T，P 作轨迹，得到小椭圆，即为内接圆柱体的上底面；

（4）选取小椭圆上一动点 E，让点 E 按标记向量 MM′平移得到点 F，选中点 E，F 作轨迹，得到另一小椭圆，即为内接圆柱体的下底面，记下底面中心为 O″. 连结 EF；

（5）选定线段 EF 和点 E 作轨迹，得到内接圆柱体的侧面.

3. 度量 BC 的值改标签为 r，度量O″O′的值改标签为 h. 计算 $V=\pi r^2h$ 的值，计算 $V'=V/[3\cdot(1\text{cm})^2]$，并标记度量值 V′.

4. 作 V-H 坐标系：作 AB 的平行线，在平行线上截取线段 0V 作为横轴，即 V 轴；过点 0 作 0V 的垂线，在垂线上取一点 H，连接 0H 为纵轴，即 H 轴. 隐藏平行线和垂线.

5. 作 v-h 曲线：将点 0 按标记向量O″O′移动，得到点 h；点 0 按标记值V′水平移动，得到点 v. 过点 h，v 分别作 H 轴和 V 轴的垂线，得到交点 X. 依次选中点 X 和 C 作轨迹，得到 v-h 曲线. 隐藏计算值 V′.

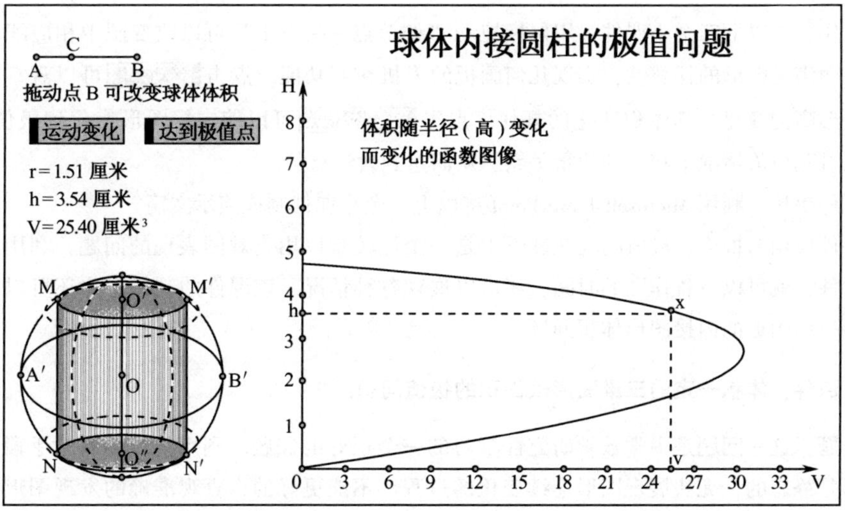

图 B. 3

6. 作极值点按钮：计算出极值点，并作点的移动生成“达到极值点”按钮.

7. 作动画按钮：选中点 C 作动画按钮，改标签为“运动变化”，如图 B. 3 所示.

8. 其它表现方法（如图 B. 4 所示）：

①追踪点 X，由动画生成 V—H 曲线；

②作 r，h，V 的柱状图，动态演示球体内接圆柱的体积 V 的变化.

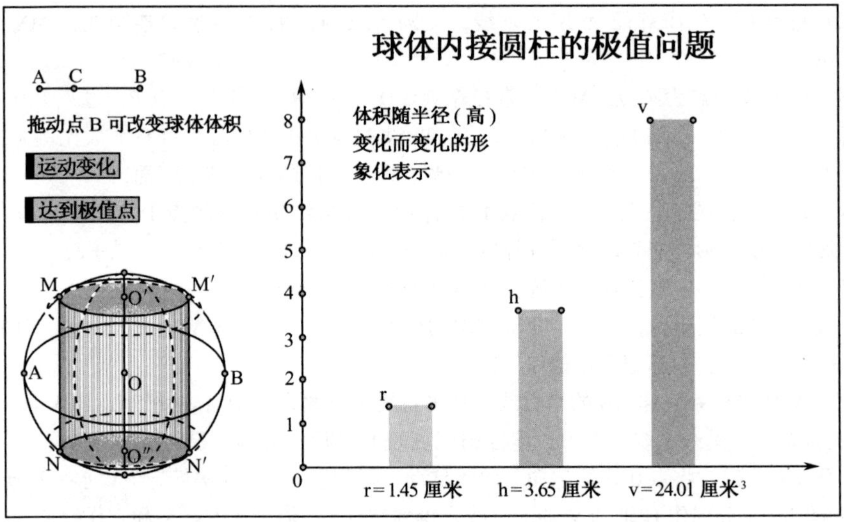

图 B. 4

操作：对以上三个小课件，用鼠标拖动“调节点——点 B”可以改变图中相应线段的长度，从而满足图形的任意性，实现几何画板的人机交互功能. 点击 运动变化 可以观察到随着内接图形高的变化，其体积变化的规律. 点击 达到极值点 可以使内接图形变化到极值情况，并可以看到极值情况下相应的数量关系，从而达到教学目的.

课件串接：利用 Microsoft PowerPoint 将以上三个小课件制成演示文稿.

课件应用与推广：极值问题在教学中是一个比较难以用直观图表现的问题，利用以上几个小课件，就可以节省作图的时间，还可以展现各种情况. 该课件的制作方法还可以推广到非规则三维图形的内接图形体积问题.

第二个课件：体积一定的三维图形表面积的极值问题.

选题：这一问题是中学数学研究性学习的一个很好的课题. 利用传统的教学手段，所作的图形是静态的，无法展现图形连续变化的过程，不能更好的，直观准确的发现图形中各量之间的关系和整体的变化规律. 利用几何画板的动画功能就能很好的解决这一问题，动态演示体积一定的三维图形表面积的变化过程，画出表面积变化的曲线图并能计算出表面积的值，同时还可以准确找到极值点（以圆柱体和圆锥体为例）.

小课件一：体积一定的圆柱体的表面积极值问题.

规律：圆柱体的体积 $V=\pi r^2 h$ 一定，其中底面半径为 r，高为 h，其表面积

$$
\begin{aligned}
S &= 2\pi r^2 + 2\pi rh \quad (r^2 h = v/\pi)\\
&= 2v(1/h + 1/r) = 2v(1/h + 1/2r + 1/2r)\\
&\geqslant 2v \cdot 3\sqrt[3]{\frac{1}{h}\cdot\frac{1}{2r}\cdot\frac{1}{2r}} = \sqrt[3]{2\pi v^2}
\end{aligned}
$$

当 $\frac{1}{h}=\frac{1}{2r}$ 时，即 $r=\frac{1}{2}h$ 时"="成立，此时圆柱体的表面积最小.

课件制作：

1. 作圆柱体体积定值 V：作线段 AB 并度量其长度，以 AB 为底面半径计算圆柱体的体积，改标签为 V.

2. 作圆柱体：

（1）作线段 EG，取其上一动点 P，连结 EP，度量其长度改标签为 r，计算 $V/\pi r^2$ 的值，改标签为 h；

（2）以 r 为底面半径，h 为高作圆柱体，同时作出圆柱体的上下底面和侧面. 上下底面中心分别为 O′，O″.

3. 计算该圆柱体的表面积 $S=2\pi r^2+2\pi rh$ 的值，计算 $S'=\dfrac{S}{10\cdot(1\text{cm})^2}$，并标记度量值 S′.

4. 作 S-H 坐标系：过点 O″作 EG 平行线，在平行线上截取线段 OS 作为横轴，即 S 轴；过点 O 作 OS 的垂线，在垂线上取一点 H，连接 0H 为纵轴，即 H 轴. 隐藏平行线和垂线.

5. 作 s-h 曲线：将点 O 按标记向量 O″O′平移，得到点 h；点 O 按标记值 S′水平移动，得到点 s. 过点 h，s 分别作 H 轴和 S 轴的垂线，得到交点 X. 依次选中点 X 和 P 作轨迹，得到

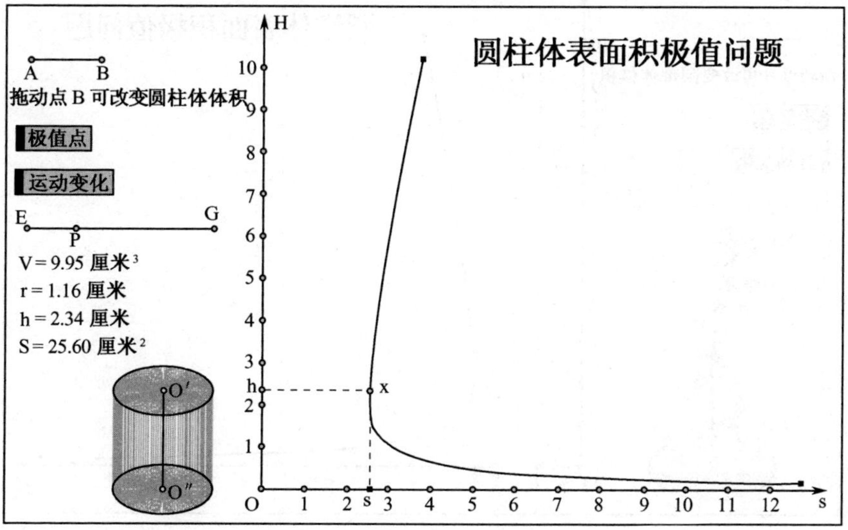

图 B.5

s-h 曲线．隐藏计算值 S′.

6. 作极值点按钮：计算 h/2 的值并标记距离，让点 E 按标记距离平移，得到点 P′．作点 P 到点 P′的移动按钮，改标签为“极值点”.

7. 作动画按钮：选中点 P 作动画按钮，改标签为“运动变化”，如图 B. 5 所示.

8. 其它表现方法：

①追踪点 X，由动画生成 S-H 曲线；

②作 r，h，S 的柱状图，动态演示体积一定的圆柱体表面积 S 的变化.

小课件二：体积一定的圆锥体的表面积极值问题.

规律：圆锥体的体积 $V=\frac{1}{3}\pi r^2h$ 一定，其中底面半径为 r，高为 h，其表面积 $S=\pi r^2+\pi rl$（其中 l 为圆锥体的母线，$l=\sqrt{h^2+r^2}$），当 $h=2\sqrt{2}r$ 时，圆锥体的表面积最小.

课件制作：

1. 作圆锥体体积定值 V：作线段 AB 并度量其长度，以 AB 为底面半径计算圆锥体的体积，改标签为 V.

2. 作圆锥体：

(1) 作线段 EG，取其上一动点 P，连结 EP，度量其长度改标签为 r，计算 $3V/\pi r^2$ 的值，改标签为 h；

(2) 以 r 为底面半径，h 为高作圆锥体，同时作出圆锥体的底面和侧面．底面中心为 O′，O′H 为高.

3. 计算该圆锥体的表面积 $S=\pi r^2+\pi rl$ 的值（l 为母线），计算 $S'=\frac{S}{10\cdot(1\text{cm})^2}$，并标记度量值 S′.

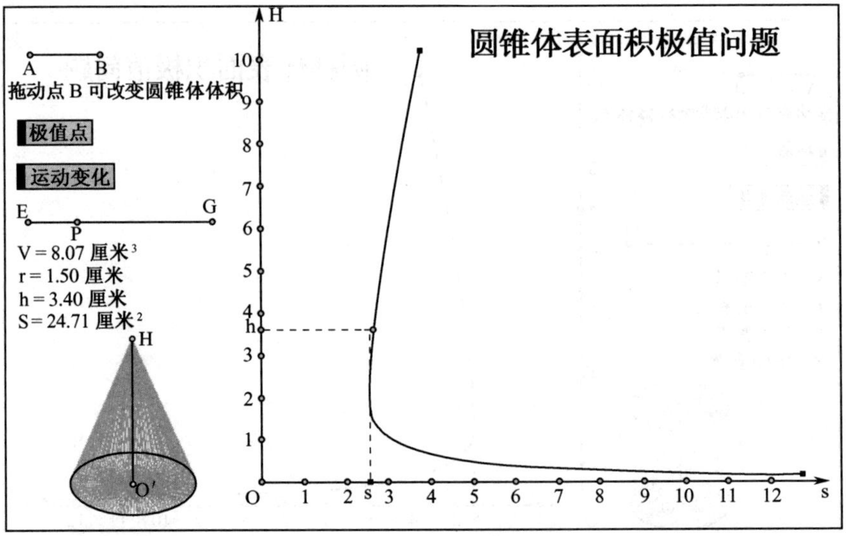

图 B. 6

4. 作 S-H 坐标系：过点 O′作 EG 平行线，在平行线上截取线段 OS 为横轴，即 S 轴；过点 O 作 OS 的垂线，在垂线上取一点 H，连接 OH 为纵轴，即 H 轴. 隐藏平行线和垂线.

5. 作 s-h 曲线：将点 O 按标记向量 O′H 平移，得到点 h；点 O 按标记值 S′水平移动，得到点 s. 过点 h，s 分别作 H 轴和 S 轴的垂线，得到交点 X. 依次选中点 X 和 P 作轨迹，得到 s-h 曲线. 隐藏计算值 S′.

6. 作极值点按钮：计算 $2\sqrt{2}r$ 的值并标记距离，让点 E 按标记距离平移，得到点 P′. 作点 P 到点 P′的移动按钮，改标签为“极值点”.

7. 作动画按钮：选中点 P 作动画按钮，改标签为“运动变化”，如图 B. 6 所示.

8. 其它表现方法：(如图 B. 7 所示)

①追踪点 X，由动画生成 S-H 曲线；

②作 r，h，S 的柱状图，动态演示体积一定的圆柱体表面积 S 的变化.

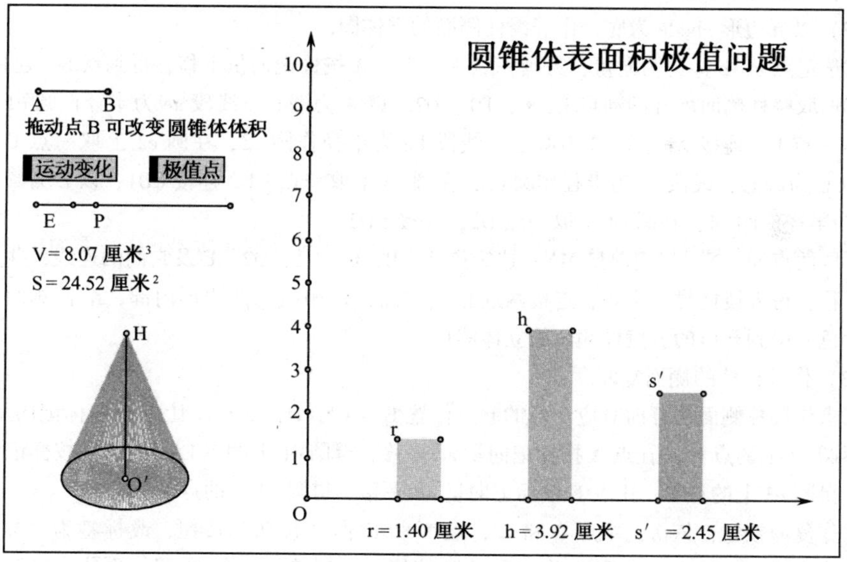

图 B. 7

操作：对以上两个小课件，用鼠标拖动“调节点——点 B”可以改变图中相应线段的长度，从而满足图形体积的任意性，实现几何画板的人机交互功能. 点击 运动变化 可以观察到随着图形高的变化，其表面积变化的规律. 点击 极值点 可以使图形的表面积变化到极值情况，并可以看到极值情况下相应的数量关系，从而达到教学目的.

课件串接：利用 Microsoft PowerPoint 将以上两个小课件制成演示文稿.

课件应用与推广：极值问题在教学中是一个比较难以用直观图表现的问题，利用以上几个小课件，就可以动态展示图形变化的各种情况，同时还有准确的数量关系与之对应. 该课件还可以设计为工厂制造饮料包装的应用软件，输入一个体积值，就能找到一个与之对应的表面积极值，既方便又快捷. 这一课件的应用性非常强.

第三个课件：最短路径问题.

选题：这一问题是中学数学研究性学习的一个很好的课题. 在传统教学中，教师在黑板上画图或使用教具，不能很好的展现图形的任意性. 利用几何画板的作图功能，就能很好的解决这一问题，并能动态演示任意三维图形表面的展开和还原，同时计算其表面上任意两点间的最短路径的值（以五棱柱为例）.

小课件一：五棱柱表面上两点间的最短路径问题.

规律：两点之间距离最短

课件制作：

1. 作五棱柱的侧面保形展开和还原

（1）作五边形 abcde.

（2）以五边形 abcde 为底，作五棱柱侧面的立体图.

①选定点 a，b 标记为向量，另画一点 A，让点 A 按标记向量平移，得到点 B，连接 AB；

②选取棱柱侧面展开的动点 E，C，D1，D2. 以 A 为圆心、线段 ae 为半径作圆 c1，在圆 c1 上取一点 E，连接 AE；以 B 为圆心、线段 bc 为半径作圆 c2，在圆 c2 上取一点 C，连接 BC；以 C 为圆心、线段 cd 为半径作圆 c3，在圆 c3 上取一点 D1，连接 CD1；以 E 为圆心、线段 ed 为半径作圆 c4，在圆 c4 上取一点 D2，连接 ED2；

③取两点 M，N，标记向量 MN，选定点 A，B，C，D1，D2，E 及它们的连线，并按标记向量平移，得五棱柱另一个底；连接两底相应的点，作相应的四边形内部，给各侧面着上不同的颜色，得到开口的五棱柱侧面的立体图形.

（3）作五棱柱的侧面复原.

①求作棱柱侧面展开前对应动点的起点位置 E′，C′，D，D′点. 让点 B 按标记向量 bc 平移，得圆 c2 上的点 C′；让点 A 按标记向量 ae 平移，得圆 c1 上的点 E′；让点 C 按标记向量 cd 平移，得圆 c3 上的点 D；让点 E 按标记向量 ed 平移，得圆 c4 上的点 D′；

②作复原按钮：依次选中点 C 和 C′，点 E 和 E′作“移动”按钮，改标签为“复原 1”；依次选中点 D1 和 D，点 D2 和 D′作“移动”按钮，改标签为“复原 2”；再依次选定这两个“复原”按钮作“系列”按钮，改标签为“复原”. 然后隐藏掉点 E′，C′，D，D′.

（4）作五棱柱的侧面展开.

①求作棱柱侧面展开后对应动点的终点位置 E″，C″，D1″，D2″点：选定点 E，B，C 和线段 ab，作平行线，分别交圆 c1 于点 E″，交圆 c2 于点 C″，交圆 c3 于点 D1″，交圆 c4 于点 D2″；

②作展开按钮：依次选中点 D1 和 D1″，点 D2 和 D2″作“移动”按钮，改标签为“展开 1”；依次选中点 C 和 C″，点 E 和 E″作“移动”按钮，改标签为“展开 2”；再依次选中这两个“移动”按钮作“系列”按钮，改标签为“展开”. 然后隐藏掉点 E″，C″，D1″，D2″.

（5）隐藏所有辅助圆和点及辅助按钮.

2. 给五棱柱各个顶点标上标签 ABCDE-A′B′C′D′E′.

3. 作点 D 到点 B′，点 D 到点 A′最短路径演示图（如图 B. 8 所示）.

（1）点击“展开”按钮，将五棱柱侧面展开，连结 DB′，交侧棱 CC′于点 P，隐藏线段

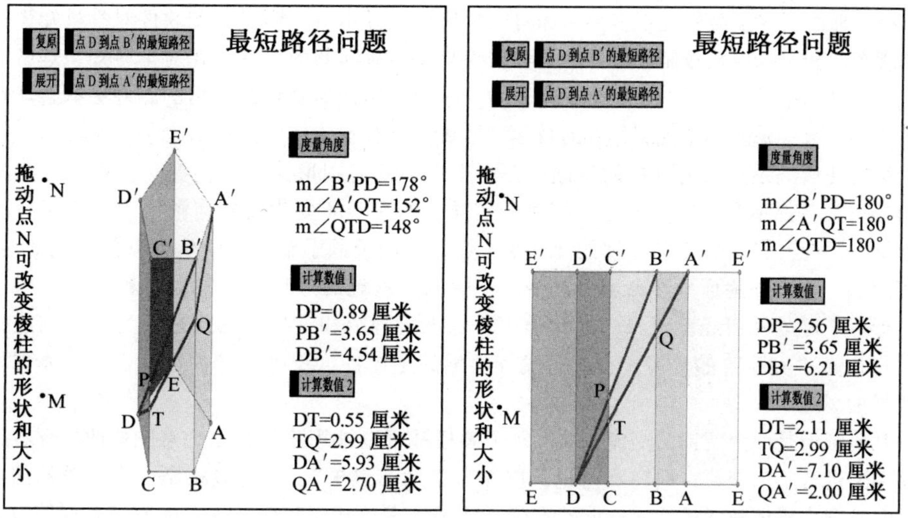

图 B. 8

DB′，连接 DP、PB′，同时选中线段 DP，PB′作“隐藏/显示”按钮，改标签为“D 到点 B′的最短路径”；连结 DA′交侧棱 CC′，BB′于点 T，Q，隐藏线段 DA′，连接 DT，TQ，QA′，同时选中线段 DT，TQ，QA′作“隐藏/显示”按钮，改标签为“D 到点 A′的最短路径”；

（2）度量 DB′、DP、PB′的距离，同时选中三者的度量值作“隐藏/显示”按钮，改标签为“计算数值 1”；度量 DA′，DT，TQ，QA′的距离，同时选中四者的度量值作“隐藏/显示”按钮，改标签为“计算数值 2”；

（3）度量∠B′PD，∠A′QT，∠QTD 的值，同时选中三者的度量值作“隐藏/显示”按钮，改标签为“度量角度”.

操作：用鼠标拖动“调节点——点 N”可以改变棱柱的形状和大小，从而满足图形的任意性，实现几何画板的人机交互功能．点击课件中的按钮可以观察图形的变化以及所对应的数值的变化，从而达到教学目的.

课件串接：利用 Microsoft PowerPoint 将这个小课件制成演示文稿.

课件应用与推广：最短路径问题在教学中是一个比较难以用直观图表现的问题，利用这个小课件，就可以节省作图的时间，还可以展现各种情况.

第三部分　学习几何画板的体会

随着信息技术的发展，现代技术在教学中的应用无疑是教学改革中的一个热点，是教育现代化的一个重要标志．充分运用现代教育技术辅助课堂教学，不仅能增大课堂容量、优化教学结构，而且能增强学生的学习兴趣，激发学生的探究精神．运用多媒体技术可以拓宽数学课堂的教学形式，改变以往单一的教学手段，使数学问题更形象化，更贴近生活，为数学教育开辟了更为广阔的天地.

几何画板作为优秀的教学软件之一，为现代技术应用于教学提供了一个发展的平台．学习掌握几何画板并不需要花很多精力和时间来研究软件本身，而是强调软件对学科知识的推动和理解．利用几何画板制作课件的过程较为简便，对问题的反映是在对学科知识理解的基础上甚至是利用学科知识本身来解决问题的，因而使用几何画板制作出的课件更符合学科知识本身的要求，并能体现出制作者的教学思想和教学水平．

保持几何关系是几何画板的精髓．在画板中的几何图形无论如何变化，它们之间所具有的几何关系都不变．这恰恰是几何学的实质，即在不断变化的几何图形中研究不变的几何规律．因此，在以学生为主体的课堂中，在几何画板的平台上，学生可以任意拖动图形，观察图形，猜测并验证数学命题．在观察、探索、发现的过程中增加对各种图形的感性认识，形成丰厚的几何经验背景，深化学生对知识的理解和掌握．几何画板为学生创造了一个进行几何“实验”的环境，有助于发挥学生的主体性，积极性和创造性，充分体现了现代教学的思想．

几何画板是一个便捷的交流工具，每个画板都可以被用户按自己的意图修改并保存，特别是用来进行几何交流，研究和讨论，被称为“动态黑板”；几何画板是一个优秀的演示工具，它符合多媒体教学的要求，能够准确、动态的表达几何问题，与大屏幕投影仪等设备配合可达到更完美的演示效果；几何画板还是一个有利的探索工具，它为探索式教学开辟了道路；几何画板同时是一个重要的反馈工具，它提供多种方法帮助教师了解学生的思路和对概念的掌握程度．因此说几何画板可以使课堂教学变得更灵活，更有效，更直观．

在本文所提到的几何画板的课件制作中，充分利用了几何画板的动态原理．主要应用了动画，轨迹追踪和对象的移动等功能，演示了三维图形中内接图形体积连续变化的过程和体积一定的立体图形表面积连续变化的过程以及最短路径问题．通过度量计算给变化的图形以精确的数字化描述，并在针对不同问题自行建立的坐标系上，运用函数曲线、追踪轨迹和直方图三种不同的表现方法展现图形变化的规律，很好的实现了数与形的结合．在操作中可以拖动“调节点”改变参数值的大小，从而满足图形的任意性，实现了几何画板的人机交互功能．这六个小型课件都以简单快捷的操作解决在传统教学中比较难以解决的动态效果问题，使学生对极值问题有一个更形象直观的认识．每当学生遇到这样的问题时，就可以在大脑里自动生成具有动感的图像，为理解题意，分析问题，打开一个方便之门．同时还可以解决学生从平面图形向立体图形，从二维空间向三维空间过渡的难题．几何画板把一个“活”的立体图形展现在学生面前，为培养学生的空间想象力开辟了一条捷径．

本文中所提到的课件及其制作方法和技巧还有着很广泛的应用性，实用价值高．例如：在教学方面，利用这些制作方法和技巧还可以制作有关物理问题、天文问题等学科的课件；在实际应用方面，以上课件在按要求加工调整后可以作为建筑软件，产品包装软件等应用类软件的主要组成部分，为生产设计带来方便．因此，可以说几何画板还是一个“个性化”的面向学科的工具软件．

参考文献：

刘胜利．2001．几何画板与计算机辅助教学．北京：科学出版社

附录 C　随书资源内容及使用说明

GSP 文件的使用方法

本资源提供“几何画板 3.05”旧版和“几何画板 4.07”新版两套 GSP 文件，分别存放在这两个文件夹中，用户可以根据需要选用.

（1）配套范例

在“画板范例”文件夹中，存放本书所有章节的例题，在几何画板环境中，可以随意调用. 便于读者在阅读本书时参考使用，对于这些例题读者稍作修改，就可以直接用于教学.

（2）配套习题

在“画板范例”文件夹中，存放本书所有章节的习题答案，便于读者在练习时参考.

（3）课件集锦与素材

汇集了有关数学、物理学科 300 多个小课件，供用户观摩、参考使用，动画和工具箱等素材，供用户在制作课件时调用.

（4）学生论文

在“学生论文”文件夹中，收集了部分学生的课件设计的习作.

（5）演示文稿

针对几何画板 4.x 新版的部分新功能、新特点，用 PowerPoint 制作了演示文稿，供用户学习使用. 用户只要在“演示文稿”文件夹中，双击“妙用几何画板 . ppt”文件即可.

（6）精品课件

精心编制和设计，各课件设计理念新，制作方式活，紧扣知识点，课件展示动态多变、生动形象，是数学教学的好帮手.

（7）几何画板 5.0 的新功能

几何画板 5.0 版在原来基础上做了许多改进，还增加了不少新的功能. 它不仅比以前版本更强大，也更容易和更丰富表现数学. 配有“几何画板 5.0 版的新功能”展示课件，供用户学习使用.